# 麦肯锡
讲全球企业数字化

REWIRED

The McKinsey Guide to Outcompeting in the Age of Digital and AI

［加］埃里克·拉马尔（Eric Lamarre） ［英］凯特·斯玛耶（Kate Smaje） ［美］罗德尼·泽梅尔（Rodney Zemmel）◎著

于巧峰◎译　麦肯锡中国数字化咨询业务团队◎审定

中信出版集团｜北京

图书在版编目（CIP）数据

麦肯锡讲全球企业数字化/（加）埃里克·拉马尔，
（英）凯特·斯玛耶，（美）罗德尼·泽梅尔著；于巧峰
译．-- 北京：中信出版社，2024.6
书名原文：Rewired：The McKinsey Guide to Outcompeting in the Age of Digital and AI
ISBN 978-7-5217-6410-9

Ⅰ．①麦… Ⅱ．①埃…②凯…③罗…④于… Ⅲ．①企业管理－数字化－研究 Ⅳ．①F272.7

中国国家版本馆 CIP 数据核字（2024）第 042273 号

Rewired: The McKinsey Guide to Outcompeting in the Age of Digital and AI by Eric Lamarre, Kate Smaje, Rodney Zemmel. ISBN 9781394207114
Copyright © 2023 by McKinsey & Company
All rights reserved.
Authorized translation from the English language edition published by John Wiley & Sons Limited.
Responsibility for the accuracy of the translation rests solely with China CITIC Press Corporation and is not the responsibility of John & Sons Limited.
No part of this book may be reproduced in any form without the written permission of the original copyright holder, John Wiley & Sons Limited.
Copies of this book sold without a Wiley sticker on the cover are unauthorized and illegal.
Simplified Chinese translation copyright © 2024 by CITIC Press Corporation.
All rights reserved.
本书仅限中国大陆地区发行销售

麦肯锡讲全球企业数字化

著者：　　　［加］埃里克·拉马尔（Eric Lamarre）
　　　　　　［英］凯特·斯玛耶（Kate Smaje）
　　　　　　［美］罗德尼·泽梅尔（Rodney Zemmel）
译者：　　　于巧峰
出版发行：　中信出版集团股份有限公司
　　　　　　（北京市朝阳区东三环北路 27 号嘉铭中心　邮编　100020）
承印者：　　三河市中晟雅豪印务有限公司

开本：787mm×1092mm　1/16　　印张：21.5　　字数：313 千字
版次：2024 年 6 月第 1 版　　　　印次：2024 年 6 月第 1 次印刷
京权图字：01-2024-0289　　　　　书号：ISBN 978-7-5217-6410-9
定价：79.00 元

版权所有·侵权必究
如有印刷、装订问题，本公司负责调换。
服务热线：400-600-8099
投稿邮箱：author@citicpub.com

对《麦肯锡讲全球企业数字化》
一书的赞誉

企业要做趋势的朋友，跨越周期去实现技术创新、效率驱动、模式变革。数字化转型是一个长期的旅程，美的集团以坚定的信心和决心推进数字化发展已十余年了。数字化帮助我们不断实现业务模式升级、结构升级、产业升级，并进行全球化的拓展与布局。《麦肯锡讲全球企业数字化》一书总结了全球优秀企业的实践经验，充分阐述了数字化转型应以业务目标为导向，以可量化的业务成果为目标。这本书就转型的关键抓手——业务挂帅的跨组织敏捷运营、数字化人才建设、技术架构优化、数据和人工智能运用、变革管理等，分享了麦肯锡的经验，同时给出了非常实际的建议，对企业开展数字化转型具有很强的指导和借鉴作用。

——**方洪波**
美的集团董事长

作为一家年轻的数字银行，微众银行始终秉持着数字化与创新的核心理念，探寻着一条引领金融行业可持续发展的新路径，我们深刻体会到，实施数字化转型，以及将转型加以规模化推进，是金融行业构筑竞争优势的必选项。但全面转型的征途并非坦途，它需要我们具备前瞻的视野、坚定的决心和科学的策略。《麦肯锡讲全球企业数字化》凝结了麦肯锡团队与全球多家领军企业合作开展数字化转型项目的丰富经验与深刻洞见，将复杂的转型过程提炼为简明扼要的实战操作指南。对于致力于推动全面数字化和人工智能转型的企业家而言，这本书是颇具价值的参考宝典，为转型提供了宝贵的借鉴和启示。

——**顾敏**
微众银行董事长

拉马尔、斯玛耶和泽梅尔将原始研究与现实世界的案例分析相结合，证明了数字化和人工智能转型已经发展到超越系统和技术升级的阶段。这本书指出，企业要想最大限度地提高数字化效益，就必须大胆对业务进行重构，从制定战略到完成交付，都要反映人工智能、数据和高级分析的力量。书中详细介绍了关于人才管理和组织转型的方法,对于任何希望提升公司数字化成熟度的领导者来说,这些都是他们应该首要关注的。这本书内容清晰全面,对那些希望利用数字化创新取得有竞争力的业务成果的人来说,不容错过。

——艾伯乐博士（Dr. Albert Bourla）

辉瑞公司（Pfizer）董事长兼首席执行官

《麦肯锡讲全球企业数字化》为实施数字化和人工智能转型提供了全面且容易操作的指南。虽然转型从来都不是容易的事情,但这本书提供了清晰的路线图和具体的实例,助力企业构建相关能力,从而大大提高成功概率。

——杰夫·哈蒙宁（Jeff Harmening）

通用磨坊公司（General Mills）董事长兼首席执行官

霍尼韦尔作为全球领先的高科技企业,始终坚守创新技术的初心,通过持续推进数字化和人工智能转型,实现更高效、更智能的业务运作和精益生产模式。从我们的经验来看,转型的成功不仅仅在于规划蓝图,更需要人才培育、运营模式及变革管理的支撑。《麦肯锡讲全球企业数字化》正是这一旅程的宝贵指南。对于持续精进数字化,有志于实现智能制造梦想的企业而言,这本书无疑是重要参考。我相信在它的指引下,企业领导者将获得全新视角和一套整体方法,成功推动数字化和人工智能转型。

——余锋

霍尼韦尔（Honeywell）中国总裁

数字化和前沿技术可以帮助企业获得高质量增长,当代大部分企业管理者对此已形成共识。但随着宏观环境的快速变化与压力增大,越来越多的企业期望对数字化和前沿技术的投资能够带来更稳定、更丰厚的回报。《麦肯锡讲全球企业数字化》不仅将大量的经验总结、提炼为实用的工具和方法,还提供了成功案例的深度解析。在企业面临复杂的转型工作时,这本书可以为领导团队提供清晰的思路和有效的方法,以减少实战时的迷茫,避免走不必要的弯路,进而帮助企业更高效地通过数字化转型达成提升核心竞争力的目标。

——耿艳坤

顺丰集团首席技术官,顺丰科技首席执行官

这是一本帮助企业将数字化和人工智能转型成功落地的优秀指南，它体系化地提供了制胜关键元素，包括人才的建设、新运营模式的布局、先进技术的运用和数据的融入等。对于想在数字化时代保持竞争力的企业来说，这无疑是一本必读好书。

——马特·安德森（Matt Anderson）

凯雷投资集团（The Carlyle Group）首席数字官

企业要想在数字化时代获胜，需要有差异化的战略、独特的能力和强大的执行力。《麦肯锡讲全球企业数字化》一书不仅探讨了需要"做什么"，还深入研究了该"如何做"。这本书指出了真正的变革会遇到的细节问题，为准备实现飞跃的领导者提供了一个引人入胜的剧本。

——贝蒂娜·迪切尔（Bettina Dietsche）

安联集团（Allianz Group）首席人力和文化官

《麦肯锡讲全球企业数字化》是一本实用且洞察深刻的数字化指南，其中的技术和数据为数字化企业的运营提供了动力。数字化是一个永恒的旅程，企业需要不断重构人才、组织、基础技术和数据，才能创造竞争优势。这本书让我们深入了解了在这个过程中取得胜利所需的能力和框架。

——朱莉·迪尔曼（Julie Dillman）

丘博保险集团（Chubb Group）执行副总裁、运营和技术高级执行官、数字化转型官

关于数字化转型，《麦肯锡讲全球企业数字化》是我读过的最好的参考书，这本书详细介绍了企业如何完成数字化转型并取得成果。我们正在重塑自己，致力于成为数字印刷和数字包装解决方案这一领域的领导者。《麦肯锡讲全球企业数字化》是我向我的团队推荐的读物。

——泰德·多亨尼（Ted Doheny）

希悦尔公司（Sealed Air Corporation）总裁兼首席执行官

如果你的企业在数字化方面既能遇见机遇，也会面临挑战，而且你有取得成功的意愿，那么无论你是在董事会任职还是在做项目，无论你身处哪个行业，《麦肯锡讲全球企业数字化》都适合你。这本书既清晰地介绍了数字化过程涉及的重要事项，又对如何完成数字化转型给出了明确的指导，同时提供了详细的实用框架和建议来帮助你推进。它既是一本必读的参考

书、一份实用的指南,也提供了具体的解决方案。把它带在身边吧——反正我是这么做的!

——罗纳·费尔黑德(Rona Fairhead)
甲骨文公司(Oracle)董事会成员、
英国上议院终身议员、欧时集团(RS Group plc)董事长、
英国金融时报集团有限公司(Financial Times Group Ltd)前董事长兼首席执行官

正如《麦肯锡讲全球企业数字化》一书的作者所言,在未来的职业生涯中,每一位高管都应该致力于利用技术来超越竞争对手,考虑到人工智能在我们的生活和工作中变得越来越重要,这一点尤为真切。因此我们必须重新思考以做出改变,这本书的出现恰逢其时,堪称经典之作。三位作者剖析了变化背后的影响因素,梳理了技术赋能业务所应采取的行动——从建立数字化人才储备到采用现代软件工程的工作方式,再到调整组织以实现持续的数字化创新。这些都能帮助你加深对人工智能和技术的理解。

——小罗杰·W. 弗格森(Roger W. Ferguson Jr.)
字母表公司(Alphabet)、康宁公司(Corning)和美国国际香料香精公司(IFF)董事会成员、
美国教师保险和年金协会(TIAA)前总裁兼首席执行官

数字化和人工智能转型的主要挑战之一是技术支撑瓶颈——数字化技术纷繁复杂,技术发展一日千里,对任何致力于打造优质数字化体验的公司来说,数字化技术是必须掌握的。现实可能让许多高管心生畏惧。但如今,掌握技术对任何一位高管人员来说都是必不可少的。《麦肯锡讲全球企业数字化》是我读过的最好的书之一,它阐释了高管们需要了解的东西,语言通俗易懂,内容翔实,有启发意义。对于那些想要真正了解技术的高管来说,这是一本很棒的实用手册。

——彼得·雅各布斯(Peter Jacobs)
荷兰安智银行(ING Bank Netherlands)首席执行官

技术变化如此之快,有时让人感觉似乎不可能跟上。《麦肯锡讲全球企业数字化》一书不仅阐明了技术的作用,还展示了企业应该如何应用技术来获得竞争优势,给大家指明了前进的方向。

——马库斯·克雷伯博士(Dr. Markus Krebber)
德国莱茵集团(RWE AG)首席执行官

在数字化时代重构业务对当今的企业领导者来说是势在必行之事。《麦肯锡讲全球企业数字化》是一本实用手册，带领企业领导者走过这一转型之旅，去建立或改变业务流程、业务能力、业务文化和客户体验，使企业实现可持续增长。凭借富有洞察力的视角、典型的麦肯锡风格，这本书使技术驱动转型这一挑战目标变得更加可实现，更加可操作！

——蔡淑君（Chua Sock Koong）

巴帝电信公司（Bharti Airtel）、

英国保诚集团（Prudential）、荷兰皇家飞利浦公司（Royal Phillips）、

菲律宾阿亚拉集团（Ayala Corporation）董事会成员，新加坡电信集团（Singtel）前首席执行官

很多人把数字化转型挂在嘴边，但真正理解它的人很少。拉马尔、斯玛耶和泽梅尔点石成金、化繁为简，使这本书极具指导价值。无论我们如何削减任务，大公司的数字化转型都是一件复杂的事情。但《麦肯锡讲全球企业数字化》一书提供了一张清晰的路线图，指导企业由点及面、连点成线地完成数字化转型。这使得公司不仅可以做出改变，还可以充分释放新技术所具备的潜力以建立起竞争优势。

——查克·马格罗（Chuck Magro）

科迪华农业科技公司（Corteva Agriscience）首席执行官

阿迪达斯的数字化转型之所以经典，原因在于它树立了一个样本，即庞大、复杂的跨国公司如何成功把数字化转型落实到位。挑战之大，历程之艰，可想而知。我们要开发出一系列有时令人眼花缭乱，同时仍然能体现我们的特色，并服务消费者的新功能。《麦肯锡讲全球企业数字化》既捕捉到了这一过程的复杂性，又给读者提供了清晰的行动步骤。对于任何有志于领导跨国公司将数字化转型蓝图落地并希望取得效果的高管来说，这本书绝对是必读之作。

——马丁·尚克兰德（Martin Shankland）

阿迪达斯（adidas）全球运营执行董事会成员

很明显，为了保持竞争力并处于行业领先地位，企业必须不断适应技术的进步，跟随技术的发展持续进化。《麦肯锡讲全球企业数字化》解决了数字化转型过程中的关键问题，为企业提供了一份蓝图，指导企业做好准备，以应对复杂的转型工作。

——罗宾·文斯（Robin Vince）

纽约银行梅隆公司（BNY Mellon）总裁兼首席执行官

《麦肯锡讲全球企业数字化》基于所有元素创造了一个"统一场理论",提供了具体的操作方法,帮助公司从单个的、孤立的试点项目,转向大规模推广,最终成为端到端的、真正的数字化企业。这本书为高管团队提供了必要的指导,对目标、人员、流程和技术等进行协调,有助于公司改进运营模式、运营节奏和运营成果。高管团队只有树立主人翁精神,才能成为自己所在竞争领域的数字化领导者,并为客户、股东和其他利益相关者创造可持续价值。

——罗恩·威廉姆斯(Ron Williams)
波音公司(Boeing)、阿吉隆健康公司(agilon health)、
沃比帕克公司(Warby Parker)董事会成员,
RW2 Enterprises 董事长兼首席执行官,
美国安泰保险金融集团(Aetna)前董事长兼首席执行官

中文版序

我们的老朋友,麦肯锡全球数字化业务领导团队的三位同事埃里克·拉马尔(Eric Lamarre)、凯特·斯玛耶(Kate Smaje)和罗德尼·泽梅尔(Rodney Zemmel)合作撰写了《麦肯锡讲全球企业数字化》。此书涵盖了麦肯锡近年来帮助全球各地的企业成功实施数字化转型的最佳洞见。这本书一经上市,迅速成为全球畅销书之一,我们很多客户的首席执行官、董事长把它放在了他们的"必读书架"上。

全球范围内,麦肯锡每年提供支持的数字化及人工智能转型项目超过2 000个。我们与客户紧密合作,通过最大化数字化投资的价值,帮助它们实现商业目标。在这个过程中,我们看到,数字化和人工智能转型存在着某些通用的原则和做法,它们是决定企业能否在数字化技术的投入上取得显著效益的关键。

他们撰写这本书的核心目标就是与读者分享自己在这一旅程中的所学、所思和所悟。《麦肯锡讲全球企业数字化》汇集了麦肯锡与全世界200家转型最成功的企业在合作过程中所凝结的方法论与洞见。这本书包含了丰富的案例研究、运营模式设计、技术架构和最佳实践,旨在为致力于在数字化和人工智能时代成就卓越的领导者提供切实指导。

在麦肯锡中国区,我们有幸深度参与了数家中国头部企业的数字化和人工智能转型实战,切实感受到了企业家们转型的勇气、决心以及坚定的信念。同时我们发现,**中国企业领导者面临着同一个难题——如何实现转型的规模化推进,从而最大化数**

字化和人工智能技术的业务价值．这本书对这一难题给出了源自实践的答案，这也是我们推出中文版的动机和目的。

我们观察到，中国企业正处在一个不同于以往且快速演变的环境中。中国的企业家正站在一个新的历史起点上思考转型。

首先，"高质量增长和盈利能力"正取代"速度和规模"，成为企业优先关注的事项。在过去的二十年里，中国经济的高速增长使得速度和规模成为企业的首要任务，这也促使企业对试错高容忍和对新技术热情拥抱。另外，中国企业的敏捷性、执行力和创新意愿，也是它们取得成功的关键因素。然而，随着中国经济进入一个强调高质量增长和盈利能力的新阶段，企业越来越专注于进一步提高运营效率，并对投资和创新提出更高的回报要求。

其次，中国企业正在加速全球化。过去几十年经济发展的惊人速度促使现代企业崛起，这些企业在国内市场取得了卓越成就。许多优秀企业运用其具有竞争力的产品和敏捷组织的实践，迅速建立起了全球网络。如今，随着国内经济增速放缓，中国企业开始更加关注全球市场。海外市场曾经占中国企业整体市场的比例较小，现在其收入很容易就占到企业收入的一半甚至三分之二。经营全球性公司要比深耕单一国家复杂得多，需要考虑新市场的地理分布、供应链的分散化部署，以及提供针对性的产品或服务以满足目标市场的需求。运营模式、核心业务流程、关键数字化产品和平台、技术架构、能力发展策略以及变革管理方法都需要做出巨大的改变，才能支持日益全球化的运营。

最后，中国企业正在大力培育创新能力。中国一直是数字化商业模式创新的引领者，并且有望在诸如消费电子、电动汽车、生物制药和新能源新材料等关键领域发挥领导作用。中国企业正在对产品创新，以及数字化创新及人工智能领域做出更大、更坚定的投资，矢志成为全球主导力量。这些以创新为导向的转型不仅涉及技术投资，而且事关企业的全面变革——明确战略优先级、协同领导层聚焦、演进运营模式以及构建相应能力等。

2023年被誉为GenAI（生成式人工智能）的元年，这是高级分析和人工智能持续发展进程中的一个重要里程碑。GenAI引起了《财富》500强首席执行官的极大关注。然而，尽管人工智能，特别是GenAI被公认为强大的技术工具，但它必须融入更广泛的数字化转型，才能充分释放自身创造真正商业价值的潜力。越来越多的企业领导者认识到，不能只是为了人工智能技术本身而投资人工智能。

《麦肯锡讲全球企业数字化》一书让我们产生共鸣，关键在于它提供了最大化数字化转型价值的整体方法论。这本书没有将数字化投资仅视为一系列成功案例和技术路线图，而是指出了**成功转型的六个关键组成部分：**（1）制定以业务为导向的转型路线图，包括高管团队矢志转型的决心、明确的重点业务领域和可量化的业务成果目标；（2）打造一个吸引数字化人才并助其茁壮成长的环境；（3）重塑组织，以使其运营更敏捷、更迅速，并组建聚焦数字化产品的小组，让业务团队和技术团队紧密合作；（4）构建一个支持高效、高质量开发和有可扩展性的技术环境；（5）专注于关键数据，利用数据和洞见产生实际价值；（6）鼓励数字化解决方案的采用并在企业内部加以推广。

以上六项关键能力旨在确保您的业务团队和技术团队都能敏捷和专注地执行转型，从而最大化数字化和人工智能技术的价值。这是一份非常实用的转型指南。我们希望这本书能够为中国的企业领导者带来启迪。麦肯锡数字化团队在中国区和全球其他分公司的同事衷心希望以这本书为契机，与您启动有意义的对话，助您顺利完成转型。

王玮，麦肯锡全球资深董事合伙人，麦肯锡亚洲区数字化咨询业务负责人
卜览，麦肯锡全球资深董事合伙人，麦肯锡中国区数字化咨询业务负责人

目录

前言 将数字化和人工智能转化为持续的竞争优势来源需要六大企业级能力　XV

第一部分　绘制转型路线图：
以业务为主导的路线图是确保数字化和人工智能成功转型的蓝图　001

第一章　激励高层团队，使其团结一致　/ 005

第二章　转型"规模"应符合实际需要　/ 010

第三章　让业务领导者界定可能性的边界　/ 017

第四章　充分了解实现目标所需的人力资源　/ 025

第五章　培育当前及下一个十年所需的数字化能力　/ 030

第六章　数字化路线图是企业高管必须履行的契约　/ 037

第七章　形成团队合力，实现终极目标　/ 040

练习部分　/ 045

第二部分　打造企业人才库：
为数字化人才创造良好的发展环境　047

第八章　核心能力与非核心能力——战略性人才规划　/ 051

第九章　懂得如何构建数字化人才库的专职团队　/ 060

第十章　招聘数字化人才是一道双向选择题　/ 063

第十一章　慧眼方能识才　/ 077

第十二章　培养精益求精的工匠精神　/ 082

练习部分　/ 089

第三部分 | 采用新的运营模式：
重塑组织和治理机制，提高速度和敏捷度　　　　091

第十三章　从"形式敏捷"到"实质敏捷"　/ 095

第十四章　支持数百个敏捷小组的运营模式　/ 106

第十五章　产品管理专业化　/ 122

第十六章　用户体验设计——魔力要素　/ 129

练习部分　/ 136

第四部分 | 高速分布式创新技术：
构建技术环境，赋能整个企业数字化创新　　　　137

第十七章　具有开发灵活性与运营延展性的解耦架构　/ 141

第十八章　一种更加精准、更注重价值的云迁移方法　/ 153

第十九章　自动、快速编写高质量代码的工程实践　/ 159

第二十章　提高开发人员生产力的工具　/ 172

第二十一章　交付生产级数字化解决方案　/ 178

第二十二章　从一开始就建立安全性和自动化　/ 183

第二十三章　MLOps 助力人工智能的规模化应用　/ 189

练习部分　/ 195

第五部分 | 让数据融入每个角落：
如何让数据在整个公司中易于使用　　　　197

第二十四章　确定哪些数据是重要数据　/ 201

第二十五章　数据产品——可以扩展的可复用构建块　/ 207

第二十六章　数据架构或数据"管道"系统　/ 217

第二十七章　组织有序，充分利用数据　/ 229

练习部分　/ 238

第六部分 | 解锁解决方案采用及推广的关键：
如何让用户采纳你的数字化解决方案，又如何将这些方案在企业内部推广   **239**

第二十八章　推动用户采用解决方案并驱动底层业务模式变革　/ 243

第二十九章　设计易于复制、可复用的解决方案　/ 251

第三十章　通过跟踪重要事项来确保影响力　/ 260

第三十一章　管理风险和建立数字信任　/ 274

第三十二章　文化之路在何方　/ 280

练习部分　/ 288

第七部分 | 转型路上的故事：
三家公司如何成功推动数字化和人工智能转型   **291**

第三十三章　自由港 - 麦克墨兰铜金公司变数据为价值　/ 293

第三十四章　星展银行—— 一家跨国银行的数字化转型之旅　/ 299

第三十五章　乐高集团引领未来的玩乐　/ 305

致谢　　　　**311**

数字化和人工智能转型的内涵

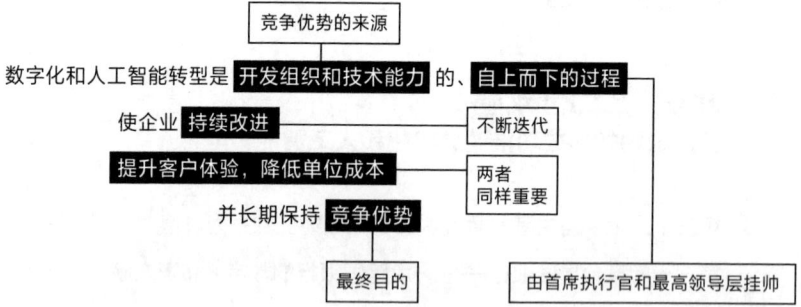

前言
将数字化和人工智能转化为
持续的竞争优势来源需要六大企业级能力

"推进数字化转型是商业领袖终其整个职业生涯都将一以贯之的事业。"

这一判断反映了两个基本现实。一是数字化正在不断演进。在过去的十年里,从科技行业孕育而生的新技术(如云、人工智能)、新架构范式[如微服务、APIs(应用程序编程接口)]和软件开发的创新方法[如敏捷管理方式(agile)、DevSecOps(开发安全运营)]得以蓬勃发展,使得数字化几乎渗透到我们日常生活的方方面面。即使影响如此广泛与深入,我们也都还没触及 GenAI、边缘计算、量子计算和其他前沿技术的表面。[1]

只要技术不断发展,业务就需要不断更新换代。[2] 从这个意义上说,"转型"这个词有点误导性,因为"转型"是指一个有终点的一次性过程。但实际上,数字化转型是一个持续提高竞争力的进程。

二是数字化和人工智能转型很困难。在最近一次关于这个主题的年度调查中,我们发现,89% 的受访公司已经启动了数字化转型。但它们仅实现了 31% 的预期收入增长和 25% 的预期成本节约。[3]

不幸的是,没有捷径可走。你不能指望通过架构一个系统或引入某项技术就能解决问题。我们在数字化领先者身上没有看到哪怕一个"神奇"用例。相反,这需要协同数百个技术驱动的(专有的和现成的[4])解决方案,并且持续加以改进,才能创造良好的客户体验和员工体验,降低单位成本,并创造价值。提出、调整和改进这些解决方案需要公司从根本上重构运营方式。这意味着要让来自不同部门的成千上万名员工一起工作,并且以不同的方式工作;这意味着要引进新的人才,打造高效的学习闭环,利用人才的技能,帮助人才成长。在数字化和人工智能转型过程中,与技术同样重要的是打造全新的企业级能力。

没有哪家公司对这一艰难历程感到陌生。即使是我们所熟知的科技界巨头,都得经历投资、试验、失败、调适等多重考验,才能迎来成功。[5] 以亚马逊的零售业务为例,它实现了供应商登记、库存补充、定价和订单履行方面的自动化。所有这些流程的自动化都是通过专有解决方案实现的,这些方案是由数千个业务、技术和运营方面的专家组成的跨职能团队一起合作开发出来的。但情况一开始并非如此,甚至早期的亚马逊也不是我们现在所熟知的"亚马逊"。亚马逊通过投资技术和企业级能力实现了全面重塑,并且持续改进,从而将自身打造成一家数字化企业。[6]

亚马逊的成功是众所周知的,还有一些大型传统企业也提供了范例,它们正在赢得数字化和人工智能转型这场比赛,并且与竞争对手拉开越来越大的数字化差距。成功是建立在来之不易的经验教训的基础上的,将这些经验教训加以总结、提炼便形成一套行之有效的方法。本书将揭秘这套方法,为你讲述数字化转型成功者的故事。

数字化是竞争优势的源泉

不久前,传统企业的高管们通常会选择推迟改变公司的核心系统,因为他们认为,"在经过他人的测试和验证后,再对系统进行更改会更便宜,风险也会更小"。高管们会说:"我们想购买标准套装……构建定制系统太贵、太复杂了。"技术当然是经营公司所必需的,但却无法带来竞争优势,因为任何公司都可以从供应商那里买到相同的技术。企业如果要形成竞争优势的话，就得按部就班地定期部署这些系统，并充分利用购买来的系统能力。

现在一切都变了，并被彻底颠覆了。公司仍然从供应商那里购买系统来运营业务，但是数字化技术的兴起以及相关的新架构范式和软件开发的方法使得开发和维护专有应用程序成为可能。随着软件行业的成熟和发展，软件供应链出现了，在这条供应链上，你可以在现有的软件构建模块中组装应用程序，只在必要的时候开发新的代码即可。这些发展，以及像 GenAI 那样的新兴技术，正在从根本上节省开发专有应用程序的成本和时间，每一家公司现在都可以在这样的基础上开展竞争。[7]

那么，有没有传统企业建立起数字化竞争优势，并因此获得了回报？影响公司业绩的因素有很多，老实说，一家公司想要实现彻底的转型，并且转型结果要能体现在财务表现上需要相当长的时间。然而，这个问题仍然是根本性的。传统企业正在组织上和财务上做出关于数字化的实质性承诺。转型的低成功率引发了这样一个问题，那就是这一切努力是否值得。

我们多年来的调查分析清楚地表明，表现最好的公司在开展一系列数字化实践后会取得显著的进步。[8] 例如，我们最近对 1 300 多名企业高级管理人员进行了调查，结果显示，70% 的顶级高管使用高级分析技术来开发专有洞见，50% 的受访者使用人工智能来改进决策并推进自动化决策。[9]

在此基础上我们设法挖掘出一些经过验证的硬数据，将数字化转型与财务突出表现相挂钩。以银行业为例，我们有一套独特的对标数据集，其服务于发达市场的 80 家全球性银行。银行业的数字化转型已经进行 5 ~ 10 年了，这段时间足够我们来观察它们转型的成效。

我们的研究重点关注了 2018 年至 2022 年间数字化转型的 20 位领先者和 20 位落后者，下面是这份研究的三个重要发现：[10]

第一，数字化转型领先者的业绩表现更胜一筹。有形资产回报率（ROTE）是银行业的一项关键财务指标，银行业的领先者不仅拥有更高的资产回报率，改善也更多。市盈率（P/E ratio）也是如此。在这段时间里，银行业的数字化转型领先者凭借更好的运营杠杆超越了落后者。因此，它们的股东总回报率（TSR）每年增长8.2%，而数字化转型落后者仅增长了4.9%。领先者收获了财务回报。

第二，竞争优势来自端到端的业务模式转型。我们研究了银行业商业模式转型的四项指标，以及这些指标在领先者和落后者业务中的变化情况（见图0-1）。第一项指标是移动应用渗透率。虽然相较于落后者，领先者保持着优势地位，但两者都取得了显著的进步。乍一看似乎出人意料，其实不然。只要有一家银行推出一项新的移动功能，其他银行就会在6~12个月内跟进。移动应用程序是银行业的基本标准，不会产生竞争差异。大多数银行都已经设法建立了一个数字化团队，负责开发和改进其移动应用程序。

现在我们来看一下其他三项指标：分支网络人员配置、数字化销售、联络中心人员配置。这些指标反映了真正的运营优势，也是领先者比落后者改进更快的地方。改进这些指标十分困难，因为每一项指标都需要端到端的流程改变。

在数字化流程的前端，银行业的领先者将个性化分析和数字化营销活动结合起来，为（潜在）客户提供相关的服务。在流程的中端，它们创造了一种全渠道体验，分支机构和联络中心的专业人员可运用工具和数据为客户在销售过程中的任何阶段提供支持，即使销售过程从线上开始也没有问题。通过采用自动化的信用风险决策过程，这些领先者得以实时批复客户信贷。在流程的后端，它们通过精心设计的、由现代数据架构支持的数字化工作流来驱动客户自助服务。简而言之，数字化转型超越了前端移动应用程序的范畴，还重塑了营销、销售、服务和风险管理等各个环节。

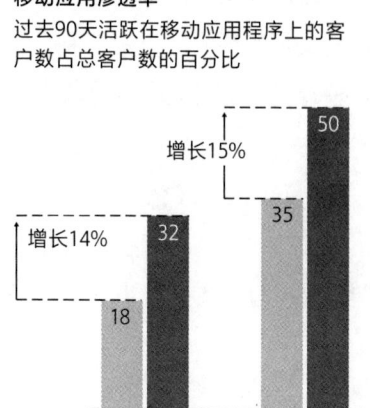
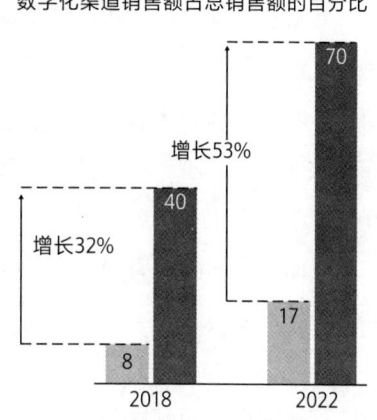
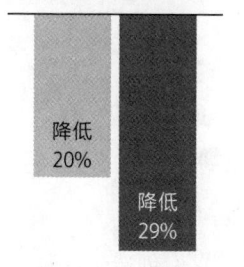
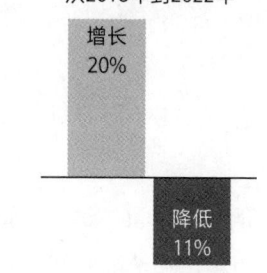

资料来源：Finalta Global Digital Benchmark. Global Contact center metrics only available after 2019。

图 0-1　银行业数字化转型的核心指标

重要的是，随着客户将银行业务转移到网上，数字化转型领先者在升级销售和提高服务能力方面要快得多。这看起来很简单，其实不然。这需要整个银行在激励机制和绩效管理方面做出改变。在任何行业，这种跨职能协调的程度都是数字化转型取得成功的核心因素。

第三，数字化转型领先者构建了更强的企业级能力。我们研究了领先者和落后者的基本做法，发现两者存在明显的差异。领先者在建设高质量的数字化人才队伍方面走得更远，其重点是创造一个让顶尖工程师茁壮成长的环境。领先者采用了一种新的运营模式，将业务、技术和运营领域的人才整合起来，组成小型的敏捷团队，并通过自动化不断改善客户体验并降低单位成本。它们已经建立起一个基于云技术的现代分布式技术和数据架构，使整个组织——不仅仅是IT（信息技术）部门——都能够开发基于数字化和人工智能的解决方案。简言之，领先者投资人才、运营模式、技术和数据等方面的能力建设，而这些能力又反过来支持组织开发良好的数字化体验并不断进行改进。

最后，数字化转型赢家的领导团队在重新构想核心业务方面更加大胆，在团队协同作战方面更加高效，以打破传统的职能孤岛，实现自己的愿景。它们更多地进行战略性投资，打造组织上和技术上的差异化能力，这正是其竞争优势来源。随着时间的推移，这些能力会创造出不断改进的客户体验，降低单位成本。它们通过这种方式实现自我重塑，超越竞争对手，收获经济回报。

我们看到，无论是B2B（企业对企业）还是B2C（企业对消费者），无论提供的是产品还是服务，这三大原则普遍适用于每个行业。每个行业都有机会从数字化转型中创造巨大的价值。问题的关键是你要知道怎么做。

"怎么做"

许多人对数字化和人工智能转型及其承诺的价值等基础知识都相当熟悉，有些已经在早期取得了巨大的成功，但知道如何开展一场规模和动力足以推动业务价值改变的数字化和人工智能转型，则是另一回事。

高管们所缺少的是一个具体的视角，即如何构建企业级能力以实现数字化转型的规模化推广。本书则回答了"怎么做"这个问题。这是一本手册，适用于那些准备卷起袖子，为转型成功而艰苦奋斗的领导者。本书探讨了由智能手机、物联网、人工智能（包括机器学习和深度学习）、增强现实和虚拟现实、大数据和实时分析、数字孪生、APIs、云技术等一系列技术所带来的独特问题，以及由此产生的机遇。任何数字化和人工智能转型，都有赖于综合利用这些技术来开发数字化解决方案。

这份指南也是麦肯锡全球顾问团队协助客户成功开展数字化和人工智能转型所使用的工作手册。本书是过去五年来该领域不断发展、完善和学习的结果，它将麦肯锡积累的经验总结、提炼为一份行之有效的操作指南。

这些经验分为六个部分加以呈现，每一个部分对应一种企业级能力：首先，高管层要对转型价值和转型规划形成共识；接着指出如何构建交付能力，开发具有竞争力的差异化数字化解决方案；最后，本书讨论了变革管理方面的能力，以推动端到端业务流程的采用，以及使之有效地在整个企业中规模化推广（见图0-2）。

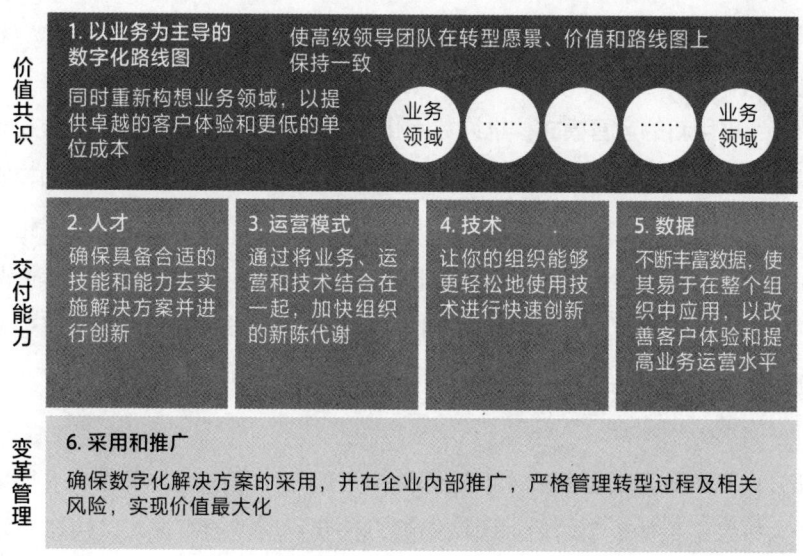

图 0-2　本书的六大部分

这六个部分分别代表一项重要的企业能力。如果不重视这六大能力，那么数字化和人工智能转型绝不可能获得成功——这是我们对过去十年麦肯锡在这一领域里的客户工作进行回顾、总结后的一个重要发现。本书的第七部分是三家公司的数字化和人工智能转型实例。本书七个部分的内容概括如下。

第一部分：绘制转型路线图。这部分解释了如何将领导团队的注意力聚焦在愿景规划上，并协调一致，以及如何利用技术重新构想业务。做出的决策将以详细的路线图来呈现。该路线图既要着眼于转型影响力，又要明确交付所需的新能力。有些公司的数字化和人工智能转型停滞不前，我们评估后发现它们遇到的许多问题都是由这个阶段出现的失误造成的。

第二部分：打造企业人才库。靠外包数字化无法成就卓越。企业需要具备构建和持续进化专有数字化解决方案的能力，这就要求拥有高质量的数字化人才。传统企业通常认为自己无法与新兴的数字化企业争夺人才，但其实它们可以，也做到了。这部分详细介绍了如何制定一份与数字化路线图一样详尽的人才路线图，包括如何创建一个既可以延揽最优秀的人才，又可以让人才茁壮成长的组织。

第三部分：采用新的运营模式。也许数字化和人工智能转型最复杂的部分在于开发一种以客户为中心并且可以提高速度的运营模式。这是因为它触及组织的核心，即管理流程以及团队工作的成效。这部分介绍了不同的运营模式——从数字化工厂到产品和平台（Products & Platforms）型组织，可指导企业根据自身的实际情况做出选择。这部分还重点介绍了如何建立和扩展成败攸关的能力，比如产品管理能力和用户体验设计能力等。

第四部分：高速分布式创新技术。这部分探讨如何构建一个分布式技术环境，使数百个（如果不是数千个的话）团队能够轻松获得所需的服务，以快速开发数字化和人工智能解决方案。这部分内容涵盖了必需的现代化软件工程实践，包括DevSecOps和MLOps（机器学习运营），这些已经成为实现快速开发、高质量代码和峰值实时操作性能的核心。

第五部分：让数据融入每个角落。这部分审视了精心设计数据结构以保证数据质量、易于使用和可复用所需的关键决策。只有这样，人工智能的力量才能释放出来。我们探讨了如何开发和部署数据产品（将数据打包成易于其他应用程序使用的格式），从而给企业带来最大的益处。这部分还讨论了通常非常棘手的数据治理问题和组织问题，这些问题处理不好甚至会毁掉最有前途的数据产品。

第六部分：解锁解决方案采用及推广的关键。数字化和人工智能转型中最令人沮丧的一个问题是，即使是最好的数字化解决方案也没有产生应有的影响。公司通常投资解决方案的试点开发，但在推动用户采用和企业内部推广方面长期投资不足。这部分探讨了变革管理带来的挑战，其核心是如何在足够细化的层面解决技术、流程和人力问题，这些问题将使优秀的解决方案无法实现其全部价值。

第七部分：转型路上的故事。在本书的最后一部分，我们深入研究了三家数字化和人工智能转型领先公司：自由港－麦克墨兰铜金公司（Freeport-McMoRan）、星展银行（DBS）和乐高集团（LEGO Group）。这部分向读者展示了这些转型典范是如何将上述六大企业级能力成功加以整合的，从创建相关的能力到高效协同来交付价值。这些案例强调了这些公司在转型过程中遇到的挫折、克服的挑战，以及如何成功地超越竞争对手。

本书提供了一个了解这些能力如何相互作用以产生最好效果的整合视角。例如，第一部分中的数字化路线图与第六部分中的价值跟踪方法是一致的，第二部分中的数字化人才与第三部分中的运营模式设计也是一致的。这种整合方法是数字化和人工智能转型取得成功的基础，也是我们撰写本书的主要动机之一，因为我们发现许多公司都在艰难探索如何建立整体转型的内在一致性。

这是一本什么样的书

如果一本书适合放在咖啡桌上,那么书中是不会出现关于数字化和人工智能转型统计数据的。相反,本书的特色是提供实用的工具,比如麦肯锡框架、流程图、技术架构图、工作计划、操作指南和团队人员配置模型等,而这些都是数字化和人工智能转型取得成功的必要工具。

本书是为那些主导和实施数字化和人工智能转型的企业领导者和实践者准备的,既包括首席执行官和发挥重要作用的高管们,也包括业务部门或职能部门负责相关技术变革工作的高管们。

本书也为那些感到沮丧的高管所写,他们可能读了很多关于这个主题的文章和书籍,但仍然对技术感到困惑和无所适从。本书提供了高管们需要了解的所有内容,帮助他们在企业有效地部署数字化技术。我们不是专注于某项具体技术,而是探索实现数字化转型这一目标所需的一系列技术。

同样,本书也不关注具体的数字化解决方案。每个行业和每个流程使用不同的数字化解决方案来更好地为客户服务,降低单位成本。例如,在消费品行业,收益管理解决方案对商业绩效来说至关重要。而在采矿行业,专注于过程产量最大化的解决方案是关键。本书探讨的是企业如何确定要构建哪些数字化解决方案,然后如何构建和部署这些方案。

《麦肯锡讲全球企业数字化》一书按照企业在数字化和人工智能转型过程中常见主题的先后顺序编排而成。同时,每一部分和每一章也都独立成章,那些有志于进一步推进转型事业或负责某一个具体部分的人,可以从本书中找到与其转型挑战关联性最强的章节。

众所周知,数字化发展驶入了快车道,技术演进日新月异。本书的内容基于麦肯锡内部的第四代数字化和人工智能转型方法，我们大约每18个月更新、升级一次，希望通过定期更新，让你从实践者的角度对数字化和人工智能转型的发展演变始终保持清晰的认知。我们希望这份可信赖的实用指南能够陪你走过激动人心的转型旅程。

数字化和人工智能转型才刚刚开始

企业驾驭数字化世界以永葆可持续的竞争优势，是当今时代起决定性作用的制胜因素。为了实现数字化和人工智能转型的规模化，全面发挥其价值，顶层团队需要做好准备，敢于给组织动"手术"重塑企业，这样才能在技术竞争中胜出。

数字化和人工智能转型在根本上是一个不断进化和改进的过程，说到底这只不过是现代化的工作方式。如果你接受这个前提，那么它将改变你对处理手头工作的看法。借用杰夫·贝佐斯的话来说，数字化和人工智能转型仍处于第一天，一切才刚刚开始。

注释

1. Michael Chui, Roger Roberts, and Lareina Yee, "McKinsey technology trends outlook 2022," McKinsey.com, April 22, 2022, https://www.mckinsey.com/capabilities/mckinsey-digital/our-insights/the-top-trends-in-tech.

2. Simon Blackburn, Jeff Galvin, Laura LaBerge, and Evan Williams, "Strategy for a digital world," *McKinsey Quarterly*, October 8, 2021, https://www.mckinsey.com/capabilities/mckinsey-digital/our-insights/strategy-for-a-digital-world.

3. Laura LaBerge, Kate Smaje, and Rodney Zemmel, "Three new mandates for capturing a digital transformation's full value," McKinsey, June 15, 2022, https://www.mckinsey.com/capabilities/mckinsey-digital/our-insights/three-new-mandates-for-capturing-a-digital-transformations-full-value.

4. 专有解决方案是使用现成的和定制开发的软件以及数据集构建的解决方案，用于解决业务和用户问题。如果专有解决方案产生了有意义的性能差异，而且竞争对手很难复制，那么这个方案就提供了竞争优势。

5. Steven Van Kuiken, "Tech companies innovate at the edge: Legacy companies can too," *Harvard Business Review*, October 20, 2022; https://hbr.org/2022/10/tech-companies-innovate-at-the-edge-legacy-companies-can-too.

6. Colin Bryar and Bill Carr, "Working Backwards: Insights, Stories, and Secrets from inside Amazon," St. Martin's Press, 2021.

7. 我们在麦肯锡对 200 名软件开发人员进行了一项内部研究，来观察使用 GenAI 的收益。研究表明开发代码的生产率提高了 25% 以上（这项研究很快就会发表）。

8. Michael Chui, Bryce Hall, Helen Mayhew, Alex Singla, and Alex Sukharevsky, "The state of AI in 2022—and a half decade in review," McKinsey.com, December 6, 2022, https://www.mckinsey.com/capabilities/quantumblack/our-insights/the-state-of-ai-in-2022-and-a-half-decade-in-review.

9. Laura LaBerge, Kate Smaje, and Rodney Zemmel, "Three new mandates for capturing a digital transformation's full value," McKinsey.com, June 15, 2022, https://www.mckinsey.com/capabilities/mckinsey-digital/our-insights/three-new-mandates-for-capturing-a-digital-transformations-full-value.

10. 这项研究即将在《哈佛商业评论》上发表。

第一部分

绘制转型路线图:

以业务为主导的路线图是确保数字化和
人工智能成功转型的蓝图

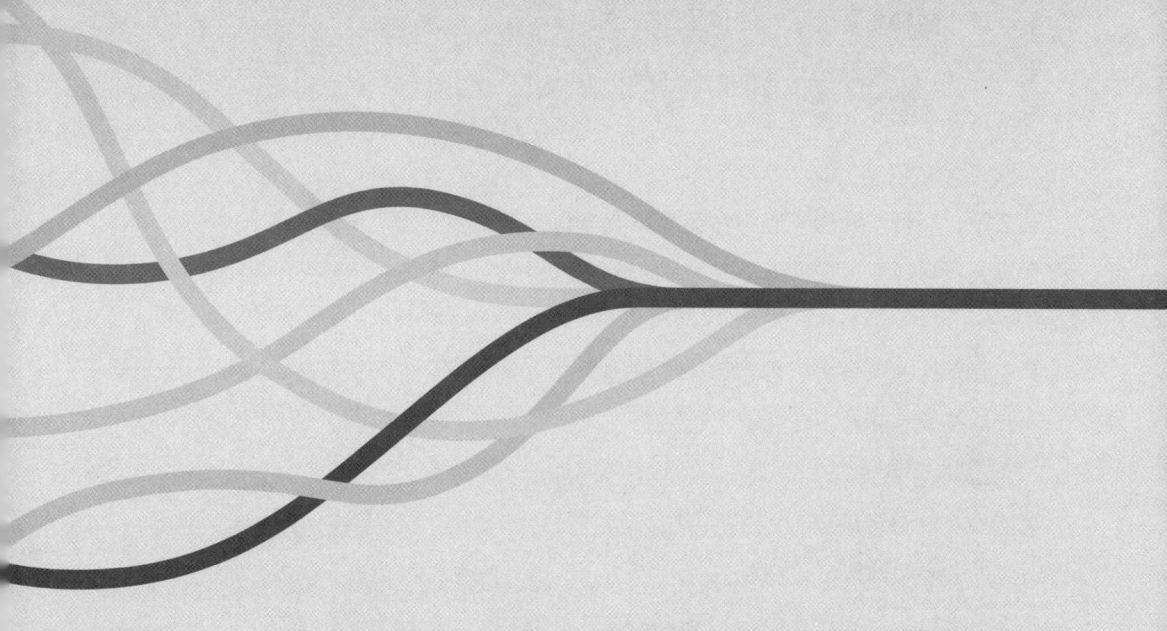

我们发现，企业的数字化和人工智能转型之所以停滞不前，大多是因为缺乏规划和协调。[1] 领导层在战略规划阶段就对数字化和人工智能转型产生误解，从而不可避免地导致执行混乱。

领导层常常会犯五大错误：对数字化的认知存在差异，各执一词；只将精力投入自己偏爱的项目，但这些项目不会带来太多价值；过于重视技术层面的解决方案，而忽视关键人员和转型对能力的要求；转型范围太广，投资过于分散；首席执行官将职责交由其他高管。[2]

如果你的公司受以上任何一个问题困扰，请及时调整。无论处于转型的哪一阶段，亡羊补牢，为时未晚。明确转型目标，围绕计划做好沟通与协调，你就会对转型感到无比兴奋与激动，并且始终坚定信念。针对如何制定转型路线图，扎实推动数字化转型，以下章节将提供这一阶段转型的指导。

第一章：激励高管团队，使其团结一致。领导层必须投入时间，形成一种通用的数字化语言，学习其他行业的先进经验，建立一个共同愿景，以及对实现愿景的一系列承诺要有清晰共识。

第二章：转型"规模"应符合实际需要。诸多企业转型出现困难，归根结底在于转型规模不当，要么规模太小而无法产生实质性影响，要么规模过大而无法实现。

第三章：让业务领导者界定可能性的边界。当业务领导者开始设置雄心勃勃且切实可行的转型目标时，转型的飞轮就开始运转了。

第四章：充分了解实现目标所需的人力资源。"敏捷小组"是小型的跨学科团队，承担业务重构的职责。企业应明确所需"小组"的种类和数量。

第五章：培育当前及下一个十年所需的数字化能力。为了制胜数字化和人工智能时代，企业必须从根本上提升自己组织的能力，应了解清楚所需的各种能力以及如何构建这些能力。

第六章：数字化路线图是企业高管必须履行的契约。数字化路线图是一份企业如何通过投资和激励来重塑业务领域的具体计划，也是一份企业如何借助有效的可量化目标打造企业级能力的清晰方案。

第七章：形成团队合力，实现终极目标。为了取得数字化和人工智能转型成功，每位高管都应尽职尽责。

注释

1. Dennis Carey, Ram Charan, Eric Lamarre, Kate Smaje, and Rodney Zemmel, "The CEO's playbook for a successful digital transformation," *Harvard Business Review*, December 20, 2021, https://hbr.org/2021/12/the-ceos-playbook-for-a-successful-digital-transformation; Celia Huber, Alex Sukharevsky, and Rodney Zemmel, "5 questions boards should be asking about digital transformation," *Harvard Business Review*, June 21, 2021, https://hbr.org/2021/06/5-questions-boards-should-be-asking-about-digital-transformation.
2. Jacques Bughin, Tanguy Catlin, Martin Hirt, and Paul Willmott, "Why digital strategies fail," McKinsey.com, January 25, 2018, https://www.mckinsey.com/capabilities/mckinsey-digital/our-insights/why-digital-strategies-fail.

第一章

激励高层团队，使其团结一致

> 急于求成，只会适得其反。
> ——《公主新娘》，奇迹麦克斯（The Princess Bride）

要想数字化和人工智能转型成功，企业必须具备三大要素：愿景、协同和承诺。虽然这些要素对任何转型都很重要，但是企业在进行数字化及人工智能转型时，相关目标的设定往往没有那么严格。这种比较普遍的情况出现的原因有两种：要么是企业将数字化视为次等重要的事；要么是领导层对数字化的认知不够，认识不到转型带来的影响。

数字化及人工智能转型将给企业带来诸多方面的影响，因此，花些时间做好基础性工作将在明确性和统一行动方面带来极大好处。[1]

愿景

愿景是就转型的终极目标及价值形成的共识。愿景不仅仅是一种愿望，更是企业要转型的根本原因，是明确转型方向的北极星，它为转型路线图上的所有活动和解决方案提供了清晰的终极目标。团队的短期和长期目标都应该朝着这一共同愿景前进。尽管一些公司使用不同的说法，但是无论怎样表达，愿景都应清晰明了，与整个企业的数字化和人工智能转型工作密切相关。

何为好的愿景？强有力的愿景表述有一些共同特征，例如以客户为中心、有时间维度、对重要价值进行量化。愿景应对员工起到激励作用，并达成广泛共识，让所有员工都能理解。最好的愿景表述不是喊一句"无与伦比的客户服务"这样的口号，而是要具体，比如"积极主动，将个性化服务贯穿于整个客户旅程"。举个例子，有一家公司的愿景是"通过在我们的核心运营流程中应用人工智能，优化客户体验和员工体验，从而使客户满意度达到行业领先水平，并力争在三年内将息税前利润（EBIT）提高15%"。

一个好的愿景不仅可以明确重塑业务的方式，还能确定实现该愿景所需的能力（见图1-1）。总之，检验转型愿景的基准是：将愿景锚定在企业的整体业务战略中。

期望	商业目标 提供面向客户的个性化服务，带动业务强劲增长，成为服务零售客户的最佳包装消费品公司	财务目标 到20××年，将可核实的年度息税前利润提高10亿美元
重塑业务	洞见驱动型消费者旅程 通过给客户提供定制的信息服务、产品以及体验，实现与消费者的个性化互动	创新 利用数据挖掘，更好地了解客户的哪些需求未能得到满足，促进核心产品的更新换代
	品类增加和客户增长 洞察客户情况，执行相关策略以扩大产品类别，增加盈利，多从零售商的角度思考问题	供应链优势 以最低的交付成本，最大化地满足服务的复杂性要求，提升服务水平
新的数字化能力	人才 打造数字化人才的核心团队，提高全员的数字化水平	敏捷运营模式 创建跨学科团队，加以部署，并由业务领导者来开发专有数字化方案
	技术 采用现代、开放、模块化的云架构；构建独有的竞争优势	数据 投资开发专有数据资产，为我们的客户和消费者提供独特的体验

图1-1 数字化愿景示例（以某包装消费品公司为例）

协同

协同不是指口头上的同意，而是指每个人都必须明确自己的角色和职责。这一点尤为重要，因为数字化和人工智能转型需要紧密的跨职能协作。举个例子，如果企业要成功转向线上销售，那么销售、营销、定价、客户服务和订单执行等各个环节必须一起转变。此类端到端的流程协作是数字化转型的基本规则，无一例外。

真正做到全体员工步调一致至关重要。研究表明，如果以"实现转型目标的共同责任感"来衡量，转型成功的公司几乎是转型不成功公司的四倍。[2]

在数字化和人工智能转型的早期阶段，领导者之间存在不一致的情况并不罕见。领导团队的高管们往往对数字化和人工智能转型的侧重点和理解存在差异，进而可能产生冲突。比较普遍的情况是，高层领导一方面对数字化的理解未能形成共识，另一方面也缺乏识别这些新技术机会背后的规律的能力。即使对最基本的问题，例如人工智能是什么？数据工程师的工作内容是什么？为什么DevSecOps很重要？领导团队的意见也可能没有统一。类似的问题有许多，因此领导层必须有共同的语言，统一认识，坚信数字化推进公司业务的潜力，并且知道如何做到这一点。

因此，在转型之初，组织高管团队体验式学习之旅是明智之举。这可以是：实地走访转型标杆企业；高管培训学习数字化和人工智能的基础知识；参加"可能性的艺术"工作坊，建立对数字化技术如何改变不同业务领域的模式的识别能力，并对此形成坚定的信念。

企业应该让每位高管至少投入20个小时进行学习，这样他们才能做好准备，与同事一起卓有成效地制定数字化转型路线图。根据我们的经验，这是早期转型阶段的重中之重。

承诺

不做出承诺就不可能实现转型。承诺不单单指预算分配（当然预算分配很有必要，但远远不够）。承诺是指高管团队对转型愿景的实现和资源投入带来的相应回报承担个人以及共同的责任。

管理层的承诺应该始终坚定如一，直到转型完成。这主要体现在四个方面：

1. **值得投入的数字化业务用例**。企业领导者必须承诺在客户体验或投资回报方面要有明确的业绩提升。在这个阶段，领导者要问自己：我们的计划真的能改变业务吗？投资是否与机会相称？最后，领导者不要迷信所谓的"数字化魔法"，也就是投入很少却期望创造巨大的价值。世界上不存在这样的魔法。

2. **真正投资企业级基础能力建设**。虽然一些投资应与特定的数字化用例挂钩，但其他投资应聚焦以下方面的基础能力建设：数字化人才、运营模式、技术栈、数据环境。在数字化转型的初期，高管团队可能会希望对特定解决方案的创建和能力构建均衡投资。然而最近的分析表明，实际上，前10%的领先企业在基础投资技术等诸多领域显著领先同行。[3] 但要注意投资周期，以免对损益表造成过大的压力。数字化转型需要真正的投资，但对企业而言，投资的时间线应具有可控性，并且要特别关注回报周期。经过初始阶段的投资应该一路创造价值，而不是将收益锁定在某个遥远的未来。

3. **首席执行官领导的转型治理**。成功的转型须由首席执行官亲自挂帅。只有首席执行官才能组建成功转型所需要的跨职能的、高度协同的团队，并围绕构建企业数字化能力做出大胆的决策。企业要创建专门的转型办公室（TO），配备能力最强的人员（详见第三十章）。

4. **高管应勇毅果断，率先垂范**。当然，首席执行官和部门高管们有很多其他职责，但他们仍然需要为转型投入足够时间。高管团队应率先垂范，做到以客户为中心、通力协作、精通技术、敏捷灵活，这些都是出色的数字化转型领导者应具备的品质。

他们应保持好奇心，不断探索技术的潜力；他们应亲自下一线，注意观察团队在实施新的数字化解决方案时取得的成功和面临的挑战。转型路线图应该清晰列出高层领导的职责范围（详见第七章）。

注释

1. Kate Smaje, Rodney Zemmel, "Digital transformation on the CEO agenda," McKinsey.com, May 12, 2022, https://www.mckinsey.com/capabilities/mckinsey-digital/our-insights/digital-transformation-on-the-ceo-agenda.

2. "Losing from day one: Why even successful transformations fall short," McKinsey.com, December 7, 2021, https://www.mckinsey.com/capabilities/people-and-organizational-performance/our-insights/successful-transformations.

3. "The new digital edge: Rethinking strategy for the postpandemic era," McKinsey.com, May 12, 2022, https://www.mckinsey.com/capabilities/mckinsey-digital/our-insights/the-new-digital-edge-rethinking-strategy-for-the-postpandemic-era.

第二章

转型"规模"应符合实际需要

> 大处着眼，小处着手。
> ——乔纳森·考泽尔（Jonathan Kozol）

由于未能把握好转型的规模，许多公司在数字化和人工智能转型的开始阶段就举步维艰。一些公司最初规划的变革规模太小，它们认为渐进式转型有利于降低风险，但这样的思路是错误的。成功的转型需要解决现有业务中的主要问题，这是决定成败的关键所在，而且这样的转型产生的影响是可以衡量的。打个比方，粉刷一下客厅对改造房子作用不大，你应该做一些实质性的事情，比如重新设计厨房。

还有一些公司之所以转型规模过大，原因在于志向高远，想要一举而竟全功。这样做对组织产生的震荡较大，或者投入巨额资金而收效甚微，抑或是作为第一个项目来说难度太大，导致转型通常会失败。更常见的情况是，转型的摊子铺得太大，投入资源过于分散，难以协调，这就导致举措过多而带来的价值微乎其微。

基于业务领域的方法

正确的方法是确定几个重要且独立的业务领域，并对它们进行彻底的再思考。在对陷入困境的数字化转型的成功干预中，高达80%的措施都是基于重新设定范围以对某个明确的业务领域集中发力。[1] 采用这种方法首要要确定好有哪些业务领域。业务领域是企业全部业务的子集，包含一系列相互关联的活动和举措。有三种方法可以对业务领域进行界定（见图2-1）。

流程
高价值的业务流程，比如资产维护、客户服务以及从采购到付款的整个业务流程

旅程
强交互的旅程，比如客户开通服务、给客户提供建议或在网上购买产品

职能
传统业务职能，比如销售、财务、营销、供应链

大多数公司会从业务端或客户端的角度来划分领域，因为这往往会为客户或员工提供最大的价值

以一家包装消费品公司的领域界定为例

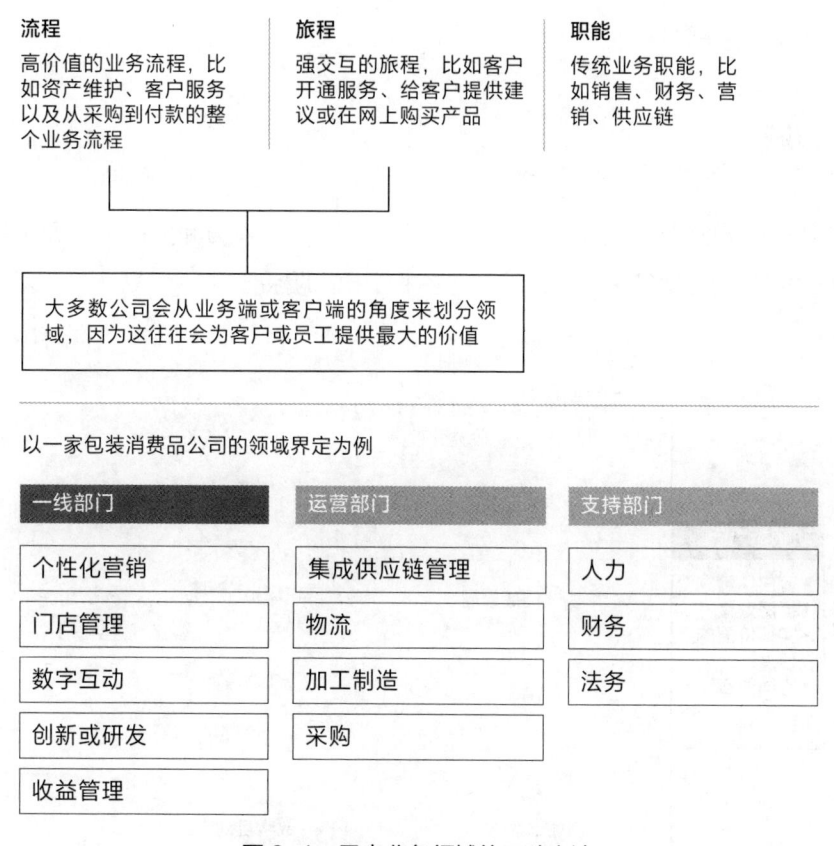

一线部门	运营部门	支持部门
个性化营销	集成供应链管理	人力
门店管理	物流	财务
数字互动	加工制造	法务
创新或研发	采购	
收益管理		

图2-1　界定业务领域的三种方法

就某一组业务活动而言，公司可以自己决定最佳的运营措施，并以此来划定最能产生价值的领域。关键是要划定一个足够"大"的领域，既要对公司有价值，足够引人注目，又要足够"小"，以便在转型时不会对其他相关部分产生过度的影响。一家公司总共有多少个领域？对于单一业务的公司来说，大约10~15个是合适的；而对于企业集团来说，领域的数量和规模应该参照集团的战略业务单元数量来确定。

然而，为了达到数字化转型的目的，公司首先要选择两到五个重点领域转型。虽然在开始阶段设定较大的规模，选择更多的领域转型是可行的，但这样做需要大量的短期投资、高度的协调和更多的人才。另外，这种做法可能带来更高的风险，需要大量的外部资源，甚至组织还有可能失去早期的收获。因此，企业要仔细考量在哪些领域如何进行转型。

优先领域

哪些领域应该优先转型需要从两大维度进行评估：价值潜力和可行性（见图 2-2）。这种优先排序的方法简单可行，但也应该注意评估的标准。

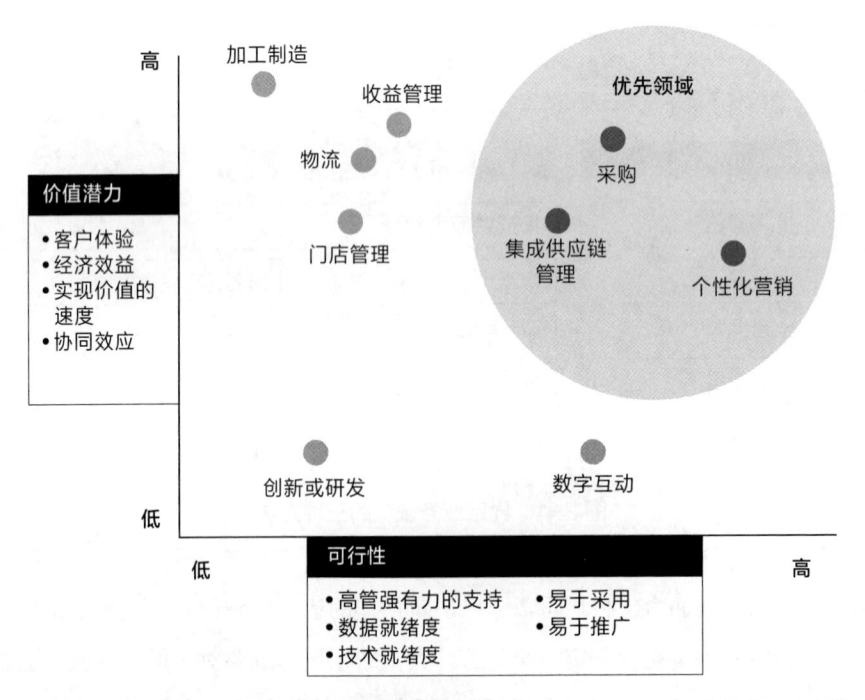

价值潜力
- 客户体验
- 经济效益
- 实现价值的速度
- 协同效应

可行性
- 高管强有力的支持
- 数据就绪度
- 技术就绪度
- 易于采用
- 易于推广

图 2-2　根据价值潜力和可行性对领域进行优先级排序（以包装消费品公司为例）

在这个阶段，基于由外而内的分析，以及高层领导和行业专家的研讨，对价值潜力进行高级别评估就足够了。但由于缺乏经验，以致无法理解数字化可能产生的影响，大多数公司很难进行这种评估。要解决这一问题，企业可以考虑对标成功公司（甚至是所在行业之外的公司）。关键的价值考虑因素包括：

1. **客户体验**。在考量价值时，改善客户体验应为"重中之重"。大多数数字化和人工智能转型成功的企业都强调以客户为中心，满足客户的需求。这有助于企业将当前的客户体验与对手企业进行对标，并且预测转型完成后客户体验能得到多大程度的改善。这应该转化为具体的客户满意度提升措施，以及客户增长和单客户净值提升的措施。

2. **财务效益**。在此阶段，企业更关注运营的KPIs（关键绩效指标），比如增加新客户、减少客户流失、增加单客户的价值、提升工艺良率、降低服务成本，从这些方面来评估财务效益。由于很难对现阶段的改进程度进行精准评估，因此我们可以将其他企业在类似行业所取得的成效作为评估的依据。值得注意的是，该阶段的潜力不应低估。这仅是为了优先排序，尚未形成业务用例。

3. **价值实现的速度**。基于领域的转型通常应在半年到三年内产生显著价值，具体速度因领域而异。如果考虑在转型的早期提供相关优惠政策，或者提供资助，那么这通常是一个重要的考虑因素。我们发现，人工智能密集型机遇通常更快带来回报。

4. **协同效应**。若企业正在推进多个领域的转型，那么它们之间的协同效用将是一个关键抓手。企业可以根据三个主要元素对协同效应进行评估：跨方案的数据复用、跨方案的技术栈复用、变革管理工作的共享。例如，企业如果同时开发一个新的抵押贷款销售平台和一个新的信用卡销售平台，就只需要对数千名分支机构的销售代表再培训即可。

企业要想评估可行性，就必须对以下因素进行综合了解：现有技术和数据的就绪度、所需的变革管理工作，以及该领域负责人承诺投入的时间和精力。最重要的考量因素如下：

1. **高管强有力的支持**。企业要明确相关领域的高管对转型工作是否全力支持。在某个领域开启数字化转型的时机可能已经成熟，但如果存在其他优先级更高的必要工作的话，比如运行新的 IT 系统或者开展重大的合规性整改工作，那么现在可能还不是进行数字化转型的最佳时机。

2. **数据和技术的就绪度**。在数据方面，需要评估的核心问题是底层数据的质量，以及将必要的数据字段迁移到云上的难易程度。在这个阶段，企业进行粗略的分析即可，而一旦选定了这个领域，则需要投入更多的精力。在技术方面，企业需要评估的核心问题是云架构的质量、底层核心系统的性能，以及使用 APIs 访问数据与应用程序的难易程度。而企业架构师是对此进行评估的最佳人选。值得注意的是，技术老旧或者需要升级现有的大型核心系统，例如升级 ERP（企业资源规划系统）等常常被当作无法取得进展的借口。当然，这些问题需要考虑，但不是无所作为的理由。老旧思维比老旧技术危害更大。

3. **易于采用**。通过了解变革的范围、强度和风险，公司可以发现数字化解决方案在采用中的潜在阻碍。例如，在各部门紧密协作的企业内部实施变革，可能需要一定时间来进行有效协商。

4. **易于推广**。假设企业成功开发出了数字化解决方案，然后就要评估其是否易于在整个企业中推广、应对变革管理的挑战有多复杂，以及该解决方案将在多少种不同的数据环境中运行。这些问题对实现全部价值至关重要。

企业在对价值潜力、可行性进行分析时，应突出两到五个优先考虑的领域。在这一点上，并不是要追求分析的精确度，也就是说估算是否精确并不重要。重要的是要把这种分析作为一种与管理层对话并对优先领域进一步深入了解的方式。作为重新构想该领域的一部分内容，完善这些估算将在下一步进行。

实践者说：避免分散化，增进合作

在走向市场的数字化转型过程中，首要敌人是分散化，对赛诺菲（Sanofi）这样规模的企业尤为如此。企业意志坚定地明确优先事项，但也要注意到，6个月后难免会冒出一些新的东西，让确立的目标偏离"航道"，拖慢前进的步伐。

与三年前相比，我们的总投资有所减少，但对重点项目投入了更多的资源。通过缩短迭代敏捷开发周期，让用户参与开发过程，我们成功提升了解决方案的针对性和影响力。

第二个障碍是我们自己，即领导层和管理团队。每个人都喜欢自己说了算。在过去，这往往与"各自为政"的业绩管理（P&L）有关，但这并不适用于数字化的未来。你需要展现开放心态，具备赋能、放权与合作的能力。培养数字化能力也是一大关键因素。为了吸引和留住数字化人才，我们必须培养一大批真正理解数字化的人才。过去，我们行动不够迅速，未能及时采纳新人才提出的创新工作方式，导致部分人才深感挫败，甚至选择离开。

——贺恩霆博士（Dr. Pius S. Hornstein），赛诺菲公司数字化业务全球负责人

在某些情况下，管理层会洞悉价值所在并决定立即推动该领域的转型工作，而跳过了优先排序这一步（参见第三十三章中自由港-麦克墨兰铜金公司的案例）。在公司内部协调一致，并且相关领域具有显著价值的情况下，这不失为可取之法。在实践中，这种方式也相当有效，企业可以大力宣传数字化和人工智能所带来的价值，激发员工对转型的必胜信念。

一家大型农企决定采用这一路径进行数字化转型，它最初专注于商业领域，支持其

农学家为种植户（客户）提供更好的服务，这样种植户与企业的业务往来就更容易开展。由于数字化"新势力"给该企业首席执行官和高层团队带来竞争压力，他们认为有许多客户痛点应该快速解决，以提高交叉销售额和留存率。

尽管快速在相关领域试水，效果可能很好，但是领导层需要提高警惕，以免再来一个可以引发大家的兴趣却无助于业务转型的试点领域。这就是花时间进行彻底的领域重构工作如此重要的原因，下一章我们将进一步阐述。

注释

1. Tim Fountaine, Brian McCarthy, and Tamim Saleh, "Getting AI to scale," *Harvard Business Review*, May-June 2021, https://hbr.org /2021/05/getting-ai-to-scale.

第三章

让业务领导者界定可能性的边界

> 若无大胆的想象力或梦想,我们就无法享受可能性蕴藏的激情。毕竟,梦想也是一种形式的规划。
>
> ——葛罗莉亚·斯坦能(Gloria Steinem)

每一个领域转型的终极目标是相关的解决方案实施后能够切实提升业绩。请注意,这里强调的是"切实"。很多时候,企业只会追求在当前利润的基础上实现略有提升,但这往往会导致思路被困于传统业务。只考虑局部微调的"小打小闹"只会取得极为有限的成果,往往不值得企业付出努力去进行转型。根据经验,合理的数字化转型方案应提高20%以上的息税折旧及摊销前利润(EBITDA)。

我们建议企业遵循下面的五步法原则,为每个转型领域开发切实有效的用例(见图3-1)。

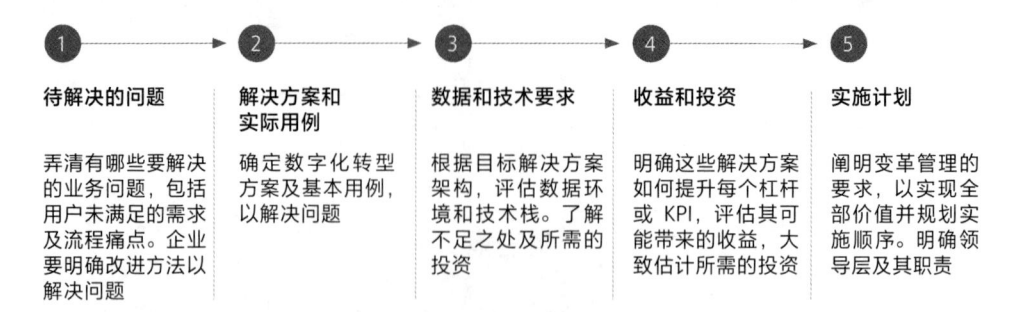

① 待解决的问题	② 解决方案和实际用例	③ 数据和技术要求	④ 收益和投资	⑤ 实施计划
弄清有哪些要解决的业务问题，包括用户未满足的需求及流程痛点。企业要明确改进方法以解决问题	确定数字化转型方案及基本用例，以解决问题	根据目标解决方案架构，评估数据环境和技术栈。了解不足之处及所需的投资	明确这些解决方案如何提升每个杠杆或 KPI，评估其可能带来的收益，大致估计所需的投资	阐明变革管理的要求，以实现全部价值并规划实施顺序。明确领导层及其职责

图 3-1　重塑业务领域的五步法原则

第一步是明确列出需要解决的业务问题。客户或用户未得到满足的需求有哪些？流程痛点有哪些？这一步通常可以采用两种方法：

第一，从零开始设计用户体验时应运用设计思维来绘制最终用户画像，并开展用户访谈和研讨会，发现体验过程中客户未得到满足的需求。该方法在服务密集型行业中更受欢迎，在这些行业中，使公司脱颖而出的关键便是创造卓越的客户体验。基于此的体验旅程就是重塑用户体验的起点。与设计师合作有助于确保相关举措以客户为中心或者围绕客户未满足的需求而制定（要想了解更多信息，请阅读第十六章中有关用户体验设计的内容）。

第二，端到端的流程映射包括将核心业务分解为一组流程，以识别价值传递过程中的浪费、痛点或错失的机会。在以运营为主的行业中，这种方法通常是首选，因为在这类行业中，流程有效性和单位成本的降低是其竞争力的基础。

第二步是依据特定的价值杠杆将用户未满足的需求或流程痛点拉通对齐（见图3-2）。对于每个价值杠杆来说，识别用户或客户可能会使用的数字化解决方案（例如应用程序或数据资产）可作为改进体验的一部分，例如：对于银行业而言，可以是新的抵押贷款销售平台；对于铜精矿冶炼厂而言，可以是为操作人员提供的设定点优化器。每种解决方案至少应激活一个价值杠杆。从价值杠杆着手，有助于明确改进的出发点以及方向，并提供一个可衡量的 KPI。数字化转型陷入困境的企业往

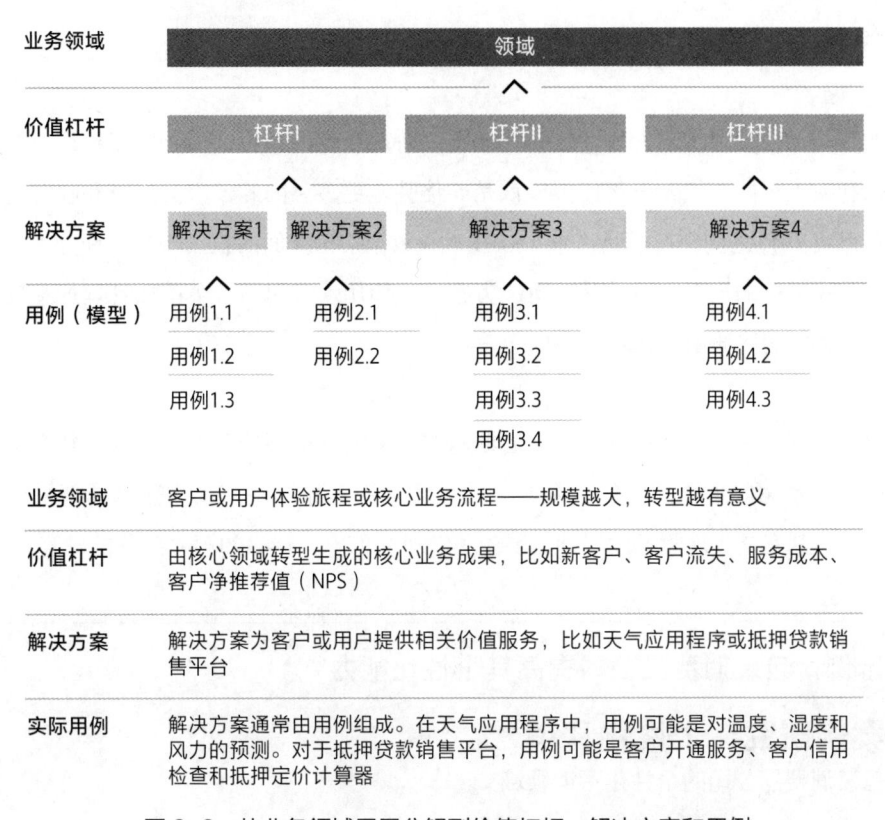

业务领域	领域		
价值杠杆	杠杆I	杠杆II	杠杆III
解决方案	解决方案1　解决方案2	解决方案3	解决方案4
用例（模型）	用例1.1　用例2.1 用例1.2　用例2.2 用例1.3	用例3.1 用例3.2 用例3.3 用例3.4	用例4.1 用例4.2 用例4.3
业务领域	客户或用户体验旅程或核心业务流程——规模越大，转型越有意义
价值杠杆	由核心领域转型生成的核心业务成果，比如新客户、客户流失、服务成本、客户净推荐值（NPS）
解决方案	解决方案为客户或用户提供相关价值服务，比如天气应用程序或抵押贷款销售平台
实际用例	解决方案通常由用例组成。在天气应用程序中，用例可能是对温度、湿度和风力的预测。对于抵押贷款销售平台，用例可能是客户开通服务、客户信用检查和抵押定价计算器

图 3-2　从业务领域层层分解到价值杠杆、解决方案和用例

往发现，它们专注的解决方案无法通过与业务价值直接挂钩的、可衡量的 KPI 来驱动业务改进。

每种解决方案都由实现该方案所需的用例或数据资产组成。例如，在抵押贷款销售平台解决方案中，用例可以是客户开通服务或自动信用检查。一般来说，一个领域的转型需要好几种解决方案，而每种方案又包含几个用例。用例由数字化的工作流程、分析模型和数据来支持。

第三步是对要开发的解决方案从技术和数据相关角度进行深入探讨。这些解决方案和底层数据的目标架构是什么？当前的技术栈能够适应它吗？若不能，需进行哪些

改变？数据方面也是如此。这一步需要解决方案架构师的专业指导。

第四步是评估投资和预期收益。公司在这一阶段所犯的最大错误是精度错误。在数字化和人工智能时代，投资回报应该是 5 倍甚至更多。因此，只要投资和收益的误差在正负 30% 之间便可满足需求了。技术和数据架构方面的投资需要合理分配，因为这些投资中的大部分将被其他解决方案重复使用。公司通常会单独管理这些技术和数据，以构建通用的技术和数据工具。

第五步是制订一个实施计划，包含后期随着时间的推移预计需投入的资源和产生的收益，以及为实现全部价值需要开展的变革管理工作。这一步往往被处理得很随意，但其实是实现收益的基础。要想了解更多信息，请参阅第六部分的内容。

示例：包装消费品公司提高其个性化能力

案例研究：个性化营销
包装消费品公司的个性化营销领域

　　一家包装消费品公司正在着力提升其个性化营销能力，以便与客户建立更紧密的关系，并提高广告支出的回报。为了获得这一价值，该公司开发了相应的解决方案，深入洞察客户需求并加以分析，以推动个性化的客户营销互动。

　　然后，该公司确定了实施这些解决方案所需的用例、数据和技术。例如，它建立了营销技术基础设施来优化和管理跨多个渠道的信息传递，包括电子邮件、程序化展示广告、零售商媒体以及付费社交广告。其领域转型架构如图 3-3 所示。通过这种协同努力，信息传递显著提升了目标客户群的参与度，通常是现有业务正常参与水平的好几倍。

业务领域	个性化营销		
价值杠杆	广告开支回报率（ROAS）		市场营销非作业成本
解决方案	客户360度	灵活的个性化营销	广告/内容生态
用例/模型	集成的消费者360度画像 受众或资金分布图 预测增长分析	受众机会大小 营销活动效果 媒体渠道支出分析 针对特定受众的倾向模型	内容网络模型 效果追踪工具（例如跨渠道的内容和媒体效果） 全漏斗优化模型

数据（非穷尽）

- 销售点数据
- 自有媒体平台
- 品牌网站
- 电子商务数据
- 感官测试数据
- 社交倾听数据
- Adtech 数据源
- 营销回报率
- 会员卡数据
- 股票或权益数据

技术（非穷尽）

- 数字资产管理
- 网络应用程序
- 活动试点
- 数据管理平台
- 营销组合
- 电子商务
- 产品信息管理
- 电子邮件
- 客户服务

图 3-3 示例：某包装消费品公司提升个性化营销能力

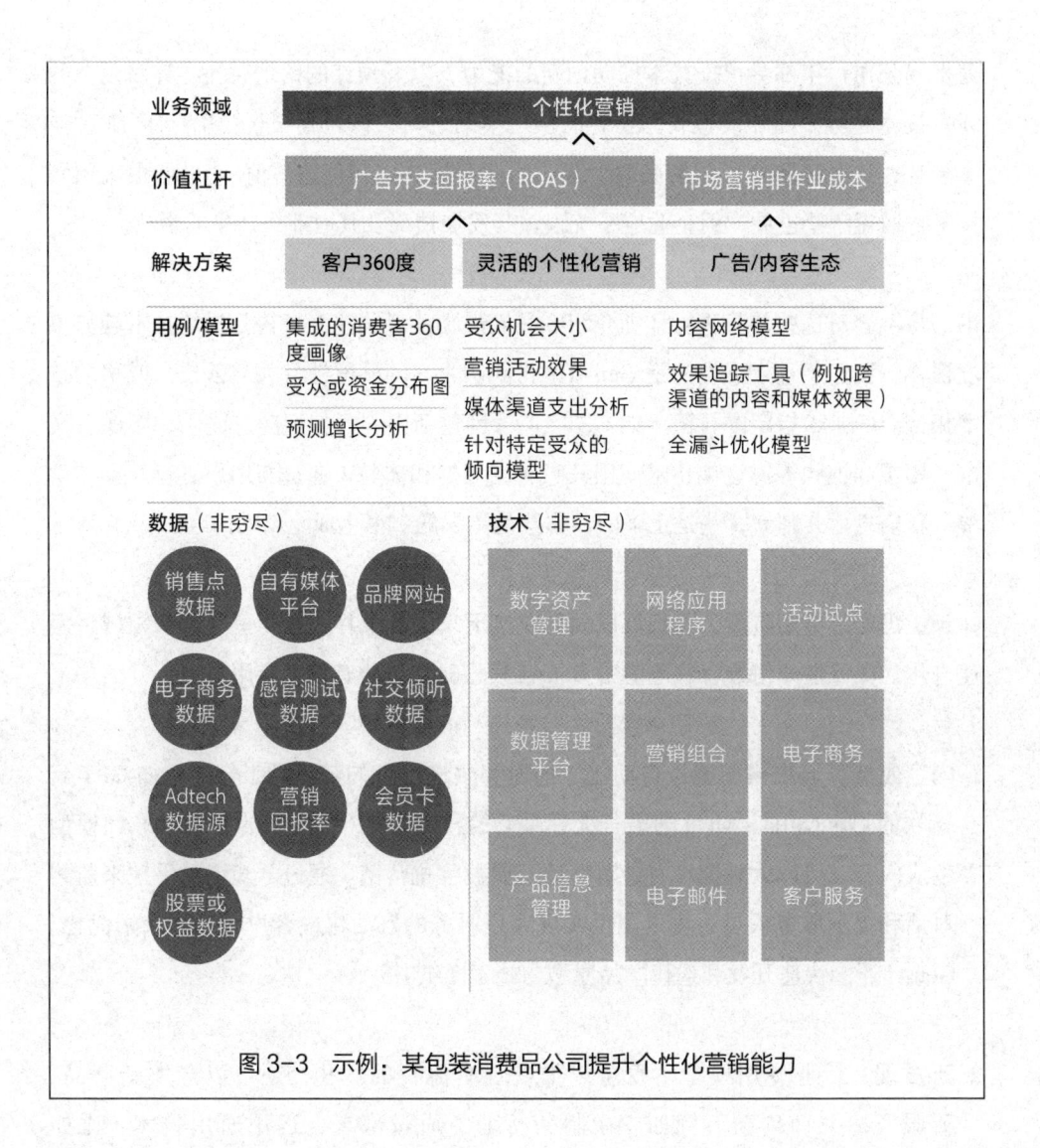

如何看待 GenAI 等新兴技术

技术的快速发展给数字化和人工智能转型带来了独特的挑战：当技术本身变化如此之快时，如何打造一家技术驱动型公司？答案是在以下三者间实现微妙的平衡：整合能够产生重大价值的技术、分散资源、紧跟每一项有前景的新兴技术潮流。

麦肯锡公司每年都会根据技术推动创新的能力，以及预计的落地时间，针对重要的新兴技术趋势发布年度报告。在我们撰写本书之时，该研究报告已确定了14种技术趋势，这些趋势有可能彻底改变企业的运营模式，并创造价值。[1] 虽然很难预测技术将取得哪些进展，但企业应系统跟踪其发展情况及其对业务产生的影响。

本书将不会对这些趋势进行详细介绍，我们鼓励读者关注麦肯锡公司的技术趋势年度报告。我们想重点强调的是GenAI，我们认为它的颠覆性潜力与云技术或移动技术相当。GenAI指定的算法（如GPT-4）可创建新内容，如音频、代码、图像、文本、模拟和视频等。这项技术使用其吸收的数据和体验（通过与用户进行互动"学习"新信息，并判断哪些是正确的，哪些是错误的）来生成全新的内容。

GenAI仍处于早期阶段，我们可以预见在接下来的几个月或几年里，这一领域将疾速进化。在评估如何最有效地使用GenAI模型时，企业有三种应用类型：

1. **内容生成**。通用模型擅长自动化、加速和改进现有的知识型工作（例如GPT-4、谷歌的Chinchilla、Meta的语言大模型OPT）。例如，营销人员利用GenAI模型生成内容，可以大规模、有针对性地开展数字化营销。通过"知识助手"来监测对话和提示服务人员，可以完全实现客户服务的自动化或客户服务的大幅优化。GenAI还能快速开发和迭代产品原型与施工图纸。

2. **新发现**。行业专用模型不仅可以加快现有流程的优化，还可以开发新产品、新服务，推动创新。例如，在制药行业，通过部署、运用通用技术（比如OpenBIOML、BIO GPT）的应用模型，可提升药物研发或患者诊断的速度与效率。另外，GenAI模型可以应用于庞大的药物分子数据库，从而开发潜在的抗癌药物。在不同行业的不同商业案例中，GenAI的影响潜力和适用程度有很大的差异。

3. **编写代码**（例如Copilot、Alphacode、Pitchfork）。这些模型有望促进编码工作的自动化、高效化和普及化。现有模型已经能自主编写代码、文档、自动生成或完成数据表，以及测试网络安全性（仍需要进行重要且全面的测试来验证结果）。麦肯锡公司最近的研究结果显示，我们的软件开发人员在使用 Copilot 时，生产力提高了 25% 以上。

在数字化转型的大潮中，只要涉及 GenAI，我们都应慎重考量。首先，我们对 GenAI 模型价值的理解，应建立在对业务目标的清晰理解的基础上。这听起来是显而易见的事，但随着对 GenAI 的兴趣日渐浓厚，人们总是会忍不住开发越来越多的应用场景，但这最终并不会创造太多业务价值，甚至有可能分散人们对数字化转型工作的注意力。

其次，像任何技术一样，想要从 GenAI 中获取丰厚收益，需要具备本书建议的六大能力，包括围绕云技术、数据工程及 MLOps 等一系列能力和技能，以及找到 GenAI 专家，并且培训员工掌握新一代能力。

鉴于这种必要性，企业必须重新审视数字化和人工智能转型规划，并评审其优先考虑的数字化转型方案，以确定 GenAI 模型如何改进结果（例如内容个性化、通过聊天机器人助手来提高在线转化率等），这是非常重要的。企业应谨慎考虑增加试点项目这件事。试水一下无可厚非，但真正的资源应该只投在与商业价值紧密相关的领域。企业应花时间了解一下 GenAI 对企业数字化和人工智能转型过程中正在开发的能力的需求和影响，例如：

运营模式：需要专职的、聚焦 GenAI 并为此承担责任的"敏捷小组"，以确保高效开发和应用 GenAI 解决方案。这意味着我们要与法律、隐私保护、治理以及 MLOps 和测试等领域的专家进行密切合作，以训练和跟踪解决方案。

技术架构和应用：系统架构需要进行调整，将多模态 GenAI 能力嵌入端到端的工作流程。在技术栈的多个层面，比如数据层、模型层、用户体验界面等要有一个进化过程，以确保数字化解决方案有足够的集成和响应能力。

数据架构：将 GenAI 模型应用于当前数据需要企业重新考虑网络架构和数据处理，我们不仅要考虑数据的规模，还要考虑随着 GenAI 模型的学习与进化带来的剧烈变化。

应用和业务模式的改变：我们可以预见，GenAI 几乎在任何情况下只能自主完成部分工作，不能完全取代人工。我们仍然需要开发人员和联络中心的员工，但他们的工作需要重塑。这可能比技术本身更具挑战性，尤其是 GenAI 模型存在显著的"可解释性差距"。这意味着用户可能因为不信任它们而无法很好地利用它们或者根本无法使用它们。对员工进行再培训，让他们知道如何在工作中运用 GenAI 模型，公司需要付出很多努力，只有这样才能实现预期的生产力的提高。

数字信任：GenAI 代表了公司需要关注的重大信任问题。鉴于各个国家的数据隐私法规对完善度和限制性方面的要求各不相同，因此仍然需要制定相关政策，对在第三方服务中使用专有的或敏感的信息，以及在数据泄露情况下如何追责等情况加以规范。同样，公司需要仔细思考和跟踪知识产权的发展情况（特别是有关知识产权侵权的问题），以及由于 GenAI 模型不完善而带来的偏见。

在人人都可以访问"智能"内容的世界里，掌握专有数据的能力和执行能力将助力公司在竞争中脱颖而出。

注释

1. Michael Chui, Roger Roberts, and Lareina Yee, "McKinsey technology trends outlook 2022," McKinsey.com, April 24, 2022, https://www.mckinsey.com/capabilities/mckinsey-digital/our-insights/the-top-trends-in-tech.

第四章

充分了解实现目标所需的人力资源

> 如果所有队员全是守门员,那么我们怎么能组成一支足球队?
> ——德斯蒙德·图图(Desmond Tutu)

数字化和人工智能转型中的组织单位是敏捷小组(有时也称敏捷小队、scrum 团队、敏捷团队或跨职能团队)。一个敏捷小组是一个由 5~10 人组成的跨学科团队,持续性地负责特定数字化产品或服务的设计、开发和生产。实施数字化规划基本上可以说是一场演练,通过阅读本书你将会知道需要多少个敏捷小组,需要什么类型的敏捷小组才能完成。

我们不准备在本章详细介绍这些敏捷小组的工作原理(参见第十三章)。更重要的是本章将详解敏捷小组的基本架构和人员组成,因为企业如果不了解清楚所需的资源,就无法推进数字化转型。

人员组成

敏捷小组成员组成:一名产品负责人(有时也称产品经理或团队负责人)、一名敏捷大师[1]、一群相关的数字化技术专家和业务主题专家(见图 4–1)。大多数成员 100% 投身于团队,因为这是实现高速开发的最有效方法(尽管对于某些共享资源而言并非如此,比如解决方案架构师和敏捷教练)。

业务

提供业务和功能方面的专业知识

产品负责人
对产品路线图和产品需求列表进行优先级排序

主题专家（SME）
掌握业务、职能、运营、法律、风险、合规方面的专业技能与知识

业务或流程分析师
了解端到端业务流程，支持业务案例开发，跟踪OKR（目标与关键成果），负责变革管理工作

设计

为解决方案创建用户体验

设计负责人
领导以客户为中心的设计，制订用户参与计划，进行用户测试

用户界面或用户体验（UI/UX）设计师
营造用户体验，挖掘商业价值并满足客户需求

工程

概念化技术架构，开发代码，并在生产中运行解决方案

软件工程师[1]
开发代码，编写单元测试，推动集成

数据工程师
构建数据管道，以推动来自不同数据源的分析解决方案的落地

数据科学/人工智能

分析数据，识别解决方案所需的关键洞察

数据科学家
分析和挖掘业务数据，以识别模型并构建预测模型

机器学习工程师
将机器学习模型运用到生产中，以确保模型的性能和稳定性

支持[2]

向团队提供额外指导

敏捷大师
监督管理过程，帮助团队进行自我管理以实现目标

敏捷教练
支持并指导敏捷团队进行敏捷开发实践

注：以下仅供参考
1. 软件工程师包括全栈开发人员、解决方案架构师、云技术工程师、DevOps（开发、运维一体化）工程师。
2. 团队越完善，人员结构越精简。

图 4-1 敏捷小组中的典型角色（部分）

最近的研究表明，让小组成员在同一个地点开展工作是可取的，但不一定是让小组表现更优的关键因素，特别是在时区差异合理的情况下。

小组类型

在决定小组的人员配置时，有两个重要的考虑因素。第一个考虑因素是想要开发哪

一类解决方案。例如，分析密集型解决方案需要深厚的数据工程和数据科学方面的专业知识。此外，面向客户的解决方案需要更多的用户体验设计和软件开发技能。一般来说，大多数公司都会设置三到六种不同的小组类型（见图4-2）。虽然图中展示了三种典型的小组类型，但也存在其他类型，比如数字营销小组、互联（如物联网）小组或核心系统集成小组。

数字化密集型解决方案

解决方案生命阶段

发现	概念验证（PoC）/最小可行产品（MVP）	生产	变革管理
1名产品负责人	1名产品负责人	1名产品负责人	1名产品负责人
1名设计负责人	1名敏捷大师	1名敏捷大师	1~2名变革代理人[3]
0.5名软件工程师[1,2]	1名设计负责人	1名设计负责人[1]	1名业务分析师[1]
1名业务或流程分析师	1名用户界面或用户体验设计师	1名用户界面或用户体验设计师	
1名主题专家	2~3名软件工程师[1,2]	2~3名软件工程师[2]	
	1~2名主题专家	1~2名主题专家	

分析密集型解决方案

发现	概念验证/最小可行产品	生产	变革管理
1名产品负责人	1名产品负责人	1名产品负责人	1名产品负责人
0.5名数据科学家	1名敏捷大师[1]	1名敏捷大师[1]	1~2名变革代理人[3]
0.5名软件工程师	2名数据科学家	1名变革代理人	1名业务分析师[1]
1名业务分析师	2名数据工程师	1名用户界面或用户体验设计师[1]	
1名主题专家	1名业务分析师	1名数据工程师	
	1名主题专家	2名机器学习工程师	
		1名商业分析师	

数据密集型解决方案

发现	概念验证/最小可行产品	生产	变革管理
1名数据产品负责人	1名数据产品负责人	1名数据产品负责人	1名产品负责人
1名数据架构师	1名敏捷大师	1名敏捷大师	1~2名变革代理人[3]
1名数据工程师	1名数据架构师	1名数据架构师	1名业务分析师[1]
1名数据专家	2~3名数据工程师	2~3名数据工程师	
1名业务分析师	1~2名软件工程师[2]	1~2名软件工程师[2]	
	1~2名数据专家		

1. 可选（按需）。2. 软件工程师包括全栈开发人员、解决方案架构师、云技术工程师和DevOps工程师。3. 小组成员是转型变革的积极推动者，致力于应用新的解决方案，并通过创建新的流程、处理问题及关注点、应对实施挑战，调动小组积极性。

图4-2 按解决方案生命周期划分的小组类型和典型人员配置（示例因行业和公司而异）

第二个考虑因素是开发的生命周期。在最初阶段，我们需要运用专业知识来确定工作范围、设计解决方案、划分用例的优先级，并构建业务用例。在概念验证阶段，我们需要更多的工程师（包括设计师和软件工程师）来进行快速开发、测试及迭代，以创建一个最小可行产品。在生产阶段，我们需要工程师来确保解决方案的安全性、有效性和可推广性。

虽然在解决方案的运行周期中人员配置会不断变化，但不可将人员从一个小组调到另一个小组。实际上，要确保开发工作的一致性，关键在于保证核心岗（比如产品负责人）要有连续性。

确定敏捷小组的类型，更易于企业评估数字化和人工智能转型的资源需求。企业应根据数字化转型路线图至少为每种解决方案配置一个敏捷小组。若解决方案很复杂，企业则可能需要增加敏捷小组数量，负责不同的用例。根据解决方案分配相应的小组需要丰富的实践经验，但掌握之后就会得心应手。

评估人才的总需求

公司一旦为每个数字化解决方案配置了相应的敏捷小组，自然就会了解总共需要多少人才，或者至少可以了解前18个月的人才需求（见图4–3）。这些是人才队伍的"先行军"（详见第九章）。随着解决方案的不断完善，以及新方案的推出，这些需求将随时间的推移而改变，公司应每季度重审一次方案。

		Q1	Q2	Q3	Q4	Q5	Q6
领域：个性化营销							
解决方案：构建消费者360度数据资产	用例：获取内部数据	数据发现	数据发现	数据概念验证	数据概念验证	数据产品	数据产品
	获取外部数据	数据发现	数据发现	数据概念验证	数据概念验证	数据产品	数据产品
	构建API和数据使用接口	数据发现	—	数字化概念验证	数字化概念验证	数字化产品	数字化产品
激活数字化营销活动	开发个性化产品	分析发现	分析概念验证	分析产品	分析产品	分析产品	分析产品
	激活付费搜索	—	数字化发现	数字化概念验证	数字化概念验证	数字化产品	数字化产品
	激活自己的电子商务网站	—	—	数字化发现	数字化概念验证	数字化概念验证	数字化产品
领域：供应链							
构建供应链数字化孪生体	建立入站物料数据库	数据发现	数据发现	数据概念验证	数据概念验证	数据产品	数据产品
	构建操作转换数据孪生体	数据发现	数据发现	数据概念验证	数据概念验证	数据产品	数据产品
	建立出库成品数据孪生体	数据发现	数据发现	数据概念验证	数据概念验证	数据产品	数据产品
开发数字化控制塔	制定准时交付指标	数字化发现	数字化概念验证	数字化概念验证	数字化产品	数字化产品	数字化变革管理
	开发基于供应链数字孪生的预测模型	—	—	分析发现	分析概念验证	分析产品	分析产品
领域：采购							
营造支出透明度	整合支出数据	数据发现	数据发现	数据概念验证	数据概念验证	数据产品	数据产品
	为产品规格字段创建数据	—	数字化发现	数字化概念验证	数字化概念验证	数字化产品	数字化产品
	上传支出分析工具	—	—	数字化发现	数字化概念验证	数字化概念验证	数字化产品
	开发理想的分析模型	—	—	分析发现	分析概念验证	分析产品	分析产品

预估所需的岗位人员数		Q1	Q2	Q3	Q4	Q5	Q6
	产品负责人	3	6	14	20	16	16
	数据架构师和数据工程师	23	22	37	20	38	38
	设计负责人、用户界面或用户体验设计师	2	6	18	20	26	24
	软件工程师	1	4	26	43	30	29
	技术负责人	11	10	10	8	10	10
	数据科学家和机器学习工程师	1	3	5	9	10	10
	敏捷大师和敏捷项目教练	11	13	32	15	24	24
	主题专家	3	7	16	27	16	14
	其他	14	14	10	20	11	14
	合计	69	85	168	182	181	179

图 4-3　评估整体人才小组——各季度每个用例中的小组类型

注释

1. 在更完善的敏捷组织中，敏捷大师的角色通常由产品负责人担任。

第五章

培育当前及下一个十年所需的数字化能力

> 你不能借由今天的回避来逃脱明天的责任。
> ——亚伯拉罕·林肯（Abraham Lincoln）

企业的数字化和人工智能路线图既要关注接下来两到三年做的事，又要构建企业级能力，以使自己在未来十年或更长的时间里保持数字化创新的能力。

实际上，将数字化领导者与那些寄希望于通过几个用例来快速解决问题的人区别开来的，正是对构建数字化能力所持的长远眼光。开发企业级能力需要制订计划并确保投资，这将同时满足当下优先领域对能力的需求，以及满足组织在追求更多数字化和人工智能创新方面的长期需求。

企业内部首先需要对数字化能力的现状形成共识，这样可以分清哪些是可以立即实现的，哪些是未来所需要的。企业是否掌握所需的软件工程技能？运营模式能否扩展应用到成百上千个敏捷小组中？关键数据是否易于使用？

一旦企业内部对当前的数字化能力状况形成共识，就能对什么时间实现什么目标制订切合实际的计划。

对数字化基础能力进行评估

要想成功实施数字化解决方案，企业必须具备四项核心能力：人才、运营模式、技术和数据。本书的第二部分至第五部分分别就每项能力展开了详细探讨。提升这些能力的先决条件是了解自己的能力与卓越能力的差距有多大。要做到这一点，企业可以与数字化转型领先企业对标。对标的范围不限于自己所处的行业，但最好是选择那些数字化转型领先行业中的企业。

可能很多人感到不解的是为什么银行能成为资源类公司的数字化能力标杆。这是因为数字化核心能力在很大程度上与行业类型无关。数字化人才在很大程度上也是如此，敏捷实践、现代技术架构以及软件工程实践都是这样（尽管参考架构可能因行业而异）。换句话说，业务领域及其重塑方式往往因行业而异，但核心能力却大致相同。

对标指的是通过使用标准化调研工具对员工开展调研的方法。图5-1展示了某包装消费品公司的数字化能力对标。

但调研本身存在局限性，因此邀请外部专家与不同业务单元和职能部门的高管、经理进行访谈不失为一个好主意。这一做法可有效弥补调研的不足。最后，管理团队应抽出时间去参观标杆企业，详细了解其数字化转型历程以及如何开展数字化能力建设。这将有助于企业更好明确所需的投资和努力。

另一种有用的评估方法为"回顾与总结"，即对开发和实施数字化解决方案的过程中取得的进展和遇到的障碍进行回顾与总结。某些企业已经开始数字化转型，但似乎进展缓慢，这一方法对它们尤其有帮助。回顾时，企业应先确定需要审查的解决方案组合。通过利益相关者访谈，可以对每个解决方案进行分类，而分类依据便是每个解决方案在成熟度漏斗中的每个价值阶段的进展情况（见图5-2）。

能力调查结果排名表（竖轴为评估项，横轴为分值，打分区间为1~5分）[1]

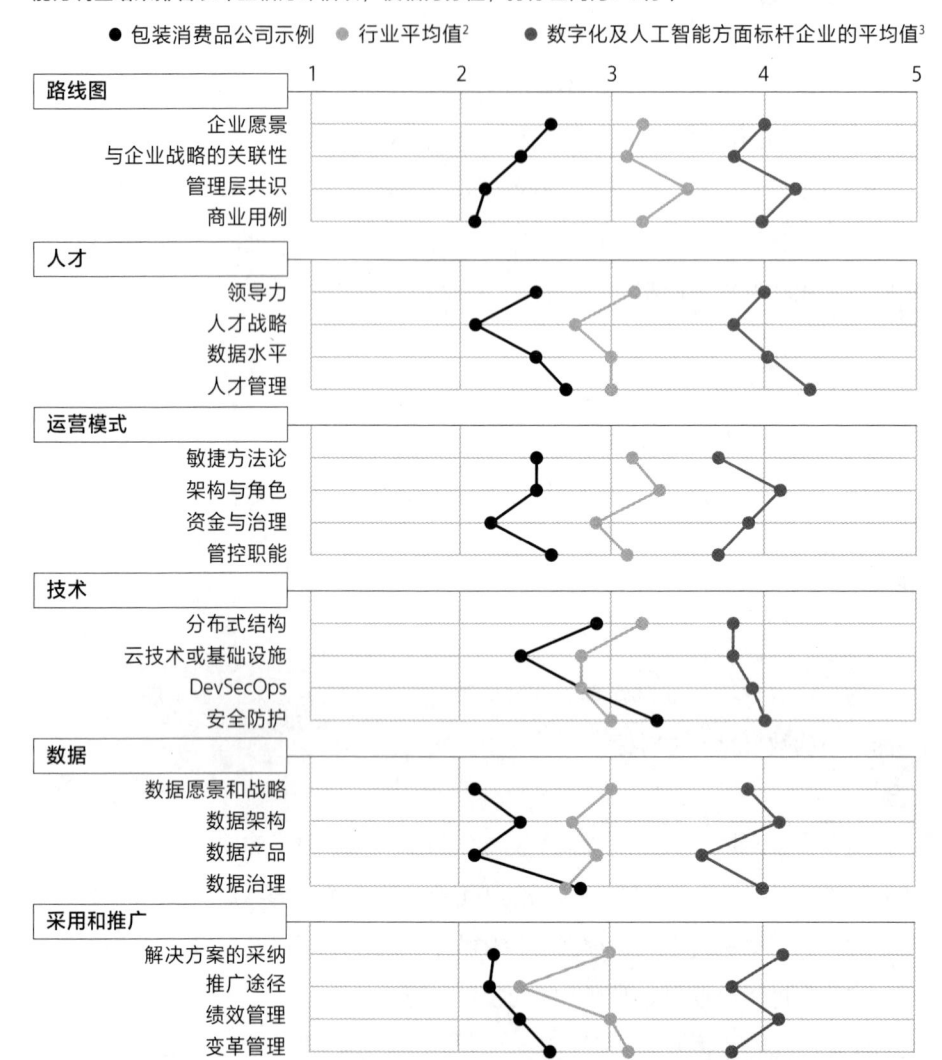

● 包装消费品公司示例　● 行业平均值[2]　● 数字化及人工智能方面标杆企业的平均值[3]

路线图	
企业愿景	
与企业战略的关联性	
管理层共识	
商业用例	

人才	
领导力	
人才战略	
数据水平	
人才管理	

运营模式	
敏捷方法论	
架构与角色	
资金与治理	
管控职能	

技术	
分布式结构	
云技术或基础设施	
DevSecOps	
安全防护	

数据	
数据愿景和战略	
数据架构	
数据产品	
数据治理	

采用和推广	
解决方案的采纳	
推广途径	
绩效管理	
变革管理	

1. 1= 落后；5= 同类最佳。2. 在麦肯锡数字商（DQ）数据库中，来自消费品行业的公司中表现最好的前 20% 的公司的平均水平（不分地区）。3. 跨行业和地区，在麦肯锡数字商数据库中表现最好的前 20% 的公司的平均水平。

图 5-1　数字化能力评估

项目阶段		解决方案数量	现阶段解决方案的潜在实施速率（占公司总息税折旧及摊销前利润的百分比）
创意	经过验证可以解决业务问题的创意	160	<1%
试点或试用	经过检验且可投入业务实践的概念	35	<1%
提案	已获得批准且开始开发解决方案的用例	30	<1%
执行	局部推广	35	<1%
生产	全面推广以及扩展业务	20	<1%
终止	不再活跃	120	<1%

图 5-2　回顾和总结法在数字化投资方面的应用（以某全球性食品生产商为例）

在企业的数字化转型停滞不前，需要找出根本原因的时候，这个方法尤其有用。图 5-2 的相关数据来自一家全球性食品生产商，在对投入了约 1.3 亿美元的 400 个数字化解决方案深入分析后，该公司发现了几个重要问题。第一，数字化总支出 1.3 亿美元是合理的，但相对于 10 亿美元的 IT 总支出仍然偏低。尽管从以往经验来看，数字化转型支出不应低于 IT 总支出的 20%，但也要根据具体情况而定。

第二，这些转型项目规模偏小，平均支出仅为 32.5 万美元，这表明整体数字化转型方案倾向于试点或测验性质。

第三，这一数字化投资组合几乎不会对企业产生影响——即使该组合的所有项目全部成功，总息税折旧及摊销前利润的提升幅度也不到 1%（如第四章所述，我们的另一条经验法则是制定一张稳中求进的数字化路线图，以提升 20% 以上的息税折旧及摊销前利润）。最后，太多的项目被叫停，而投入生产的项目太少，这再次表明该公司进行了太多自下而上的转型试点。

总的来说，上述现象皆反映出这样一种情况，那就是这些企业的业务负责人没有投入足够的时间去重新思考该如何凭借专有的数字化和人工智能解决方案建立竞争优势。

以上发现为高层领导打开了思路，他们立即意识到需要采取自上而下的方法来更好地管理支出。第一步是叫停大多数进行中的项目，并对商业和运营领域的支出进行整合。第二步是授权高管，让他们负责制定真正具有变革性的数字化路线图，并将投资集中在少数几个影响力较大的解决方案上。第三步是培养人才和技术能力，以持续改进这些解决方案。同时，他们还为工作流程的调整和用户培训设立了足够的专项资金。经过18个月的努力，这些举措使得企业实现了每年1.5亿美元的利润增量。

明确需要具备的能力

在完成基础能力评估和明确业务领域重塑计划后，制订能力建设计划，做好相关投资规划就变得相对简单了。本质上，这是企业建设必备能力的一项练习，用以确定需要做的工作和需要投入的资源，并将其体现在整体数字化路线图中（详见第六章中有关路线图的更多内容）。

图5-3以某包装消费品公司为例，展示了其在数字化转型的前18~24个月内是如何建设相关能力的。

人才	运营模式	技术	数据	变革管理
人才需求：第一年所需人才的最少数量和类型（第四章）	对团队进行培训，以让其掌握敏捷工作方法（第十三章）	未来状态的技术栈架构，以支持优先领域（第十三章）	针对优先领域的关键数据元素的访问和整理计划（第二十四章）	建立转型办公室（第三十章）
人才获取：建立人才库（第九章）以及制订人才获取计划（第十章）	针对企业未来的状态、运行模式以及业务过渡制订计划	满足优先领域云迁移需求的方法（第十八章）	优先数据产品的构建（第二十五章）	建立相关系统以追踪数字化解决方案所创造的价值（第三十章）
对管理层，领域负责人以及团队成员进行培训（第十二章）		实施 DevSecOps 战略并向开发人员提供支持（第十八章）	未来状态数据架构（第二十六章）	广泛组织企业员工就数字化转型展开培训（第三十二章）

←—————— 每季度所需的资源以及资金 ——————→

图 5-3 能力建设计划的关键要素（前 18 至 24 个月内的典型要素）

与外部合作以加快能力建设

在制订能力建设计划时，企业可能需要依靠第三方来加强和提升自身的能力。需要注意的是，核心数字化能力的建设工作不可外包，因为这是企业获取差异化竞争优势的关键所在。如果外包，企业借外力也许可以很快建立核心数字化能力，但从长期角度来看，这些能力在创造价值方面起到至关重要的作用，因此应在企业内部自主开发。

我们发现，只要外包的安排和范围合理，下列四类合作关系可加快企业的能力建设。

1. **伞状合作关系**。就像雇一个总承包商建造房屋一样，企业可以考虑与外部公司开展合作，以帮助规划及组织转型工作。外包伙伴还能为企业提供某些人才，并帮助评估和组织其他人才、技术和数据供应商。但为了避免协同失效，以及降低合作的复杂性，只与一家总包公司合作为佳。

2. **人才合作关系**。一个好的合作伙伴可显著提高企业获取人才的速度，以及使用人才的灵活性，短短几天就可为企业部署一个技能过硬的专家团队。项目完成后，外部专家团队就会离开。除此之外，人才合作伙伴还可提供技能提升服务和培训。在转型初期，企业非常需要这类合作伙伴，但随着时间的推移以及自身能力的建立，关系应逐渐淡化。

3. **技术合作关系**。这类合作伙伴可以帮助企业储存、处理、保护应用程序和数据。云服务提供商（CSPs）可提供的服务和功能越来越多，尤其是在数据和分析方面（详见第十八章）。企业所开发的解决方案可能还会涉及其他软件供应商（例如数字化营销的营销技术栈技术）。另外，企业可能还需要就某些具体能力建立特定的技术合作关系，例如地理定位或市场渗透测试等。

4. **数据合作关系**。第三方可以提供重要的补充性数据。公共数据资源、数据中介和数据市场等都能提供广泛的数据以及相关的服务。但企业也需要对数据访问协议、知识产权和网络安全风险等慎重考虑。

企业能否有效利用合作伙伴关系取决于两个因素：一是企业对自身能力短板的充分而全面的了解；二是构建的合作关系在短期内要能弥补差距，以及长期来看要能内化和夯实这些能力。

第六章

数字化路线图是企业高管必须履行的契约

> 没有计划的目标不过是镜花水月。
> ——安托万·德·圣埃克苏佩里（Antoine de Saint-Exupéry）

业务路线图的最终输出是路线图的具体落实计划和相关的财务计划。

图6-1展示的是一家包装消费品公司的数字化路线图，这是一个真实的案例。请注意，该图展示了具体的业务领域（个性化市场营销、供应链和采购领域）以及不同领域的能力建设如何同步进行。该公司的数字化路线图起初只对以上三个业务领域进行了规划，但在转型的第二年和第三年，该公司在这些领域添加了新的解决方案以持续推动转型，并且增加了新的转型领域。

制定的路线图的时间跨度不应超过二至三年。事情总是在变化。在转型的第一年，你会学到很多东西。企业追求的目标应清晰明确，在转型路上应灵活变通以适应变化。

一张好的数字化和人工智能转型路线图应包含下列五个要素：

1. 业务领域及其基础数字化解决方案的先后排序要能在中、短期内产生有意义的价值。

		第一阶段 设定数字化路 线图 -20XX		第二阶段 对能发挥引领作用的领域进行 转型并培育数字化能力 -20XY				第三阶段 规模效应 - 20XZ	
		Q3	Q4	Q1	Q2	Q3	Q4	Q1	Q2
基础能力									
	数字化路线图	设计							
	数字化人才队伍培养		设计						
	人才技术培训		设计						
	敏捷运营模式： 设计并建造数字化工厂				设计				
	技术：云就绪度		设计						
	数据：架构和获取		设计						
业务领域									
	个性化市场营销								
	构建消费者360度数据资产								
	激活数字化营销活动								
	供应链								
	构建供应链数字化孪生系统								
	利用数字化控制塔提高响应速度								
	采购								
	建立透明支出制度								
	开展应有成本分析								
变革管理									
	沟通与交互								
	里程碑以及价值追踪								
	风险控制								
财务状况									
	息税折旧及摊销前利润提升					3	15	27	45	63
	现金投资	5	8	12	10	10	8	8	8
	净现金	−5	−8	−12	−7	+5	+19	+37	+55

图例：■ 发现　▓ 概念验证或最小可行产品　░ 生产解决方案

图 6-1　转型战略总路线图（以某包装消费品公司为例）

2. 领域转型要与运营 KPIs 改进挂钩，而运营 KPIs 又与价值创造挂钩，这一点非常明确。业务负责人必须落实业务领域路线图，他们的业务目标和激励计划都与业务预期收益挂钩。

3. 总体规划须明确说明企业级能力的建设要求，包括人才、运营模式、技术和数据以及所需的投资和能力成熟所需的时间。

4. 整体的财务计划是清晰明确的，要反映出它所需要的时间和投资既要切合实际，又要有挑战性。确定财务指标必须严谨，就像典型的成本或收入转型一样，而且进展应以月为单位来衡量，而不是以年为单位。

5. 对整个转型过程的变革管理和对具体解决方案的变革管理应合并在一起。转型办公室开发了一个变革管理计划和明确的治理模式，并明确了可衡量的季度里程碑数量（第三十章对此进行了详细介绍）。

数字化路线图代表了领导层的共识，它在本质上是领导层签署并且必须履行的"契约"。

第七章

形成团队合力，实现终极目标

> 一个人无法演奏交响乐，你需要整个乐团的配合。
> ——哈福德·卢考克（Halford Luccock）

领导力在任何企业的转型工作中都至关重要，但数字化和人工智能转型工作的强度大，而且具有跨职能的特点，因此需要管理层进行更高水平的合作。每个人都在这一过程中发挥着重要作用，一人失败往往会导致满盘皆输。

首席执行官

为实现数字化和人工智能转型，企业必然需要进行大量的跨职能协作并构建共享的企业级能力，因此首席执行官（或企业的部门负责人）在转型过程中发挥着极其重要的作用。首席执行官应致力于促进领导团队形成共识，并通盘考虑设计新的企业级能力，以避免企业内部产生误解与分歧。

首席执行官在就转型需求凝聚领导团队、定期沟通转型愿景、保持协同一致，以及以更大的决心和力度推进转型等方面，承载着重大的责任与使命。数字化和人工智能转型对端到端流程也产生了深远的连锁反应，例如当银行的客户越来越多地使用银行应用程序来完成某些业务时，银行分支机构的服务需求就会相应缩减。此类连锁反应可能会对企业的不同部分产生影响，因此首席执行官需要不断对整个业务系统进行校准和调整，以确保获得全部收益。

为使员工对转型结果负责，首席执行官需要持续关注核心指标的完成进度，并且密切关注并调整人员激励措施，这是他的另一项重要职责。根据经验，为确保转型成功，首席执行官每月对此项工作需要投入两至四天的时间。而在转型初期，投入的时间会更多。

首席转型官

虽然首席执行官直接参与数字化转型工作并全权负责，但企业同时需要一位敬业的领导者来负责日常工作的开展并推动转型顺利进行。这就是首席转型官（chief transformation officer）。通常情况下，即使首席转型官只是一个为期两到三年的临时职位（在某些情况下，首席数字官将兼任这一职务，或与首席转型官共同领导），但他直接向首席执行官汇报工作，而且将成为企业的数字化代言人。两三年后，转型工作就应该从一项特殊的举措融入日常工作。

除了设定一个令人信服的企业发展愿景，并推动其落实，首席转型官应从端到端流程的视角去理解企业的运行机制，以及对数字化和人工智能将如何发生时刻保持敏锐的洞察力。首席转型官作为备受尊重的高管，对其他高管会产生极强的影响。此外，他还全面贯彻落实强有力的项目管理原则。因此，转型负责人一般都是从内部选拔。

在企业转型初期，首席转型官的典型职责包括以下五项：

1. 为高管团队设计数字化领导力学习计划，并发挥领导作用。

2. 与领导团队共同制定数字化路线图。

3. 与人力资源部门、IT 部门进行合作，确保优先业务领域的人才、技术和数据评估工作的质量和效果。

4. 与业务部门、财务部门、IT 部门和人力资源部门进行合作，确认所需的投资金额、资源，并对预期效益进行评估。

5. 确保执行委员会及其下属一到二级组织都能积极参与企业的数字化转型，并逐步扩大到各部门共同参与。

在转型的实施阶段，转型领导者的职责将逐步发生演变，包括负责管理转型进度、监督培训以及变革管理项目，并解决出现的具体问题等（更多内容详见第三十章）。

首席技术官、首席信息官和首席数字官

首席技术官（CTO）、首席信息官（CIO）和首席数字官（CDO）三个岗位都与技术密切相关，但企业并不一定同时设立这三个岗位。有的企业里三者都有，有的企业可能会将其中两个甚至三个合并为一个岗位。情况各有不同，而这取决于个人所掌握的技能。

- 首席信息官通常专注于利用技术改善内部运作体系。他们负责监管企业的核心系统和基础技术设施，对关键架构提供指导性意见，以及负责领导云计算基础设施的设计及完善工作。

- 首席技术官的职责通常是利用技术给客户提供更好的产品、服务。他们统管技术应用，比如银行的 ATM（自动取款机）或汽车的软件应用程序。在转型过程中，首席技术官可以扮演多种角色，这取决于他们在公司承担的具体职责。如果其职责主要与产品有关，那么首席技术官自然会专注于产品数字化路线图的制定及完善工作。

- 在某些情况下，首席数字官可作为转型的共同负责人，他的常规职责是为客户或内部用户带来全新的数字化体验。首席数字官在支持优先业务领域方面起到了核心作用，包括决定数字化解决方案的架构、明确所需的资源，并监督数字化解决方案的实施工作。在实施过程中，他们负责监督并构建相关能力。

你会注意到上述三类岗位存在某些职能重叠，他们之间的主要区别在于首席数字官掌握一些首席信息官或首席技术官可能没有掌握的新技能。首席数字官精通现代软件开发以及先进的人工智能和数据处理方法。他们熟悉敏捷原理，能够识别优秀的敏捷实践。他们能够确定复杂的数字化解决方案的实施范围，确定所需的敏捷小组及其数量、人才组合、时间期限，以及正确设立OKRs。此外，他们还了解如何构建现代技术栈。

事实上，随着首席信息官和首席技术官越来越精通现代数字化技术和数字化工作方式，这三个角色正在逐渐融为一体。要启动数字化和人工智能转型，你需要让这三个角色共同发挥作用。本书的第四部分将对三者负责的不同技术范围进行探讨。

首席数据官

如果企业设立了首席数据官（chief data officer），他们将负责领导数据架构的开发、数据产品的定义以及有效数据治理的实施等多项工作（详见第五部分）。

首席人力资源官

首席人力资源官（CHRO）在转型初期发挥着至关重要的作用。他们能够确保企业获得所需的数字化人才，并实施一系列有助于培养和留住数字化人才的管理措施（详见第二部分）。

首席财务官

首席财务官（CFO）主要负责监督转型业务用例的开展进度，以及跟踪价值实现的情况（详见本书的第六部分）。此外，在重新构思企业的规划和融资方法以提升灵活性时，首席财务官的重要性不言而喻（详见第三部分）。

首席风险官

首席风险官（chief risk officer）在企业组建多个敏捷开发团队的情况下，负责构建风险防范的第一道防线和第二道防线并使其发挥作用。他们还需要了解如何应对数字化和人工智能转型过程中可能产生的新风险，比如数据隐私和网络安全等（详见第三部分和第六部分）。

业务线和职能部门的负责人

业务线和职能部门（如运营、市场营销、销售、采购、供应链、研发等部门）的负责人属于企业的高管团队，他们负责统管重要的业务领域，这些领域通常是数字化路线图中的高价值领域。例如，首席营销官（chief marketing officer）在以下几个方面至关重要，如用创新方法吸引那些对公司产品或服务感兴趣的客户、为客户提供个性化产品或服务，以及实时评估客户在各个在线体验阶段的满意度等。业务线和职能部门负责人需要对其所在业务领域的重塑工作给予大力支持，要对所有可能保持好奇心。他们要大胆勾画转型前景，并灵活地接受新的工作方式。

练习部分

做好准备

以下这组问题将有助于你了解应采取哪些正确行动：

你的高管团队能否清晰地勾勒出企业的发展愿景图，是否知晓相关技术将如何助力企业实现这一愿景？

你最为关注的业务领域是什么？它们是最有可能产生众所瞩目的价值的领域吗？它们真的具备转型的可行性吗？

你的高管团队能否阐明优先领域的转型能为企业带来多大的预期效益？需要多少投资？你是否清楚该采取何种行动以保持长期竞争优势？

你的企业中是否有两到五个分工明确且紧密联系的业务领域？你掌握的资源是否与这些领域相匹配？

你清楚企业所需的新的企业级数字化能力吗？你会进行必要的投资来构建这些能力吗？

在执行数字化路线图的过程中，你的高管团队在多大程度上能阐明他们自己以及团队的角色和责任？

第二部分

打造企业人才库：

为数字化人才创造良好的发展环境

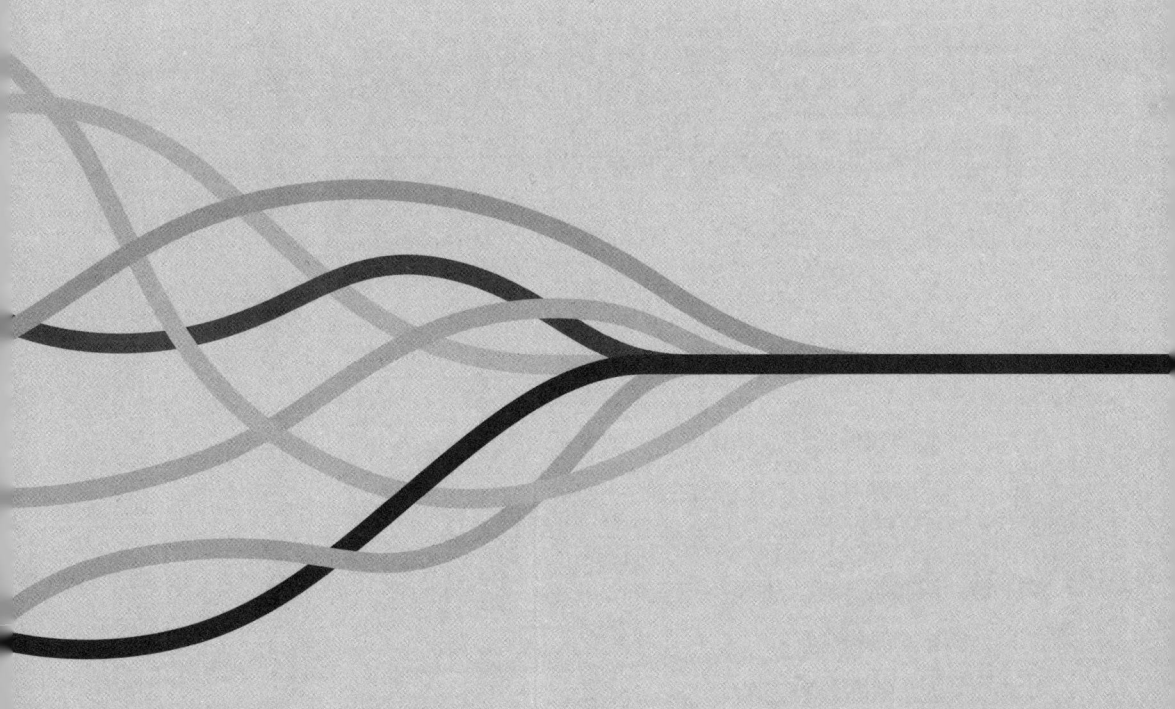

没有哪家企业能够通过外包取得数字化转型的卓越成效。数字化转型意味着拥有自己的数字化人才队伍，例如产品负责人、体验设计师、数据工程师、数据科学家、软件开发人员等。他们需要与业务同事并肩工作。[1]

因此，数字化和人工智能转型首先是人员和人才的转型，[2]而且需要尽快启动，因为企业需要动员技术人员开始按照数字化路线图提供服务。与其他优先事项相比，确保所需的人才到位需要的时间最长。

某些传统企业的高管认为只有硅谷的公司才能培养出顶尖的数字化人才，然而事实并非如此。某些传统企业对员工的工作安排非常鼓舞人心且具有启发性，它们以行动兑现对员工的承诺，成功地自主培养了一批数字化技术专家，在这方面有许多成功案例。

能产生最佳效果的数字化人才计划除了包括招聘，还包括提出并落实员工价值主张（EVP）、提高人力资源流程的敏捷度与数字化程度、创造良好的发展环境让优秀人才持续成长。本部分将围绕"如何做"展开全面分析。

第八章：核心能力与非核心能力——战略性人才规划。企业应清晰了解自己的人才状况、所需要的人才，并制订相关计划来缩小两者之间的差距。这看似容易，做起来却很难。

第九章：懂得如何构建数字化人才库的专职团队。企业要培养一个专业人才团队，该团队知道如何发掘、聘用并留住数字化人才。

第十章：招聘数字化人才是一道双向选择题。不是只有科技公司才能吸引顶尖人才，传统企业同样可以：提出有吸引力的员工价值主张，基于候选人和员工的期待与需求设计招聘体验和入职体验。

第十一章：慧眼方能识才。这一点也是知易行难。企业要能将顶尖技术人才与普通人才区分开来。除此之外，在不推翻现行人才管理框架的情况下，企业要为数字化人才规划双轨职业发展路径。

第十二章：培养精益求精的工匠精神。当今技术发展日新月异，这就要求数字化人才强化学习，持续精进，你也应该这样做。

注释

1. Sven Blumberg, Ranja Reda Kouba, Suman Thareja, and Anna Wiesinger, 'Tech talent techtonics: Ten new realities for finding, keeping, and developing talent', McKinsey.com, April 14, 2022. https://www.mckinsey.com/capabilities/mckinsey-digital/our-insights/tech-talent-tectonics-ten-new-realities-for-finding-keeping-and-developing-talent.

2. "In disruptive times the power comes from people: An interview with Eric Schmidt," *McKinsey Quarterly*, March 5, 2020, https://www.mckinsey.com/capabilities/mckinsey-digital/our-insights/in-disruptive-times-the-power-comes-from-people-an-interview-with-eric-schmidt.

第八章

核心能力与非核心能力——战略性人才规划

> 我们一定要去做相信自己完全有能力做到的那些事情,而不应该让过去的经历束缚手脚。
> ——威维科·保罗(Vivek Paul)

你的人才路线图和技术路线图一样细致、全面吗?这个问题可能打得许多高管措手不及。如果答案是否定的,那么制订一个周密可行的计划就要提上日程。[1]

人力规划是将数字化路线图及其发展愿景转化为对人才实际要求的过程,这份规划涵盖了优先解决方案及负责制订这些方案的团队(或敏捷小组)。人力规划包括:对企业现有人才进行盘点;明确实现数字化路线图所需的人才,确认两者之间的差距(详见第六章)。通过这个分析,企业可以制订一个行动计划来填补人才空白。你可能认为这过于显而易见,但事实上这是懂得易,实践难的工作。

企业内部需要何种人才

在数字化和人工智能转型方面,所有公司面临着相同的战略问题——"我们需要拥有这类人才吗?"高管们会辩称:"我们的核心业务并不是技术,而是抵押贷款或资源开采。""我们过去曾将大量 IT 业务外包出去,为什么数字化和人工智能转型就不行呢？"

然而，现实情况是，企业如果想通过数字化解决方案获得差异化优势，就需要拥有那些能够带来差异化优势的内部人才。我们对那些数字化领军企业进行了分析，结果清楚表明，无论在科技领域还是其他传统行业，这些企业总是会自建一个数字化人才核心团队。我们还没有见到哪怕一家公司通过外包取得数字化转型的卓越成果。

自建数字化人才队伍之所以重要，原因在于此举可以让技术专家与业务及运营人员密切合作，从而不断开发、持续改进数字化解决方案。这种密切合作有助于缩短开发周期。此外，技术专家也能借此加深对业务背景的理解。如果数据科学家了解消费者定价动态、品牌定位和公司的数据环境，那么他们在为包装消费品公司开发收入管理方案时，工作效率将会大大提高。业务背景对开发出高效的数字化解决方案意义重大。

尽管如此，数字化不一定就能产生竞争优势。也许，许多能力，例如云提供商所提供的服务或者专业化程度极高的技术，如保障应用程序网络安全性的渗透测试或跟踪用户的地理位置服务，的确是数字化解决方案的关键，但可能无法为企业带来差异化竞争力。在这种情况下，企业可以考虑外部采购。

随着时间的推移，为适应不断变化的业务环境，企业可能还需要不断调整数字化团队的规模。这也可能是企业与外包方选择签订灵活用工合同的原因之一，但天下没有免费的午餐。外部人才增加了团队的灵活性，但他们的工作不会像内部员工那样富有成效。这是因为一方面他们不熟悉业务背景，另一方面公司对他们的投入也比较有限。根据经验，企业比较理想的数字化团队构成应该是内部人才占70%～80%，其余为外部人才。

构建一支高素质的数字化人才队伍不可能一蹴而就。当处于数字化和人工智能转型的起步阶段时，企业通常会严重依赖外部人才，同时启动数字化人才获取方案，并提升员工技能。随着时间的推移，企业会用自己的员工替换外包人才。通常在一到两年后，企业就能实现上述理想结构，内部人才占比达到70%~80%，具体要花多长时间则取决于企业改革的决心有多大。

以某包装消费品公司为例，在数字化转型的启动阶段，该公司因为缺乏相应的内部人才，而从其主要咨询合作伙伴那里外聘了5个敏捷小组。同时，该公司每月引进10~15名顶尖技术人才。不到一年，该公司就用自己的员工取代了大部分咨询合作伙伴的员工。

全面了解你所拥有的数字化人才

知晓自己应拥有怎样的数字化人才看似简单，实则不易。其原因是企业需要确定现有人才掌握的技能种类及熟练程度，而仅靠清点职位名称并不能做到这一点（见图8-1）。

大多数企业对技能水平下的定义还比较笼统。换言之，知道某人是"Java Web 开发人员"比仅仅知道他是开发人员要有用得多。同样，云工程师与数据工程师是截然不同的两种人才，虽然企业可能同时需要他们，但为了充分发挥他们各自的技术价值，企业需清楚地了解他们的专长。同样重要的是，随着技术能力的演进速度越来越快，企业对机器学习工程师和 GenAI 工程师的需求会越来越大，所以需要密切关注，紧跟发展趋势。

通过将人力资源数据映射到简化的分类体系，大多数组织可以轻松地确定各个职位类别下的员工人数。更重要的一步是，清楚了解这些人才所掌握技能的种类及其熟练程度，因为只有这样企业才知道真正完成工作的是哪些人。

```
第一级：技能大类
```

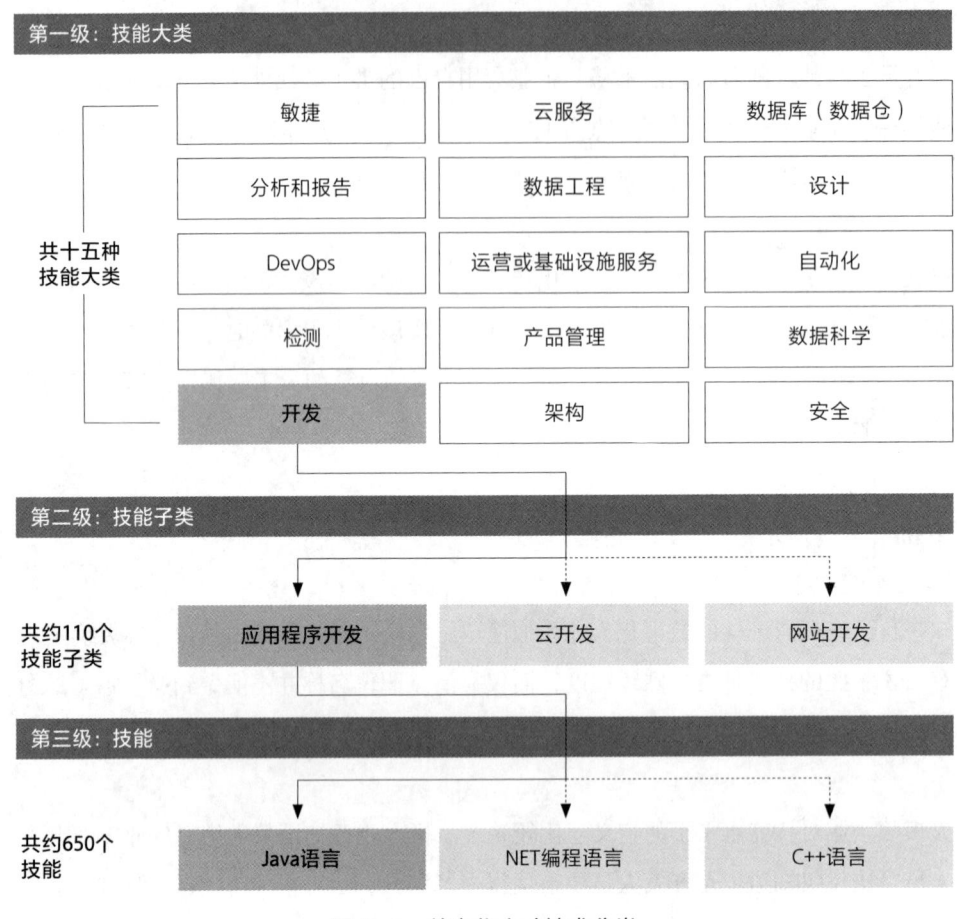

共十五种技能大类	敏捷	云服务	数据库（数据仓）
	分析和报告	数据工程	设计
	DevOps	运营或基础设施服务	自动化
	检测	产品管理	数据科学
	开发	架构	安全

```
第二级：技能子类
```

共约110个技能子类	应用程序开发	云开发	网站开发

```
第三级：技能
```

共约650个技能	Java语言	NET编程语言	C++语言

图 8-1　数字化人才技术分类

通常情况是，员工（尤其是技术人员）技能的熟练程度是有差异的，但企业却没有采用可靠的方法准确辨别。在人力资源系统里查询基本上是劳而无功的。下列四种方法可用来评估现有数字化人才的技能水平：

1. **管理者评估**。如果企业需要从数百人的人才库中挑选 30～50 人，那么管理者自上而下地快速评估有助于实现这一目标。这样企业既能实现对现有人才的技能分类，又能通过其工作表现了解其专业水平。例如，如果一个工程师需要在持续监督下才能完成简单的任务，那么他会被归类为新手；与之相反，一个工程师如果被视为本领域的领导者，则被归类为专家。请注意，企业需要对管理者的判断视情况做适当的调整。

2. **个人自评**。技能调查有助于企业全面深入掌握整个数字化员工队伍的现状。如果盘点和评估范围扩大到少则数百名员工，多则上千名员工，那么企业有必要采用这种方法。该调查对技术技能和职能做了详细分类，员工可以据此进行自我评估。在这方面，第三方工具可以帮助企业做到这一点，而且比较容易在员工规模较大的企业中进行。但此类调查法在自我评估时存在偏向性。请注意，传统上，女性的排名会低于男性，因此企业需要调整评估结果。

3. **在线测试**。某些第三方工具提供指定的在线编码测试，比如 Hackerank、Codility、CodeSignal 和 TestGorilla 等，可对技术人员的特定基础技能水平进行评估。迄今为止，这些软件是评估技术编码技能水平最精确的工具，但可能给企业产生破坏性影响，让员工感到焦虑甚至引发冲突。因此，企业应深思熟虑，审慎而为，这一点至关重要。

4. **技术面试**。这一技能评估方式是由正式的技术测试和个人面试组合而成的。此类评估往往需要多人参与，因此通常只用于对关键岗位人员的评估。为了确保面试有效，面试官必须由精通某一学科技能的高级技术人员担任。很多时候，公司会错把 IT 高级管理人员当作技术专家，但事实往往并非如此。

案例：公司如何发现真正的人才

一家专业金融服务公司为其庞大的现场销售团队设计了一种新的数字化销售辅助工具。数字化业务单元负责为用户开发新的数字化体验。虽然最初的试点非常成功，但由于数据复制和延迟问题，该应用程序未能得到推广。而导致这一问题的根本原因在于数字化团队所掌握的技能不足。

通过使用 Hackerank 对 100 余人的数字化团队进行测试，该公司了解到只有不到 20% 的技术人员达到或超过及格线，及格线是指 50% 的完成度（见图 8-2）。难怪该公司的应用程序在架构和工程方面问题重重。值得注意的是，有三分之一的人才来自第三方公司，但他们的表现同样堪忧，而这也是老生常谈的问题。

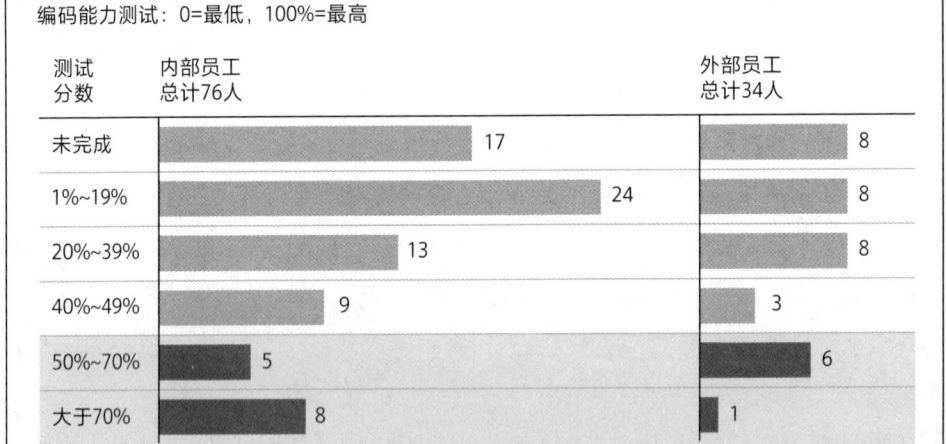

编码能力测试：0=最低，100%=最高

测试分数	内部员工 总计76人	外部员工 总计34人
未完成	17	8
1%~19%	24	8
20%~39%	13	8
40%~49%	9	3
50%~70%	5	6
大于70%	8	1

注：每位员工所参加的编码能力测试均为自己的选择，包括Python、Java、Android Kotin等。

图 8-2　百人数字化团队编码能力测试结果

查明人才缺口

技能评估工作一经完成，企业便可依据数字化路线图规划中的未来人才需求，将评估状况与之进行比照，查明人才缺口。在这个过程中，企业要认真思考两大关键因素，而它们经常被忽略。一是招聘时应注重应聘者的实际技能，而不是所谓的"岗位描述"，否则将给企业带来极大的风险。人们普遍认为，优秀的开发者所具备的价值通常是普通开发者的 5～10 倍。二是重视数字化人才应具备的特质，比如灵活性、沟通和协作能力,而学习能力也许是其中最重要的一种。

> **案例:一家全球性保险公司的人才缺口填补措施**
>
> 下文介绍一家全球性保险公司的人才缺口分析方法(见图8-3),其分析范围涵盖公司内部的所有技术人才。首先,该公司进行员工自评,级别排序从低到高为1(新手)到5(专家),而分级依据便是对数字化路线图所确定的关键技能的掌握程度。然后,该公司将人才现状与未来需求进行对比以查明缺口所在,而评估结果则清晰指出公司人才计划的优先级(在这张公司的评估表上,一级与二级归为新手,三级到五级归为能手)。
>
> 对许多正致力于数字化和人工智能转型的公司而言,该公司的人才缺口填补措施有着重要的借鉴意义:
>
> 1.增加内部人才,减少外包人才。这家公司正雄心勃勃地将内部人才的比重由39%升至70%,外部人才的比重由61%降至30%。这一变化的影响无疑是巨大的。这不仅是明智的战略之举,还节省了开支(假设该公司的地理足迹没有发生变化)。
>
> 2.增加实干者,减少检查员。这家公司正在大量招聘集成工程师(也称全栈工程师)和数据专家,减少以往与瀑布式开发相关的项目管理岗和其他管理岗人员。从本质上讲,该公司需要更多能够交付代码的技术人员,而非管理和监督人员。因此,即使员工人数减少了15%,有效开发能力反而提高了15%。这是因为敏捷开发方法使组织更加扁平化、更加强大。
>
> 3.增加能手,减少新手。该公司现有员工的能力水平远低于所需的水平。数字化时代的人才"金字塔"应该是钻石型的,中部为高效完成工作的人才主体,底部的新手应减少。即使这种人才结构的成本更高,但拥有优秀工程师所产生的生产力将远高于人才成本,还能提高公司的整体生产力[2]。

全球性保险公司		ⓝ 新手	ⓒ 能手	■ 所释放的资源		■ 所耗费的资源		
				现状		未来需求		差距
种类	分会			Ⓝ	Ⓒ	Ⓝ	Ⓒ	Ⓝ	Ⓒ
软件	前端开发								
	集成开发			502	410	514	2 056	-12	-1 646
	全栈工程								
	质量保证			44	36	27	108	+17	-72
架构	架构技术			33	80	26	103	+7	-23
基础设施	SRE（站点可靠性工程）			47	78	27	108	+20	-30
	DevOps			12	19	27	108	-15	-89
	云工程			6	10	11	43	-5	-33
	基础设施开发			113	184	66	263	+47	-79
数据及分析结果	数据及分析			74	91	54	216	+20	-125
安全	安全			84	102	34	136	+50	-34
设计	体验设计			4	7	9	34	-5	-27
产品管理	产品经理			96	179	69	275	+27	-96
敏捷	敏捷教练			15	55	11	44	+4	+11
其他	项目经理			58	217	3	14	+55	+203
	领导层（副总裁以上）			0	198	0	64	0	+134
	非敏捷小组员工（例如管理员）			0	362	0	274	0	+88
内部全职员工				1 088	2 028	878	3 846	+210	-1 818
内部员工总数				3 116		4 724		-1 608	
外部员工总数				4 826		2 024		+2 802	
内部员工比重和外部员工比重				39%、61%		70%、30%			

注：技术人才技能调查表的等级范围为1（新手）至5（专家），其中新手指的是等级为1至2的从业者，而能手指的是等级为3至5的从业者。

图8-3 数字化及技术人才缺口分析示例

现在，数字化路线图转化为招聘计划的所有工作已准备就绪（见图8-4）。这基本上就像构建数字化人才队伍的发令枪（第九章将对该团队进行详细介绍）。在决定如何执行计划以及填补人才缺口时，企业需要在招聘、外包以及提升现有员工技能水平等方面取得平衡（详见第十章和第十一章）。企业需要综合考虑开发数字化解决方案的时机、核心人才与非核心人才对企业的重要性以及相应的成本。随着数字化转型的推进，优先事项不可避免会发生变化，因此根据路线图定期调整招聘计划也十分重要。

全球性农业公司

所需人才				招聘计划（累计）					
				Q1			Q2		
岗位	需求数量	已有数量	缺口	招聘数量	合同工数量	再培训数量	招聘数量	合同工数量	再培训数量
产品经理	20	2	18	5	5	0	8	0	10
敏捷大师	10	3	7	5	2	0	7	0	0
变革代理人	5	无明确数量	—	0	0	0	0	0	0
设计负责人	3	0	3	1	0	0	2	0	0
用户界面或用户体验设计师	17	0	17	3	7	0	6	7	0
数据科学家	6	1	5	2	0	0	3	0	2
数据工程师	18	5	13	5	7	0	10	3	0
软件工程师	43	12	31	8	13	0	12	15	2
机器学习工程师	3	0	3	0	0	0	1	0	0
技术负责人	8	2	6	2	2	0	5	1	0
数据架构师	2	0	2	0	1	0	0	0	0
敏捷教练	5	0	5	2	2	0	4	1	0
业务分析师	15	无明确数量	—	0	0	0	0	0	0
主题专家	27	无明确数量	—	0	0	0	0	0	0
总数	182	NA	110	31	39	0	59	27	14
					70			100	

图 8-4　对整体人才需求进行评估并制订招聘计划

注释

1. Dominic Barton, Dennis Carey, and Ram Charan, "An agenda for the talent-first CEO," *McKinsey Quarterly*, March 6, 2018, https://www.mckinsey.com/capabilities/people-and-organizational-performance/our-insights/an-agenda-for-the-talent-first-ceo.

2. Peter Jacobs, Klemens Hjartar, Eric Lamarre, and Lars Vinter, "It's time to reset the IT talent model," MIT Sloan Management Review, March 5, 2020, https://sloanreview.mit.edu/article/its-time-to-reset-the-it-talent-model/.

第九章

懂得如何构建数字化人才库的专职团队

> 世界上最幸福的人是那些需要他人的人。
> ——芭芭拉·史翠珊（Barbra Streisand）

在与数字化人才打交道的工作中，许多人力资源组织发现了自身存在着诸多问题，例如招聘和入职流程的推进相对缓慢、薪酬方案僵化、学习和发展计划过时。企业如果想建立一支数字化人才队伍并留住其中的佼佼者，就需要解决上述问题。

然而，重塑整个人力资源组织及其潜在的人力资源流程以适应数字化需求，企业可能需要花费几年的时间。相反，组建一个专职团队，重点关注当下以数字化人才为中心的人力资源流程的调整，是最务实且成功率最高的办法。该方法如果实施顺利，将有助于企业快速行动，同时解决与数字化人才有关的种种人力资源挑战。我们将这一特殊团队称为 TWR（Talent Win Room，人才制胜部门，这个"部门"可以是实体的，也可以是虚拟的，关键在于它是一个专职团队）。TWR 的首要使命是给候选人和员工创造全方位的体验并不断改进。

TWR 需要一名高级行政主管作为发起人，通常是首席人力资源官或首席数字官，以及一名担任团队领导者的全职的高级人力资源主管。作为一个跨学科的团队，TWR 应符合敏捷团队的工作习惯及行为。该团队主要由技术招聘人员和人力资源专家组成，他们的专长涵盖多个方面，例如人才规划、人才招聘和入职、人才管理、人才发展以及 DEI（Diversity，Equity and Inclusion，多元化、平等和包容性的企业文化）等。视情况所需，还可增加兼职的职能专家（比如法律、财务、传媒、市场营销）。图 9-1 展示了 TWR 的典型组成及其驱动的指标示例。

TWR 的工作方式应该与敏捷团队的一致，专注于"客户"（此处指候选人或员工），高效工作，持续迭代，重新设计并执行新的人力资源流程（敏捷工作方式见第十三章）。从候选人的角度看，一个敏捷的人力资源团队是显示一家企业的速度、相关性和敏捷性的首要标志，并且在沿着这条路前进。

> **案例：大型农企如何组建 TWR**
>
> 　　一家大型农企决定自建核心数字化能力和人才队伍。它成立了 TWR，并培训其掌握以候选人为中心的思维模式，以及采用敏捷的工作方式。TWR 采用短期合同转全职（contract-to-hire）的聘用方式，并积极使用数字化渠道（比如 TopCoder、GitHub、Stack Overflow）来改进人才招聘流程，同时改善了面试体验，包括加入编码测试，并实施了候选人追踪系统来管理整个招聘流程。在六个月内，该农企成功建立了一个 80 人的数字化团队。

组建 TWR 要遵循一定的客观规律。例如，一家典型的《财富》500 强公司需要 200～2 000 名数字化技术人员，花费一到三年的时间来组建和培养。同时，为弥补人才的自然流失（通常人才年均自然流失率为 5%~10%），人才招聘还要持续下去。此外，其他人力资源工作内容也要加强（比如职业发展路径设计、绩效管理、职业发展和薪酬战略）。尽管工作重心会随着时间的推移而发生变化，但 TWR 应该长期存在下去，它在打造最佳实践，并将其融入人力资源新的职能的过程中，发挥着"基石之力"，有利于解决其他的人才储备问题。随着 TWR 演变为常设职能部门，且其职权范围逐渐扩大，我们经常会看到有些公司设立了多个 TWR，采用类似的方式处理其他人才方面的优先事项。

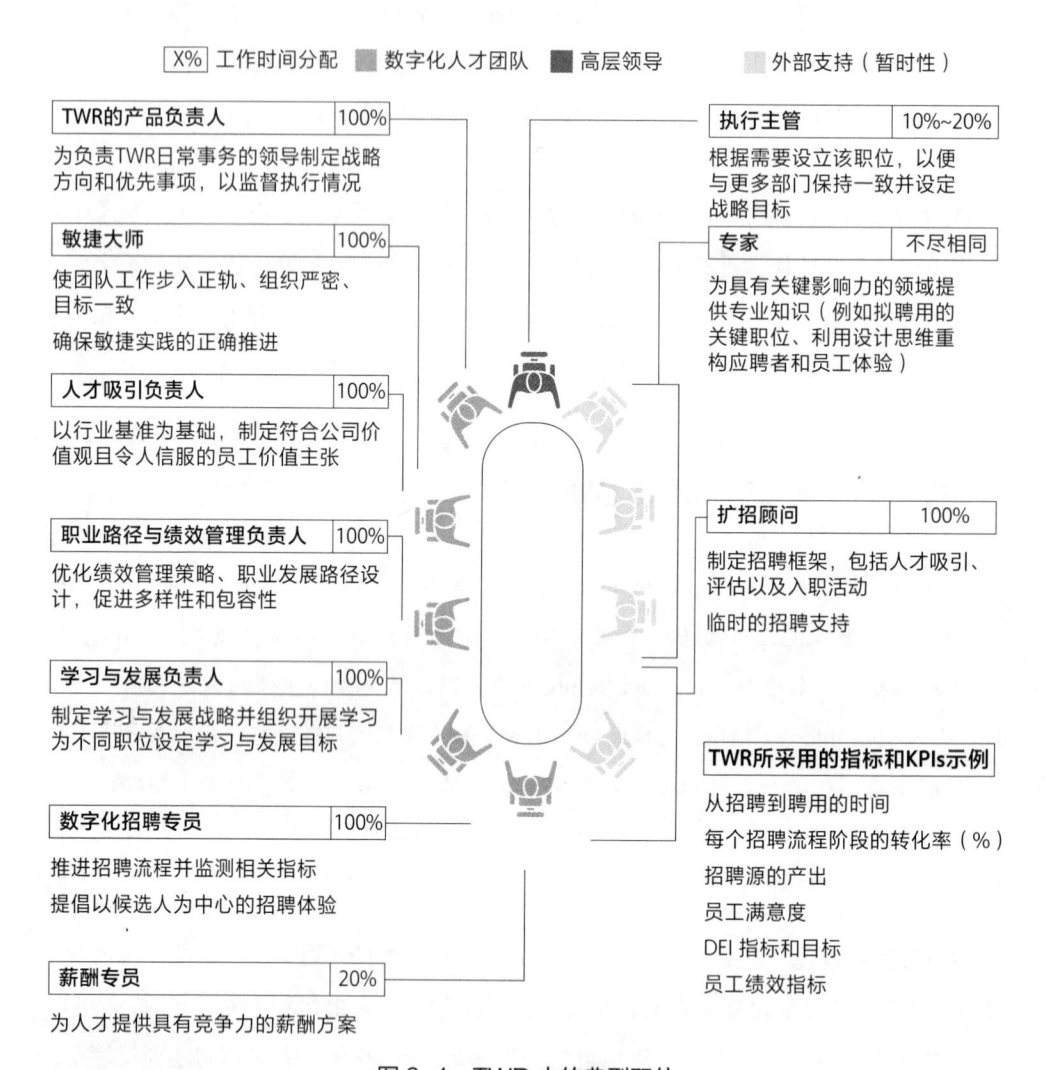

| X% | 工作时间分配 | ■ 数字化人才团队 | ■ 高层领导 | ■ 外部支持（暂时性） |

TWR的产品负责人 — 100%
为负责TWR日常事务的领导制定战略方向和优先事项，以监督执行情况

敏捷大师 — 100%
使团队工作步入正轨、组织严密、目标一致
确保敏捷实践的正确推进

人才吸引负责人 — 100%
以行业基准为基础，制定符合公司价值观且令人信服的员工价值主张

职业路径与绩效管理负责人 — 100%
优化绩效管理策略、职业发展路径设计，促进多样性和包容性

学习与发展负责人 — 100%
制定学习与发展战略并组织开展学习
为不同职位设定学习与发展目标

数字化招聘专员 — 100%
推进招聘流程并监测相关指标
提倡以候选人为中心的招聘体验

薪酬专员 — 20%
为人才提供具有竞争力的薪酬方案

执行主管 — 10%~20%
根据需要设立该职位，以便与更多部门保持一致并设定战略目标

专家 — 不尽相同
为具有关键影响力的领域提供专业知识（例如拟聘用的关键职位、利用设计思维重构应聘者和员工体验）

扩招顾问 — 100%
制定招聘框架，包括人才吸引、评估以及入职活动
临时的招聘支持

TWR所采用的指标和KPIs示例
从招聘到聘用的时间
每个招聘流程阶段的转化率（%）
招聘源的产出
员工满意度
DEI 指标和目标
员工绩效指标

图 9-1　TWR 中的典型职位

第十章

招聘数字化人才是一道双向选择题

> 我从来不介意走进来就参与阅读剧本。我是不是合适的人选,他们需要做到心里有数。而我是否想拍这部电影,我也需要做到心里有数。
>
> ——朱迪·福斯特(Jodie Foster)

为了找到优秀人才、留住优秀员工——无论是来自内部还是外部,企业都需要钻进数字化人才的脑袋里,了解他们真正想要什么。这是因为顶尖人才对雇主有着很高的要求——实际上,他们也在面试你。公司要向数字化人才提供他们所重视的那些价值,创造以他们为中心的招聘和入职流程。只有这样,你才能赢得招聘选才之战。[1]

直击内心、高吸引力、真实可信的员工价值主张

在当今职场上,顶尖人才与公司之间是双向选择的关系,公司需要制定一个高吸引力的员工价值主张。这一价值主张既要对顶尖人才起到激励作用,也要为他们量身定制。[2]

实践者说：切实提升技术人才的地位

顶级工程师知道企业应该构建什么，但他们数量有限。他们会选择那些最重视他们的公司；他们会选择那些领导层真正了解他们的工作并懂得如何打造一流的技术发展文化的公司；他们会选择那些让自己获得应有的薪酬回报，同时会被认真对待、能够倾听他们的意见并且享有尊重的公司。同时，他们希望与公司同类型的人才形成一股核心力量。

目前，大型的世界500强公司所面临的问题与20年前的并无二致。我原以为这个问题会随着时间的推移而逐步得到解决，但现在我对此持怀疑态度。问题在于在很多大公司，真正的技术人员不属于公司的重要成员，他们没有被视为"一等公民"。

看一看组织结构图就知道了。长期以来，公司都把技术人员放在IT部门。但该部门的孤立是出了名的。包括英国喜剧《IT狂人》在内的许多电视节目都是以后台的技术"呆子"为主题的。然后，大约20年前，大公司意识到了这一问题，认为或许技术人员不应该都集中在IT部门。于是，它们设立了数字化部门，通常由主管数字化的副总裁担任负责人。该部门由程序员组成并负责管理，在这里他们受到重视，这无疑是一个好消息。但它仍然只是一个部门，一个单元，这依然是一个问题。

举个例子：在特斯拉，负责自动驾驶汽车业务的工程师是公司最重要的成员。埃隆·马斯克总是习惯性地把他们挂在嘴边，跟他们保持密切沟通，工程师基本上是特斯拉的领导层。而在传统汽车制造企业，工程师的情况并非如此。他们理应得到认可与尊重，但却没有，他们还是被当作某个"后台部门"。那些领导企业40年的人现在仍然在掌权。

这是一种规律。技术专家是特斯拉的掌控者，他们全权负责构思，洞悉电动汽车自动驾驶技术。而大型汽车制造公司的掌控者多为接受经典商业管理培训的人，而非技术专家。

——马克·安德森（Marc Andreessen），风险资本公司 Andreessen Horowitz 的联合创始人兼管理合伙人

吸引数字化人才最重要的因素之一是提供一个有利于个人成长的工作环境，让他们与能力出色的同事在现代化技术平台上并肩工作，持续学习，不断精进（见图10–1）。实质上，他们希望三年后自己掌握的技能不会贬值，甚至可以增值。个人成长不是唯一重要的因素，却始终是最重要的那个因素。

在导致软件人才接受工作、计划留任、计划离职或已离职的主要原因中，排名前三的三种原因所占的百分比

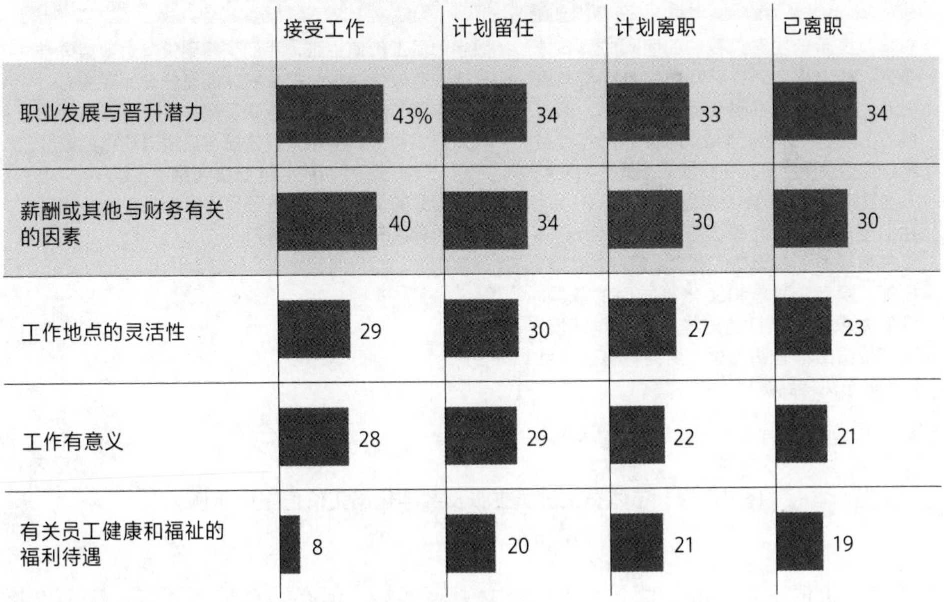

	接受工作	计划留任	计划离职	已离职
职业发展与晋升潜力	43%	34	33	34
薪酬或其他与财务有关的因素	40	34	30	30
工作地点的灵活性	29	30	27	23
工作有意义	28	29	22	21
有关员工健康和福祉的福利待遇	8	20	21	19

资料来源：麦肯锡软件人才流失和吸引力主要因素的调查，2022年（N=1 532）。

图 10–1 对软件人才来说，最重要的工作因素

大多数公司都有一套员工价值主张，但它很可能需要更新并转化为这样的陈述——强调更宏伟的目标、强调技术对达成使命的重要性、强调对多样性和包容性的总体承诺。一个好的员工价值主张应整合有形与无形的双重属性，传达一家公司对员工的承诺和价值观，以及其独特优势（见图10-2）。

强生制药公司	
总体员工价值主张：每天，我们都会开展多项工作，比如研制传染病治疗方法以挽救生命、提高全球医疗平等性、创新医疗技术以及开发药品和保健品，这都会使全球人民的生活质量得到提高。我们开发的3D打印以及机器人技术改变了外科手术方式，同时我们开发的无人机也可将疫苗运送到偏远地区，这些足以说明我们的工作高于我们自己	**数字化员工价值主张**：想象一下，让人工智能掌握人类所积累的医学知识，并构建自然语言处理应用程序，以提高手术的安全性。除此之外，机器学习也会改变罕见病的诊断方式。数据科学不仅使此类突破成为可能，还能提高我们的影响力。例如，杨森制药公司的研发团队就是借此缩短临床试验周期的。作为世界上最大、受众最广泛的医疗保健公司，我们利用自身庞大的数据集来应对我们这个时代面临的最大的健康挑战，从艾滋病到膀胱癌、狼疮和新冠肺炎等

自由港-麦克墨兰铜金公司	
总体员工价值主张：我们的团队成员多才多艺、能力出众。我们发现并提取某些原材料，然后加工并供应到世界各地，例如铜、钼和金。这些材料会将整个世界连接起来。我们供应的材料在推动未来的技术发展方面发挥着至关重要的作用。 我们相信公司最大的优势是员工。我们尊重并重视员工在想法、信念、经验、才能、技能、观点、背景和文化等方面的差异。我们力求推广并打造这样一个工作环境，让每位员工都有归属感、受到尊重，并且他们的意见得到重视	**数字化员工价值主张**：我们了解到只有对数据进行分析并有效传达给公司，它才能充分发挥其潜力。你将与采矿部门、主题专家、数据科学家和软件工程师密切合作，携手开发先进且高度自动化的数据产品。你将成为DataOps（数据运维）、DevOps和敏捷实践的倡导者，领导项目团队，并对团队成员进行指导以充分发挥其潜力

资料来源：强生公司和自由港－麦克墨兰铜金公司网站。

图10-2 总体员工价值主张及数字化员工价值主张示例

虽然员工价值主张中的一些元素可以是立意高远的，但必须真实、可信。新人和老员工能够"嗅到"公司所宣称的愿景是否符合真实情况。一旦不符，他们就会选择离开并将这一情况公之于众。这会给公司带来毁灭性打击，因为技术人员在求职前总是会浏览第三方网站（比如 Glassdoor、Blind）上关于公司的评论，这是他们提前了解目标公司最常用的方法。这些渠道提供了关于员工价值主张的重要信息，至少从公司某些员工以亲历者的视角呈现出来。公司应该拿出监测行业或财务分析师时的态度，谨慎对待，严格管理自己在这些平台上的声誉。

以候选人为中心打造招聘体验

我们发现，当公司转变理念，即从优化招聘流程的每个环节转变为创造愉悦的候选人体验时，其招聘工作就会取得最大程度的成功。

图 10–3 显示了一个典型的公司招聘流程，以及该流程中存在的诸多问题。比如，大家可以注意一下招聘周期。如果从预选到录用的时间超过四周，企业就很难争取到数字化人才。如果时间过长，候选人会认为这家企业行动迟缓，更不用说在这段时间，他们还会因为接到其他有吸引力的邀约而放弃你。请记住，候选人在招聘过程中获得的体验，将形成他们对在你的组织中工作的体验的认知。

阶段	人才来源/人才搜寻（3~4周）	人才筛选（1周）
	第一步：填写人才聘用申请表 第二步：财务或人力资源部门批准申请 第三步：人才招聘团队将申请表下发至招聘人员 第四步：公布职位 第五步：数字化申请表	第一步：对申请进行评估 第二步：安排筛选电话 第三步：进行电话筛选

步骤	①	②	③	④	⑤	①	②	③
接触点	招聘系统			领英等	申请门户网站	邮箱	邮箱、电话	视频会议

应聘者的体验
在关键时刻的行动、想法和感受

- 动力满满：开始寻找新职位或对新的就业机会持开放态度
- 花费较长时间填写申请表
- 兴奋、好奇、犹豫：阅读招聘启事
- 心情不错：申请职位
- 焦急：等待回复
- 沮丧：日程推迟了
- 生气：寻找其他公司
- 心情不错：接到筛选电话
- 生气：申请被驳回

招聘官的体验

- 焦急：不知道下一位候选人水平如何，没有应聘人才库
- 不堪重负：在未提前通知的情况下进行新员工招聘
- 搜索相关独角兽公司
- 紧张：开始人才搜寻工作
- 充满希望：等待求职申请
- 紧张：对基本信息进行筛选
- 紧张等待日程安排
- 失望：因为企业行动迟缓，应聘人才流失了
- 满怀希望：进行电话筛选

用人经理的体验

- 紧张：撰写岗位职责描述，这一过程既缓慢又无聊
- 沮丧：等待人才聘用申请得到批准 —— 无法优先处理我的招聘需求
- 紧张：与招聘官就所需岗位面谈
- 满怀希望：在自己的领英上发帖，增加曝光率
- 沮丧：从招聘官处获取应聘人员名单 —— 一堆应聘者简历等待审核
- 沮丧：有时不知道工作现在进行到哪一步

图 10-3　招聘过程的当前状态（金融服务公司）

第十章 招聘数字化人才是一道双向选择题

以应聘者为中心提升招聘体验

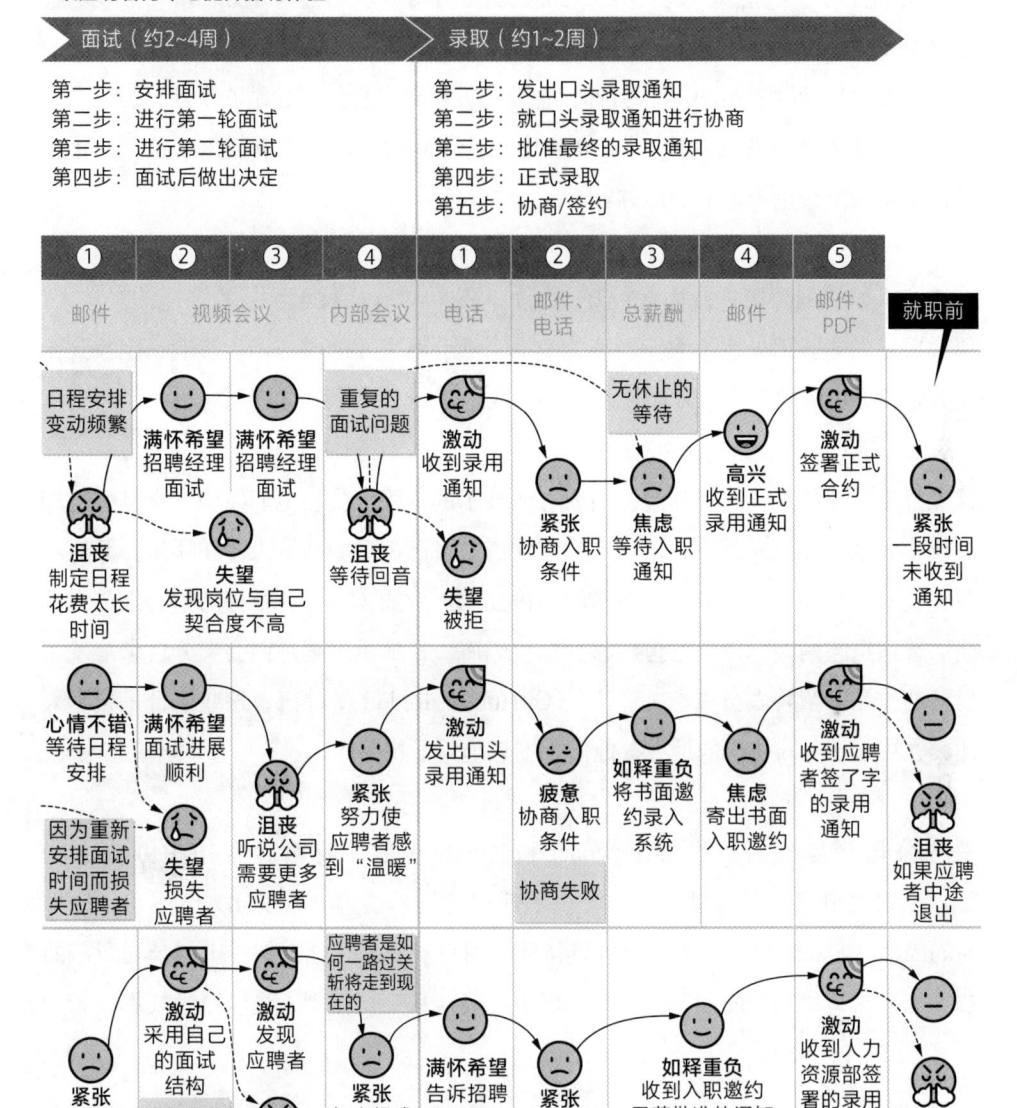

面试（约2~4周）	录取（约1~2周）
第一步：安排面试 第二步：进行第一轮面试 第三步：进行第二轮面试 第四步：面试后做出决定	第一步：发出口头录取通知 第二步：就口头录取通知进行协商 第三步：批准最终的录取通知 第四步：正式录取 第五步：协商/签约

①	②	③	④	①	②	③	④	⑤	就职前
邮件	视频会议	视频会议	内部会议	电话	邮件、电话	总薪酬	邮件	邮件、PDF	

第一行：
- 日程安排变动频繁 → 沮丧：制定日程花费太长时间
- 满怀希望：招聘经理面试
- 满怀希望：招聘经理面试 → 失望：发现岗位与自己契合度不高
- 重复的面试问题 → 沮丧：等待回音
- 激动：收到录用通知 → 失望：被拒
- 紧张：协商入职条件
- 无休止的等待 → 焦虑：等待入职通知
- 高兴：收到正式录用通知
- 激动：签署正式合约 → 紧张：一段时间未收到通知

第二行：
- 心情不错：等待日程安排
- 满怀希望：面试进展顺利
- 因为重新安排面试时间而损失应聘者 → 失望：损失应聘者
- 沮丧：听说公司需要更多应聘者
- 紧张：努力使应聘者感到"温暖"
- 激动：发出口头录用通知
- 疲惫：协商入职条件，协商失败
- 如释重负：将书面邀约录入系统
- 焦虑：寄出书面入职邀约
- 激动：收到应聘者签了字的录用通知
- 沮丧：如果应聘者中途退出

第三行：
- 紧张：准备面试，召集小组成员
- 激动：采用自己的面试结构，无标准化的面试指南和评估
- 激动：发现应聘者
- 沮丧：候选人不合格
- 应聘者是如何一路过关斩将走到现在的
- 紧张：与小组成员一起就入职邀约做出决定，无其他指南
- 满怀希望：告诉招聘人员发放录用通知
- 紧张：与招聘人员协商条件
- 如释重负：收到入职邀约已获批准的通知
- 激动：收到人力资源部签署的录用通知
- 沮丧：如果应聘者中途退出

图 10-3 （续图）

我们发现公司一旦重塑其选人用人之道，就能在寻找和留住人才方面取得成功。做得最好的公司十分注重营造以候选人为中心的体验，强调每一个环节都令人难忘（见图10-4）。而要想达成这一目标，企业一方面要深思熟虑、精心设计，另一方面要符合候选人和行业的期望。图10-4中独特体验时刻向候选人发出了这样一个信号：这是一个会重视他们的地方。

创造令人愉悦的招聘体验固然很好，但如果公司一开始就无法找到合适的候选人，那么再好的体验用处也不大。经济的变动当然会对人才的供应产生影响，但找到企业特定业务所需的顶尖人才始终是一项挑战。

首先且最重要的是，这意味着公司要有懂技术的招聘人员，他们经验丰富且懂得相关技术领域的知识。其次，招聘人员非常清楚自己需要的技术人才在哪里，并通过各种技术平台和人才服务机构与他们积极互动。例如，有创新精神的招聘人员将视线从普通招聘网站等传统渠道转移到源代码库，在那里工程师们会十分自豪地发布自己的作品。招聘人员重点关注的是GitHub和Reddit等社区，这些平台是技术人才聚在一起学习与协作的地方，他们并不只是为了找工作。

一些公司会与当前流行的Topcoder和HireIQ等数字化平台合作举办线上竞赛，让相关组织和潜在候选人充分展示他们的技术能力。数字化人才平台（比如Good&Co和HackerRank等）还可以帮助公司更有效地评估潜在员工与公司所需的技能和公司文化的匹配度。要想利用以上途径，数字化招聘人员应熟悉技术领域的招聘。

第十章 招聘数字化人才是一道双向选择题　　071

阶段	人才来源/人才搜寻（1~2周）	人才筛选（2天）
	第一步：品牌建设与计划 第二步：编写岗位职责描述 第三步：发布招聘信息 第四步：数字化申请表	第一步：对申请表进行评估 第二步：安排筛选电话 第三步：进行电话筛选

步骤	①	②	③	④	①	②	③
接触点	领英等招聘网站	招聘系统	申请门户网站	求职门户网站	自动或自行安排日程	视频会议	招聘者的体验

应聘者的体验（在关键时刻的行动、想法和感受）

大力吸引科技人才，科技赋能人才筛选，助力企业轻松起航

发现能使应聘者感到激动的品牌

兴趣满满 关注新的职位空缺 → 好奇 发现适合自己的岗位 → 兴奋 借助聊天机器人进行预筛选

透明的流程以及简单的筛选安排

放松 清楚地了解所有流程 → 兴奋 安排与招聘官打电话的时间 → 感到尊重 接听筛选电话进行联系

招聘官的体验

利用候选人库和公司声誉，与用人经理紧密合作

精心准备 访问应聘人才库 → 充满自信 参与用人经理的面试培训 → 充满自信 为人才搜寻工作制订计划 → 了解一切 监控指标

从现有人才观察列表开始

技术支持的应聘者预筛选

专注 专注于使用人工智能预筛选应聘者 → 精心准备 自动获取人才筛选日程安排 → 保持沟通 通过筛选电话评估应聘者

技术赋能的应聘者预筛选

招聘官谈"技术"

用人经理的体验

根据模板撰写岗位职责描述，为招聘人员提供人才搜寻和筛选指南

做好准备 预制计划，迅速行动 → 做好准备 在自己的专业网络上保持活跃度 → 兴奋 使用功能强大的岗位职责描述模板，编辑量最少 → 满怀希望 提供额外的人才筛选指导

共享门户的可见性，使用人经理了解情况，参与其中

知情 通过数字仪表盘查看筛选情况

定期更新信息传送情况

图 10-4　招聘过程的未来状态（以金融服务公司为例）

面试（1周）

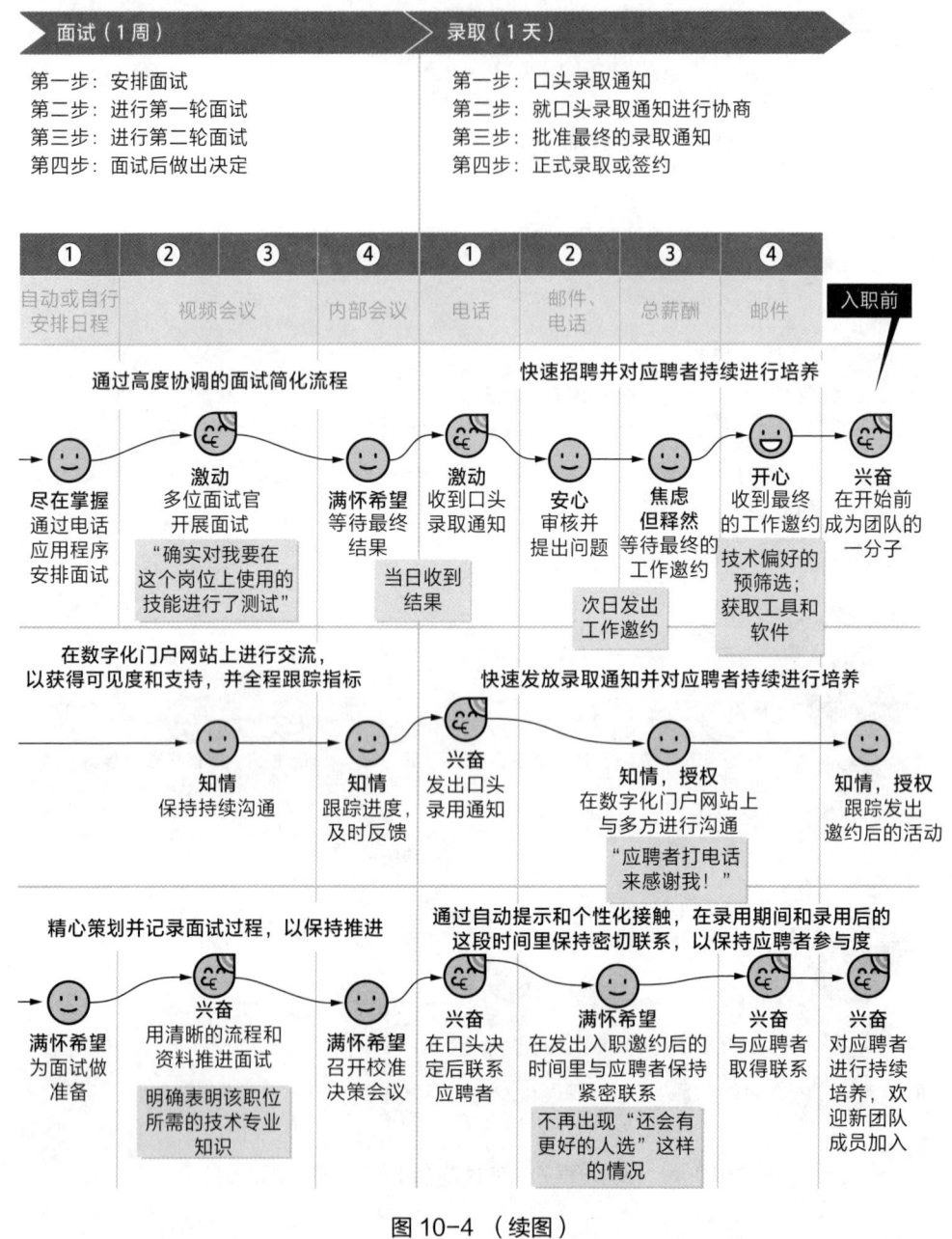

第一步：安排面试
第二步：进行第一轮面试
第三步：进行第二轮面试
第四步：面试后做出决定

录取（1天）

第一步：口头录取通知
第二步：就口头录取通知进行协商
第三步：批准最终的录取通知
第四步：正式录取或签约

	❶	❷	❸	❹	❶	❷	❸	❹	
	自动或自行安排日程	视频会议	内部会议		电话	邮件、电话	总薪酬	邮件	入职前

通过高度协调的面试简化流程　　　　　　　　　**快速招聘并对应聘者持续进行培养**

尽在掌握
通过电话应用程序安排面试

激动
多位面试官开展面试
"确实对我要在这个岗位上使用的技能进行了测试"

满怀希望
等待最终结果

激动
收到口头录取通知
当日收到结果

安心
审核并提出问题

焦虑但释然
等待最终的工作邀约
次日发出工作邀约

开心
收到最终的工作邀约
技术偏好的预筛选；获取工具和软件

兴奋
在开始前成为团队的一分子

在数字化门户网站上进行交流，以获得可见度和支持，并全程跟踪指标　　　**快速发放录取通知并对应聘者持续进行培养**

知情
保持持续沟通

知情
跟踪进度，及时反馈

兴奋
发出口头录用通知

知情，授权
在数字化门户网站上与多方进行沟通
"应聘者打电话来感谢我！"

知情，授权
跟踪发出邀约后的活动

精心策划并记录面试过程，以保持推进　　　**通过自动提示和个性化接触，在录用期间和录用后的这段时间里保持密切联系，以保持应聘者参与度**

满怀希望
为面试做准备

兴奋
用清晰的流程和资料推进面试
明确表明该职位所需的技术专业知识

满怀希望
召开校准决策会议

兴奋
在口头决定后联系应聘者

满怀希望
在发出入职邀约后的时间里与应聘者保持紧密联系
不再出现"还会有更好的人选"这样的情况

兴奋
与应聘者取得联系

兴奋
对应聘者进行持续培养，欢迎新团队成员加入

图10-4（续图）

面试过程应引起高度重视。很多情况下，职位描述含糊不清、面试顺序安排不合

理、面试官没有就人才需求达成统一，而且流程耗时过长——需要 60 到 90 天。而其中最常见的问题是很难测试编码人员的实际专业技术能力。编码测试是面试流程的"重头戏"，需要认真规划。同样，面试官需要做好准备，全身心投入，将面试视为一项殊荣，而不仅仅是一场常规会议。

在招聘过程中，某些企业会优先考虑特定技术领域的关键人才和高级领导者。这些人可以凭借自身的关系网以及在行业的影响力来帮助企业吸引其他优秀人才。在北美，一家领先制造企业在开启数字化转型时，将首席数字官的引入作为首要任务。由于该首席数字官在技术人员社区中享有盛誉，很快吸引了三位优秀的产品负责人和设计师加入，他们均来自制造业。随后，该企业将招聘重点转向大型科技公司和知名设计机构。通过这种方式，该企业仅用了大约六个月的时间便从零开始组建了一支 30 名成员的产品和设计团队。

然而，寻找关键人才可能要花很长时间，因此同时进行常规招聘非常重要。

发掘内部人才

根据我们的经验，许多公司需要通过大规模引进外部人才，才能获得所需的新能力。然而，与其他方法相比，盘活内部人才具备以下优势：难度更低、花费更少、速度更快；而且他们了解内部关系网络和公司的情况。

在对内部候选人进行评估时，企业要警惕以下两个常见的问题：重复使用绩效不佳的员工；在未能提升不合格人员技能水平的情况下对其进行调动（更多有关提升技能水平的内容，请参见下文）。企业需要制定资格标准和筛选程序，以确保员工达到所规定的标准。企业应知道哪些员工是优秀人才，并愿意等待合适的人选出现。

面试内部人员的最佳方法与面试招聘新员工类似，岗位描述和期望应清晰、明确，包括为所有待聘岗位设定技术熟练度标准。

在数字化和人工智能转型中，产品负责人（或产品经理）这一岗位几乎总是从内部选人的，因为他们对业务和企业比较了解，工作效率较高。优秀的产品负责人对数字化转型的成功至关重要，可以说比其他任何岗位都重要。因此，企业应对他们的产品管理能力和经验进行测试，为不合格的人员制订严格的技能提升计划（更多有关产品管理的信息，请参见第十五章），这一点尤为重要。

新员工入职之旅

从候选人接受录用到他们加入公司的第一天，这段时间里招聘人员和用人主管之间的过渡往往会脱节。通常情况下，入职后的头几周，新员工是在等待中度过的。他们或是等待正确的系统，或是等待代码库的访问权限，抑或是等待被分配与新团队一起工作。这是因为新员工的入职培训是由公司的多个部门共同负责的。

大多数公司都会向新员工概述其岗位、职责和对他们的期望。在迎新会上，公司还会提供一份目标明确的入职计划，阐释绩效管理流程。公司可利用这个机会，进一步介绍数字化计划以及新员工对此将如何贡献力量。介绍业务背景也非常重要。我们常说业务人员需要学习技术，但技术人员亦然。一旦技术人员了解了业务背景，他们的生产力就会得到最大程度的提升，因此公司一定要将这一点纳入入职计划。

优秀的公司会选派一名入职联系人来帮助新员工熟悉环境。理想情况是，这一人选由将与新员工一起完成第一个工作任务的同事担任。数字化人才希望并期待着能够立即为公司做出贡献，因此公司要做好准备，让他们在第一周就可直接参与实际项目。

同样，公司应注意向新员工配备何种技术工具。设计人员可能希望使用 Mac（苹果电脑）工作，并使用能让生产力最大化的工具，比如 Sketch、InVision 或 Balsamiq。许多组织允许员工在完成入职手续时选择他们喜欢的设备。为快速开展工作，开发人员应立即获取代码库的访问权限。数据科学家的希望则是可以使用计算机编程语言 Python，开发人员的工作台应该清晰、整洁且自动化，让他们能够在入职第一周结束时提交代码。

DEI

我们的研究显示，与同行相比，那些在 DEI 方面处于领先地位的公司更有可能创造价值，例如其息税前利润高过同行的概率为 36%，创造长期价值的概率比同行高 27%，利润率超过平均水平的概率比同行高 25%。就多元性而言，具有兼容并包的胸怀十分重要，企业要重视性别、种族、阅历和思考、学习与行为方式的差异性。[3]

一流大学迅速实现了计算机科学、数据科学和其他 STEM（科学、技术、工程和数学）课程的多样化，为雇主拓展了人才库。对企业而言，这一趋势一方面有利于强化人才队伍建设，另一方面可借此实现更广泛的多元化目标。这反过来提升了企业对顶尖人才的吸引力，因为这些人才越来越将 DEI 视为选择雇主的核心因素。

我们发现有些成功的企业已经将 DEI 视为员工价值主张的核心要素，并开展有效沟通（例如通过企业已有的 DEI 支持机制）。此外，DEI 还应该贯穿于候选人的面试体验，具体做法包括制定包容性岗位描述、开展 DEI 培训以帮助面试官避免潜意识偏见、面试官构成尽量多元化。公司应考虑在数字化转型路线图上添加 DEI 目标。最后，DEI 应纳入考核流程和继任者计划。

注释

1. Sven Blumberg, Ranja Reda Kouba, Suman Thareja, and Anna Wiesinger, "Tech talent tectonics: Ten new realities for finding, keeping, and developing talent," McKinsey.com, April 14, 2022, https:// www.mckinsey.com/capabilities/mckinsey-digital/our-insights/tech-talent-tectonics-ten-new-realities-for-finding-keeping-and-developing-talent.

2. Vincent Bérubé Cyril Dujardin, Greg Kudar, Eric Lamarre, Laop Mori, Gérard Richter, Tamim Saleh, Alex

Singla, Suman Thareja, and Rodney Zemmel, "Digital transformations: The five talent factors that matter most," McKinsey.com, January 5, 2023, https://www.mckinsey.com/capabilities/mckinsey-digital/our-insights/digital-transformations-the-five-talent-factors-that-matter-most.

3. Kathryn Kuhn, Eric Lamarre, Chris Perkins, and Suman Thareja, "Mining for tech-talent gold: Seven ways to find and keep diverse talent," McKinsey.com, September 27, 2022, https://www.mckinsey.com/capabilities/mckinsey-digital/our-insights/mining-for-tech-talent-gold-seven-ways-to-find-and-keep-diverse-talent.

第十一章

慧眼方能识才

> 如果你觉得雇用专业人士贵，那你雇一个生手试试。
> ——雷德·艾德尔（Red Adair）

指望一家传统企业为适应数字化人才的要求而彻底改变它的人才管理方式，是不现实的。不过，大多数公司发现现有的人才管理框架足以应对数字化人才的具体问题。薪酬和绩效管理无疑是最重要的两大块。

调整薪酬方案，按技定酬

员工通过自己的技术能力所获得的薪酬往往与其价值严重不符，这是因为传统公司中员工的薪酬往往与工龄和管理的直接下属人数挂钩，而不是与员工的工程技术实力挂钩。这会让他们感到不满，也给了技术人才中的佼佼者一个很好的离职理由。

现代企业推崇技术类职业发展路径，也就是说，个人凭借技术能力可以给公司业绩带来巨大影响。这就催生了双轨职业发展路径——技术人员既可以选择传统的管理岗路径，也可以选择专家或工程岗职业路径来发展自己（详情参见第十二章）。

在调整数字化人才的薪酬框架时，请牢记以下三点：

1. **与大型科技公司的薪酬标准对标**。大型科技公司设定行业的薪酬标准，其他大部分公司会根据当地市场和想吸引人才的质量来确定是否与之挂钩。在混合工作模式和线上工作模式日益流行的当下，人才可以在任何地方工作，随时可能被其他公司挖走，跳槽也更加容易。当然，大型科技公司的薪酬标准会随着科技行业的经济起伏而变化，但这不妨碍它成为行业标准。一般来说，在薪酬方面，大多数公司会设定与大型科技公司看齐的水平，或至多比其低30%，具体取决于市场情况和人才质量。

   一般来说，为了使真正出类拔萃的技术人才得到更丰厚的总体报酬，薪酬结构应向奖金倾斜。表现优异者的奖金甚至可与其基本工资相当。

2. **按技术的细分级别支付薪酬**。MLOps 工程师的平均薪酬水平高于数据工程师，因为此类工程师较为稀缺且需求量大。每一个技术类别都应按照资质证明进行细分。例如，大型科技公司数据工程师的技术级别多达十个，每个级别对应不同的薪酬标准。为了确定这些技能标准，建立正确的薪酬基准有助于你了解人才的市场行情，还能提供数据以确保你在招聘所需的技术人才时具有竞争力。

   下一步，尽力找出所需的技能的最佳标准。这意味着公司要为不同的岗位类别建立明确的 TCMs（Technology Competency Markers，即技术能力标准）和 LCMs（Leadership Capability Markers，即领导力标准）（详情见下文）。这在初期会比较困难且需要经过一段时间才能走上正轨。图 11-1 标出了麦肯锡的数据科学家和高级首席数据科学家的 TCM。

3. **非薪酬因素也很重要**。以岗位头衔为例，数字化人才希望能够得到公司外部同行的认可。技术人员的"食物链"顶端是卓越工程师，他们解决了公司最棘手的技术难题，在公司内外拥有众多追随者。这项荣誉意义重大，与数字化人才相关的其他头衔也是如此——行业认可度非常重要。另一个重要的非薪酬因素是他们的上司是谁——通常是那些实际上能够帮助他们精进技术的资深技术人士。他们想知道这个人的能力是否足以成为他们的导师。如果内部缺乏卓越的技术人才典范，即便薪酬具有竞争力，公司在招聘时也会遇到麻烦。

	初级数据科学家	数据科学家	高级数据科学家	数据科学家主管	首席数据科学家	资深首席数据科学家	合伙人
	新手	需要接受技术指导	大部分问题可自己解决	主管技术工作流程	主管大型、复杂的技术交付任务	领导技术交付工作和提供全公司的专业知识	领导公司里的数据科学家
数据探查		进行基本的数据质量评估 进行基本的数据探查分析			查明数据不足、数据质量或数据偏差问题，并制订和实施解决方案 继续开发新技术，提升数据洞察力		
确定分析方法		逐步了解不同方法、语言和开发工具的优缺点			了解数字化转型的长期目标，以及如何将当前工作融入总体技术路线图 与业务领域负责人合作，制定未来1~3年的宏伟愿景，并在界定和开发技术路线图方面引领技术思维 帮助找出技术性技能差距 结合最新的文献成果，克服现有数据科学家和机器学习库也无法应对的挑战		
功能开发		能够与数据工程部门的同事合作，并自信地构建或编写由自己或他人设计的功能			验证预测模型中的业务领域和功能特征，指导优化约束因素的关键特性		
应用分析技术/方法论		在最少的指导下执行分析任务 了解领先的方法，并能在有限的指导下适当地应用 能够快速学习新方法，并在指导下应用 开始熟悉各类内部开发工具（比如Kedro）			识别机会，并率先使用新的、创新性的方法 为方法的技术有效性设定标准，并在时间或资源压力下坚守这一标准 参与研发和外部合作，以确定趋势和机会		
信息输出与可视化		在得到结论和设计方面的指导下，用最佳的方式生成图表或其他产出，展示相关数据，引导专家解决问题			同高层领导沟通与数据科学有关的信息，并将复杂的技术产出转化为引人入胜、清晰易懂、与背景相呼应的信息 通过渊博的知识和战略思维，在高级业务领导和技术领导之间建立信任关系		
开发标准		在有限的指导下编写出良好的、准确的生产代码 逐步熟悉数据库和开发工具 在指导下遵循软件和MLOps的最佳实践			主动发现开发新的技术资产的机会，并领导开发过程 掌握数据科学/机器学习技术领域的最新的重大进展，并确保得到应用 担任多个敏捷小组的专家，负责实施代码编写的最佳实践		

图11-1 数据科学家的职业生涯发展（以专业服务公司为例）

其他非薪酬奖励包括特殊任务的分配、优越的发展环境、对外代表公司或参加特殊活动的机会、技术人才受到高度认可的工作环境、参与公益工作的机会、符合人体工程学的办公室配置以及使用正念工具的机会等，这些奖励都有一定的说服力。你虽然可能不想完全对标大型科技公司的福利和津贴，但应该在这些方面费点心思，选择几个对数字化人才意义重大的福利，将足以展示你对数字化人才的坚定承诺。

4. **管理对传统 IT 团队的溢出效应**。有些传统 IT 企业中的员工可能会说："同样作为数据科学家，我为什么不能跟那些负责数字化解决方案的数据科学家拿同样的工资呢？而且他们才刚刚入职。"当然，他们如果符合技术能力和领导力方面的标准，就应该获得同样的报酬。企业一定要将这些标准和要求清楚、明确地传达给员工，而且只要传统 IT 团队成员符合标准，就应该确保他们可以参与高价值的工作。如果在这方面管理不善，薪酬体系就会经不起对比，从而导致员工离职。

从经验来看，我们发现许多传统企业设立的薪酬模式灵活度较高，这使它们能够成功招才引智，并留住数字化人才。其中的诀窍是使用明确的技能标准体系、与外部薪酬基准对标、考虑周全的非薪酬激励等措施。

将 TCM 运用于绩效管理

敏捷和数字化公司应对员工绩效实施动态管理。尽管成功的数字化公司仍会保留年度书面评估，但许多公司往往会做更为频繁的非正式评估。最佳实践表明，管理者应该经常与员工就职业发展开展讨论。在这一过程中，员工与同事和管理者共同设定个人目标。公司应经常对员工的职业发展进行非正式评估，并在必要时做出调整。

谁来进行评估，谁来给出反馈，这些都极为重要。数字化人才希望由精通他们专业技术的人（或者至少专业水平在他们之上的人）来评估。许多公司已经采用了某种

"分会"（chapter）模式，这样相似岗位和掌握类似技能的人员可以松散地组成一个"社区"，这些"社区"的领导者承担着多项人事责任，包括招聘、绩效管理、人员配置、技能提升等。

在数字化和人工智能转型过程中，管理者的角色至关重要，但其作用却经常被忽视。管理者应该经常接受培训，培训内容应尤其注重以下方面：目标设定以及与直接下属进行一对一谈话，讨论下一年的绩效目标。对于更正式的绩效考核，企业应采用多方反馈（"360度反馈"）。管理者将从员工的支持者和同事那里寻求反馈，与评估委员会一起考核员工的绩效，然后反馈给员工。

绩效管理要想取得较好的效果，能力模型必不可少。它应涵盖各岗位类别中所需的各类技术性技能和知识领域（包括技能标准，如上一节所述）。这一基准非常重要，它能让绩效管理流程保持公平和透明。科技人才希望了解每一层级成功的标准是什么。例如，初级数据科学家要想成为高级数据科学家需要达到哪些技术要求？无论企业多久进行一次正式的绩效评估，这种能力分级制度都是企业绩效管理流程的核心。

效果最好的能力模型可以依据某些可衡量的、可观察的特征和行为，来明确员工应具备的技术性与非技术性技能以及知识领域。非技术性技能通常与公司的价值观相关。此类能力模型还将能力、熟练程度与具体的岗位和层级进行对标，以确定岗位要求，并协助员工做出职业规划、晋升和招聘方面的决策。

企业在人才管理领域可以有很多尝试。例如，一些公司开始尝试每年进行一次正式评估，外加贯穿全年的非正式评估，将评估与晋升脱钩，保持年度加薪周期，或者通过数字化工具开展即时反馈。成功的雇主总是与时俱进，愿意尝试各种方式来有效地吸引和留住杰出的数字化人才。

第十二章

培养精益求精的工匠精神

> 平庸的球员希望安于现状，
> 优秀的球员希望获得教益，优秀的球员希望了解实情。
> ——道奇·里夫斯（Doc Rivers）

数字化人才敏锐地认识到他们的价值与技能水平密切相关。因此，他们特别注重每份工作能为自身技能水平带来多大提升。你可能会想，难道不是所有人找工作都看重这一点吗？是的，但是因为技术领域的发展可谓是日新月异，所以对数字化人才而言，工作对技能提升尤其重要。如果一家公司无法提升员工的技能水平，就无法将最优秀的人才长期留在麾下。公司可以从两个发展角度入手向人才提供支持：一方面为优秀技术人才提供一条适合其发展的灵活职业道路；另一方面根据他们的需求量身定制学习内容。

灵活的职业道路

虽然一些负责数字化工作的员工希望沿着一般管理岗位路径发展，但超过三分之二的开发人员不想成为管理者。相反，这些人更愿意保持自己的技术专长，并拥抱更复杂的技术挑战。

因此，数字化企业往往同时设有两条职业发展路径——管理路径和专家路径（见图

12-1）。双轨制也缓解了常见的晋升压力，例如与管理路径相比，技术路径明面上的晋升压力明显更小。如上一章内容所示，通过给予专家路径的顶尖人才与高管相当的薪酬水平，企业还能解决一些薪酬难题。

职业发展类型	描述
专家路径	适合那些对特定领域深入研究，精进技能，致力于塑造客户预期的人员
管理路径	适合那些擅长领导大型团队、跨部门协调工作、管理客户预期的人员
高管	适合那些希望统筹领导人事型和专家型员工，进而管理整个组织的结构、优先事项和工作的人员

数据科学家范例

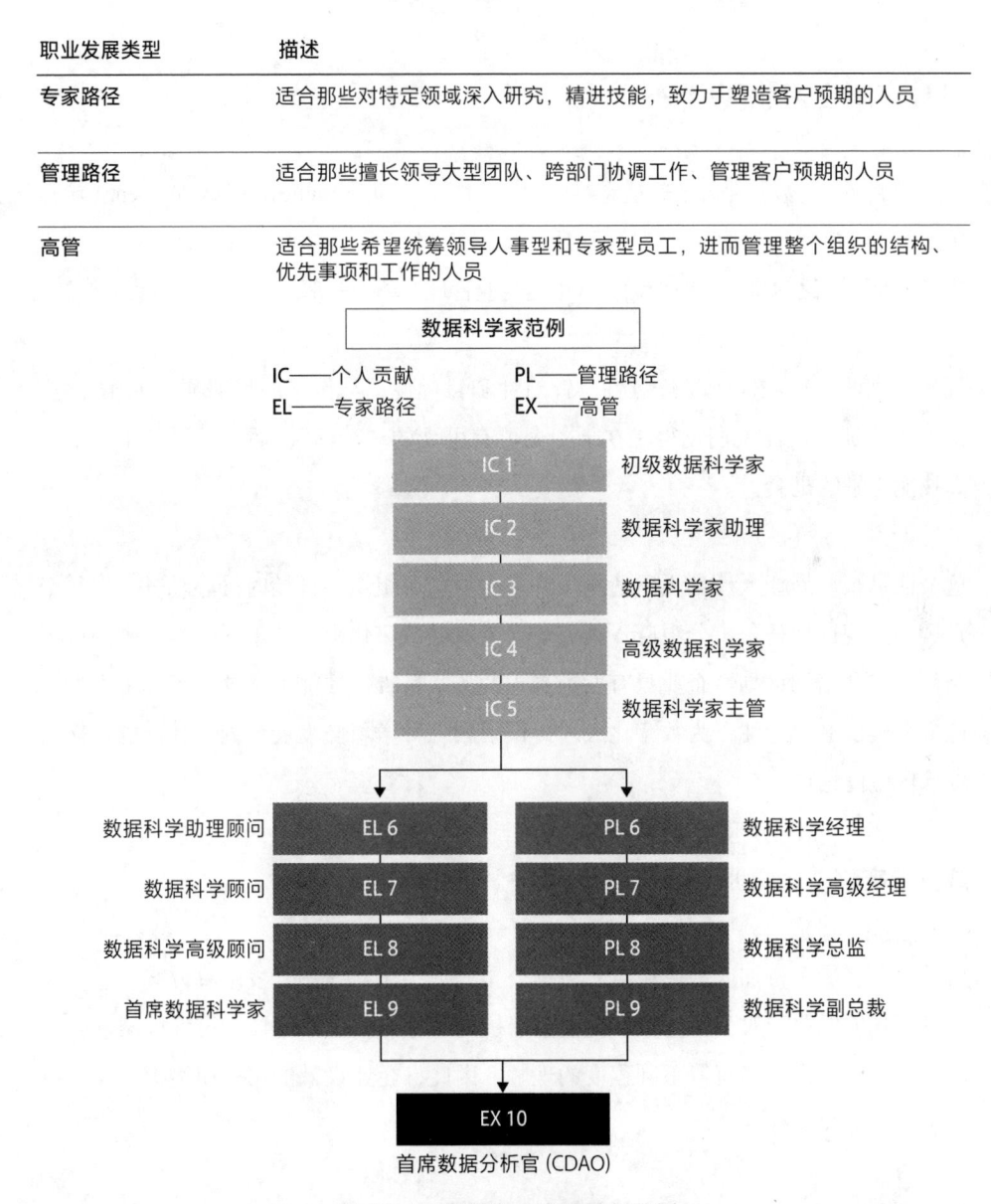

IC——个人贡献　　PL——管理路径
EL——专家路径　　EX——高管

- IC 1　初级数据科学家
- IC 2　数据科学家助理
- IC 3　数据科学家
- IC 4　高级数据科学家
- IC 5　数据科学家主管

数据科学助理顾问	EL 6	PL 6	数据科学经理
数据科学顾问	EL 7	PL 7	数据科学高级经理
数据科学高级顾问	EL 8	PL 8	数据科学总监
首席数据科学家	EL 9	PL 9	数据科学副总裁

EX 10
首席数据分析官（CDAO）

图 12-1　双轨职业发展路径范例

双轨职业发展路径要求公司必须按岗位类别（比如数据科学或数据工程）来设计全面系统的职业架构。与之配套的完善的能力模型明确了每一级别的晋升预期，有利于专家路径上的职业发展。需要注意的是，虽然职业架构划分的级别越多，员工的晋升就越快，成就感也越大，但更难以管理。

量身定制学习旅程

从广义上讲，为数字化人才打造学习与发展（L&D，即 Learning and Development）旅程包括两个要素：一是量身定制培训项目，这一点将在下文详细讨论；二是建立一种机构能力对更广泛的员工开展培训，这也是企业管理变革的一部分，详情见第三十二章。

现代培训法的核心原则是连续性、针对性和目标性，与传统的培训项目大相径庭。传统的培训往往让人们觉得是在干一个可有可无的"杂活"，而不是得到了一个提高技能水平的机会。

这个话题很容易让人感到无所适从。许多人力资源组织一开始时雄心勃勃，但几个月后却发现这项任务十分艰巨，因为要为大量的数字化岗位和不同技术水平的员工制订学习和培训计划。企业只有发扬真正的务实精神，才能完成这项工作。麦肯锡通常会建议客户专注于为数字化人才提供下列三种学习与发展计划，其余的可交由外部供应商负责。

成立数字化"入门训练营"

成千上万名员工将加入敏捷小组，根据公司的数字化路线图开发解决方案。这些人来自不同的专业，对公司的数字化前景、敏捷工作方式、用户体验设计框架、公司的技术栈等许多话题有着不同程度的理解。因此，企业设计的第一项培训应与"数字化入门培训"有关。

此类培训的定制化程度往往相对较高，因此最好由公司自己设计。培训项目往往由

第十二章 培养精益求精的工匠精神

数字化转型办公室牵头主导，设计和管理工作则交由公司的学习和发展团队负责。通常情况下，此类学习采用训练营（为期一周的全天强化培训）形式，并以此启动敏捷小组的工作（图12-2是典型的训练营时间表的示例）。

■ 团队工作会议　　■ 感想

	第一天	第二天	第三天	第四天	第五天
上午9点	启动仪式（领导致欢迎辞、开营原因、更宏观的转型规划）	确定团队工作协议、规范	确定最小可行产品（对它的定义、用户故事、产品的草案达成一致）	了解DevOps及其使用方法（CICD流水线和开发者平台）	与领导层分享（团队演示、收集领导层的反馈意见）
上午10点					训练营复盘
上午11点	敏捷概述和敏捷模拟（对敏捷的定义、思维模式和行为、敏捷小组实践达成一致；模拟训练）	绘制利益相关者地图（搭建利益相关者的沟通框架、开发利益相关者地图）	创建产品待办事项清单（统一产品待办事项清单的定义，练习用户故事撰写）	确定冲刺周期	
中午12点					
下午1点	设定使命或规划愿景（对使命有一致的理解，制定愿景声明）	绘制产品路线图（对产品路线图的定义达成一致理解并起草产品路线图）	"准备就绪"的定义、"完成"的定义	完善2~3个冲刺周期的用户故事（评估用户故事、完善验收标准、计划2~3个冲刺周期）	为第一个冲刺周期撰写计划（审核第一个冲刺周期的用户故事，修改评估，明确验收标准）
下午2点					
下午3点	对OKRs达成一致理解（就OKRs的定义、OKR编写实践、团队OKRs草案达成一致理解）	了解公司的技术和数据架构环境（与目标数字化解决方案相关的内容）	估算[有哪些故事点？通过估算技巧和估算扑克（planning poker）来开展估算，并练习用户故事的故事点数估算]	准备分享（一周内所做的工作、演示方式）	（可选项目）团队合作时间（团队继续对工作进行完善，执行利益相关者参与模型，安排冲刺工作，准备团队协作工具）
下午4点					
下午5点	复盘	复盘	复盘	复盘	注：可根据团队成员的时间、所在时区和所采用的线下、线上或混合操作模型来修改此时间表
下午6点	（可选项目）团队合作时间（整理优化当天开展的工作）	（可选项目）团队合作时间（整理、优化当天开展的工作）	（可选项目）团队合作时间（设置团队协作工具）	（可选项目）团队合作时间（演示预演，做好演示的后勤安排）	

图12-2　敏捷小组启动训练营示例

为数字化人才搭建学习旅程

我们必须再三强调对于数字化人才而言，技术是硬通货，而技术增值则是他们的重要动力。因此，公司应加大对长期学习体系的投入，帮助技术员工提升技术广度和深度，并且同步提升公司同样看重的行为技能水平。

企业在设计学习旅程时，必须将不同的技术类别加以区分，这一点十分重要。认为所有的技术岗位都是可以互换的（"他们都是工程师"），并提供统一的学习项目是错误的，企业一定要打消这种想法。前端开发人员、产品负责人或用户体验设计师的学习内容应该是截然不同的。显然，设计这些学习旅程只能由最资深的技术人员来完成。学习旅程还应该按照技术人员的熟练程度来划分，并与职业发展轨迹和薪酬水平保持一致。

图 12-3 展示了云计算工程师的学习旅程。需要注意的是，这个学习旅程将持续多年，这样一个人的技术才能精进。技术人员不能指望仅花几个月的时间就能掌握真正的专业知识，尤其是在那些技术性较强的领域。要想掌握相应领域的专业知识，某些技能是必需的，而学习旅程应将这些技能全部覆盖。

考虑到这些项目所培养的技术能力并不限定于某家公司，那么最好将培训的交付外包出去。一些组织提供的专业课程非常丰富，比如 Coursera（美国的一个慕课平台）、Udacity（优达学城，在线教育平台）、Cloud Academy（云学院，在线互动课程）和 Udemy（一所提供在线课程的开放大学）等。许多公司为其数字化员工提供年度培训津贴，并允许他们自行寻找最适合自己的培训方案。

简而言之，企业应该关注的事情是明确对每种技能类型以及员工熟练度的预期，让员工在市场上自主寻找最适合自己的培训产品。

第十二章 培养精益求精的工匠精神

	新手期		能手期		专家期
				岗位相关 平台相关 工作方式	

学习

新手期		能手期		专家期
什么是云技术	生产环境容器（Containers）	无服务器计算	云风险	高效的云开发
虚拟化与部署模型	在业务场景中应用云	云安全专业化	云计算成本管理	使用 Anthos 的混合云的现代化应用
DevOps 和容器简介	云开发	云 SRE	弹性约束 CSP 云计算基础设施	
CSP 云服务开发基础	必要的 CSP 云基础设施扩展和自动化	CSP 云中的日志、监控和可观测性	可靠的 CSP 云基础设施	
必要的 CSP 基础设施基础	开始使用 Kubernetes（一个开源容器编排系统）引擎	为CSP云启动 Terraform	利益相关者参与	
必要的 CSP 基础设施核心服务	与跨职能团队一起工作	Scrum 的第一课		
解决问题	采用敏捷基本原理	"最小可行产品"思维		

应用

新手期		能手期		专家期
定义实施云计算要解决的核心业务问题	创建并管理云资源	在CSP云中搭建并配置云环境	利用CSP云来部署和管理云环境	云架构设计、实施和管理
	执行基本的基础设施任务	基于Terraform的CSP云自动化基础设施	降低CSP云Kubernetes引擎的成本	

图 12-3 云计算工程师学习历程范例

利用训练营对员工技能进行再培训

技能提升是指对员工进行再培训，以使其胜任不同岗位。这可能是一项艰巨的任务，需要 6 至 12 个月或更长时间才能完成（在此期间，员工将无法履行新岗位的日常职责）。即便如此，编码训练营仍然是培养各个技术岗位（比如前端开发人员、后端开发人员）的技术性技能（比如 JavaScript、CSS、C#、Ruby、Python）最有效的方法之一。

最有效的方法是与提供此类训练营的专业公司合作，比如图灵学校（Turing School）、Hack Reactor、CODE 和 LeWagon。参加这类训练营的最佳人选应具备以下特质：有同理心、有勇气、有强烈的成长愿望；解决问题的逻辑能力强；对编程充满热情。麦肯锡的一些最优秀的软件工程师就是从这些训练营中走出来的。然而，对大量员工进行再培训既困难又昂贵。再培训项目通常适用于公司想要培养的某些优秀人才。对于那些以数据或工程技术人员为主的企业而言，再培训尤其有效。

练习部分

做好准备

下面这组问题旨在帮助你采取正确的行动：

审视一下贵公司的人才路线图——它与技术路线图一样详细、全面吗？

哪些技能是贵公司进行差异化竞争的核心？为找到所需人才，你是否清楚公司需要在哪些方面做出改变？

贵公司的人力资源管理是否在不断完善，是否能够发现、聘用并留住最优秀的数字化人才（比如从预筛选到录用可以在四周内完成、有令人信服的独特的员工价值主张等）？

贵公司是顶尖人才公认的理想工作单位吗？

贵公司的顶尖人才相信他们能在公司成长并拥有一个前途光明的职业生涯吗（查看一下你的高端人才流失数据——你是否了解你的"关键人才"流失风险）？

贵公司的职业路径体系是否能给予优秀的技术人员同优秀的管理人员一样的重视？

贵公司如何帮助技术人才学习业务知识，并持续帮助他们精进技术？

第三部分

采用新的运营模式：

重塑组织和治理机制，提高速度和敏捷度

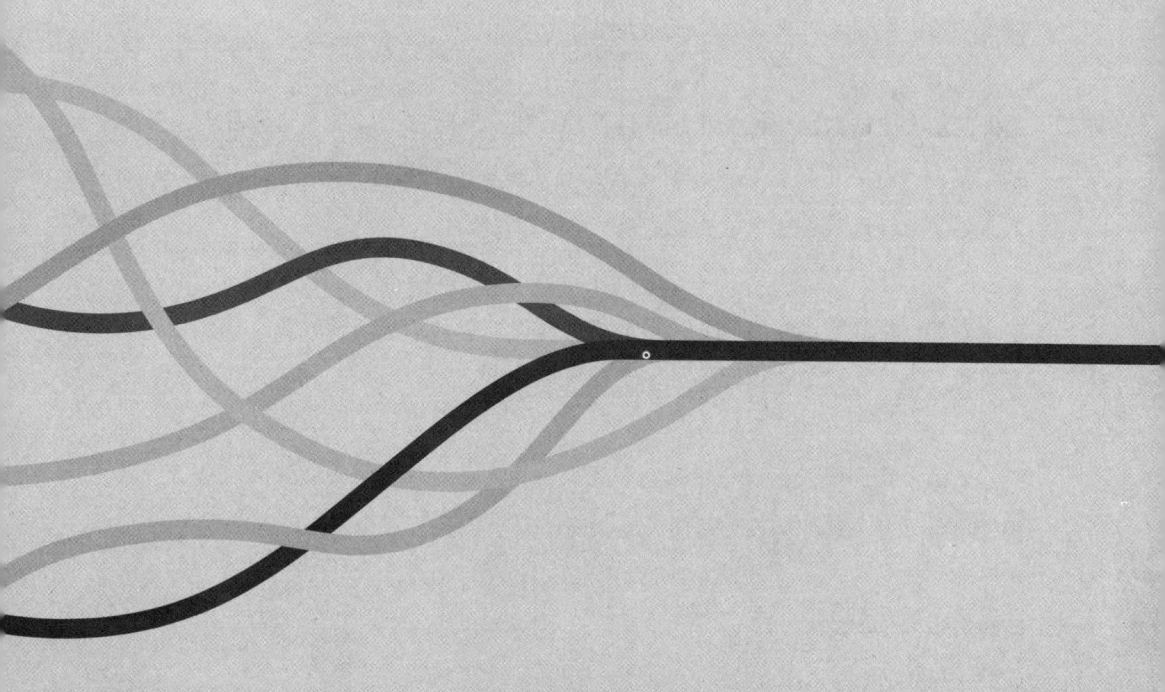

"敏捷"这一概念已被过度使用，几乎成了陈词滥调，但它仍然是公司数字化运营的核心。[1] 要想完善并推广数字化和人工智能解决方案，公司须采用敏捷运营模式，使技术开发方式更灵活、更快捷。然而，开发新的运营模式可能是数字化和人工智能转型中最为复杂的工作，因为它触及公司的核心以及员工的协作方式。

对于软件解决方案而言，成立敏捷小组是最有效的开发方式，这一点毋庸置疑。不过，如果敏捷小组数量较少，那么任何公司都能把它们运营好，可一旦这一数字扩大到成百上千，那就是另一回事了。

本部分包含以下内容：运行良好的敏捷小组采用的关键工作方法是什么？更重要的是，组织和管理好多个敏捷小组需要做什么？

第十三章：从"形式敏捷"到"实质敏捷"。 要想最大化敏捷小组的效率和影响力，除了对基本流程进行更改，企业还要采取哪些方法？

第十四章：支持数百个敏捷小组的运营模式。 从少数几个敏捷小组发展到遍布公司各个层面的数百个敏捷小组，主要是三种运营模式在发挥支持作用：数字化工厂、产品和平台，以及企业级敏捷性。

第十五章：产品管理专业化。 产品负责人相当于敏捷小组的高效能首席执行官。他们是所有运营模式的关键，值得优先关注和投资。

第十六章：用户体验设计——魔力要素。 那些真正以用户为中心的公司会努力读懂用户的动机，并以此为基础提供既能满足其需求，又能创造令人愉悦的体验。

注释

1. Daniel Brosseau, Sherina Ebrahim, Christopher Handscomb, and Shail Thaker, "The journey to an

agile organization," McKinsey.com, May 10, 2019, https://www.mckinsey.com/capabilities/people-and-organizational-performance/our-insights/the-journey-to-an-agile-organization; "The drumbeat of digital: How winning teams play," *McKinsey Quarterly,* July 21, 2019, https://www.mckinsey.com/capabilities/mckinsey-digital/our-insights/the-drumbeat-of-digital-how-winning-teams-play.

第十三章

从"形式敏捷"到"实质敏捷"

> 在大多数情况下,做一个好老板意味着雇用有才能的人并给予其自由发展的空间。
>
> ——蒂娜·菲(Tina Fey)

我们的目标不是复述已有的关于"敏捷"的文献资料,而是要理解敏捷工作方式的核心概念、关注怎样才能取得成功,这才是重要的。在大规模推行敏捷模式前,我们需要了解如何有效地运作敏捷小组,以及新的工作方式将如何产生价值,这一点至关重要。本书的第十四章将对此展开讨论。

许多公司都已经尝试在 IT 组织的内部和外部采用敏捷工作方式了。如果实施得当,即使敏捷小组数量有限,也能迅速产生价值(见图 13-1)。但是,如果只是将敏捷视为一套流程的话,而不是新的工作方式,也没有将其视为优先考虑的重要事项,没有投入充足的资源,就会出问题。在这种情况下,如果管理层采用了敏捷工作方式,却没有出现理想的结果,那么他们就会感到失望,并将责任归咎于敏捷工作方式。当然如果仅采用敏捷工作方式,却不对如何设定目标、如何配置团队、如何对结果问责制做出相应的改变,那么结果肯定是不理想的。

经验丰富的敏捷小组的绩效基准 VS. 采用其他开发方法的团队的绩效基准

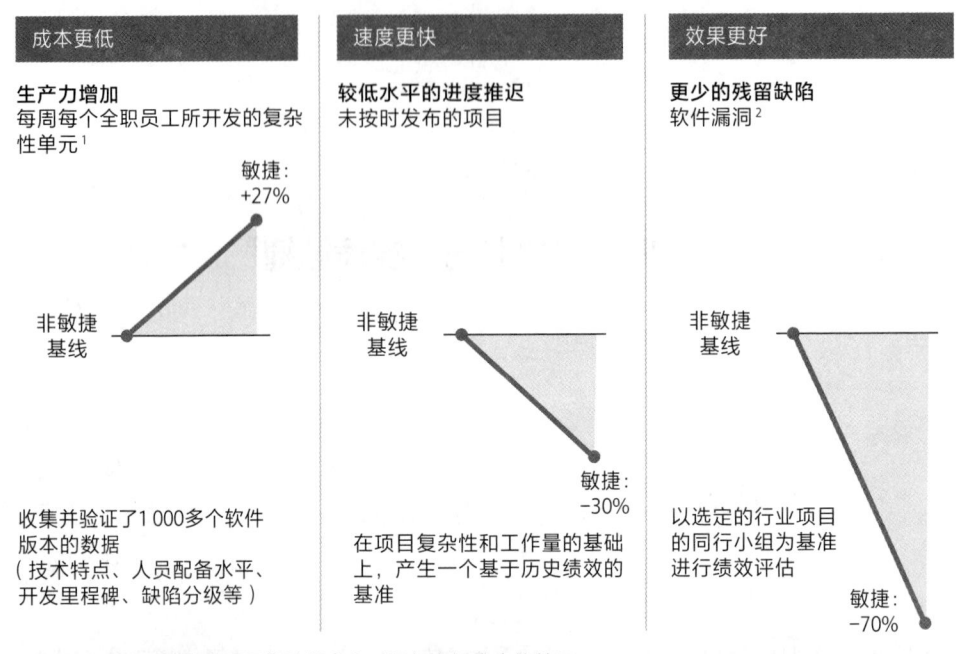

成本更低	速度更快	效果更好
生产力增加 每周每个全职员工所开发的复杂性单元[1]	**较低水平的进度推迟** 未按时发布的项目	**更少的残留缺陷** 软件漏洞[2]
非敏捷基线 敏捷：+27%	非敏捷基线 敏捷：-30%	非敏捷基线 敏捷：-70%
收集并验证了1 000多个软件版本的数据 （技术特点、人员配备水平、开发里程碑、缺陷分级等）	在项目复杂性和工作量的基础上，产生一个基于历史绩效的基准	以选定的行业项目的同行小组为基准进行绩效评估

1. 拥有大量结构或信息且通常跨越多个时间与空间维度的单元。
2. 导致程序崩溃或产生无效输出的漏洞。

资料来源：Numetrics 行业软件数据库——1 321 个项目以及通过获得专利的归一化算法进行的分析（2021年）。

图 13-1　敏捷是一种卓越的开发方法

让我们从敏捷方法论开始谈起。敏捷有很多方法框架，例如 scrum（以英式橄榄球争球队形命名的敏捷方法框架）、kanban（看板方法）、SAFe（规模化敏捷框架）等。每一种变体都有自己的语言、节奏和活动，关于哪种方法更好，有时会引发人们激烈的争论。

我们认为标签无关紧要。一些最优秀的数字化原生公司甚至不把它们的工作方式称为"敏捷"。大多数组织则会选择使用 scrum 框架来获得价值。尽管我们认识到其他方法也会有效，但本书使用了 scrum 框架。重要的是根据四组定义特征，将敏捷团队与传统的软件开发团队区分开来，特征如下：

1. **以任务为基础，成果可衡量**。领导层会以全面数字化路线图为基础给每个敏捷小组分配一个明确的任务。每项任务有两个关注点：可衡量的结果（或关键成果）、小组完成任务的合理时间（以月或季度为单位，而不是以年为单位）。

2. **领域交叉，资源专用**。敏捷小组由业务、技术和职能专家组成，成员具备宝贵的能力或技能，这些都能够用于解决方案的开发工作。要想完成任务，小组需要有专用资源，而且越多越好。

3. **权利自主，对业务影响负责**。要想通过这种敏捷方法取得成功，小组对自己所做的工作要拥有自主权。这不仅体现在解决方案的开发工作中，还体现在实现解决方案价值的工作中。为了完成任务，小组有权选择开发哪一种解决方案。产品负责人，也就是项目的实际负责人，要不断地对产品待办清单上的功能进行优先级排序。

4. **快速行动，关注用户需求**。敏捷小组的基本工作方法是基于对最终用户需求的清晰理解来测试、学习以及持续改进解决方案。小组致力于开发新产品，并以每两周一次的频率对最终用户进行测试，收集直接反馈并快速调整。小组成员收到即时反馈并快速加以调整。

实践者说：解放你的产品团队

一个关键转变是关注我们希望获得的价值。改变模式，将关注点放在员工体验上，而不是项目是否能按时、按预算交付，这是第一个根本性转变。

第二个也是重中之重，即公司围绕敏捷小组制定主要的运营模式，并确保小组能够获得所需的资源。这就赋予了小组自主性和自控力，使它们能够掌握方向并自主做出决策。

要组建这样一个团队，你需要一位业务线的产品负责人、懂技术的产品负责人以及若干名敏捷大师。从技术角度看，这是典型的小队模式。但是，在以项目为导向的模式下，有些员工只分配了 20% 的时间，因此改变这种模式是根本之举且有必要的。

这并不是高深的科学，它只是把各种因素融入其中。对于那些需要完成的工作而言，这种模式至关重要，它能使小组成员专注于这项工作并竭尽全力加以完成。这就是为什么你需要一个较为固定的小组，而且应该在产品初始交付之前就创建它。

我们当然会从这种模式中受益良多，不会有人不分昼夜地打电话给我："这个项目该怎么做？我该如何做出决定？"对于自己的产品，敏捷小组享有自主决策权，同时向上汇报，确保我们掌握情况。

我们大力宣传以产品为导向的技术。方法之一便是强调我们企业不会在市场上推出某种医疗设备或药品之后，就万事大吉了。企业后续会持续投资，为该产品的市场开发提供源源不断的支持。同样，这套做法对技术也适用。我认为类似的做法可以帮助大家理解和释放其中一些价值。

——汤姆·威克（Tom Weck），强生公司技术部首席信息官

三场激活敏捷的重要会议

人们往往对"敏捷"存在一种误解，认为这种方法过于自由，缺乏足够的管理和监督。一旦实施不力，这种情况确实会时常发生。事实上，如果实施得当，"敏捷"是一种有效管理绩效的方式，因为它注重结果且频繁地对进展进行检查。

要做到这一点，最重要的是把握以下三场会议（ceremony，这个术语指的是具有确切召开频率、确切的持续时间以及确切目标的会议，见图 13–2）。做到这些，你就

能成功地实施敏捷工作法。

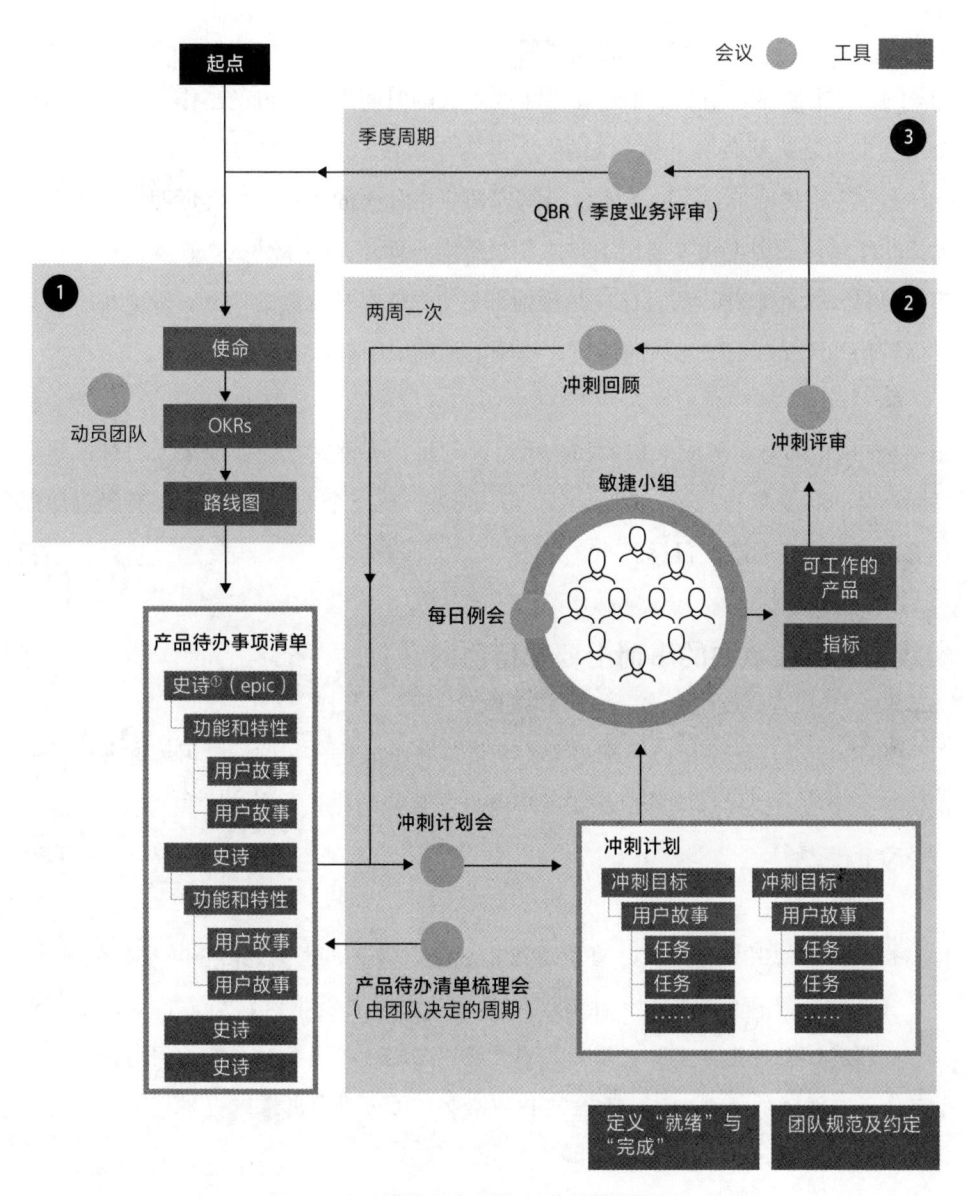

图 13-2　敏捷开发周期和绩效管理活动

① 史诗：实现完整功能的大量工作（包括多个用户故事，跨越多个冲刺阶段）；用户故事：来自最终用户视角的特性。

设定使命和 OKRs

这是最重要的一步，因为这是管理层指明方向、设定目标的时候（见图 13-2 中的 #1）。一个使命是指一个小组在一年或更长的时间内要完成的工作。管理层和每个小组的负责人将任务分解为 OKRs，并为小组设定具体的季度目标。一般认为，OKRs 是已故英特尔公司的首席执行官安迪·格鲁夫的创意。事实证明，它能有效地让小组将注意力聚焦在为组织带来积极影响，而不是做了什么。在实践中，这说起来容易，做起来难，而且往往是敏捷部署[1]中最容易失败的地方。敏捷小组将其目标转化为产品或解决方案路线图，该图能详细说明如何实现预期成果。

每一个 OKR 都与业务成果相关联，小组中的每个人都共享业务成果。目标应定得高而具体，数量要可控——越少越好（一般为一至三个）。企业如果没有经过深思熟虑，就不能轻易改变目标。

实践者说：在重要的事情上要保持协同

OKRs 能让你专注于当下最重要的事情，并不断迭代和改进，因为它并不是一成不变的。初创企业天生就在不断地用非常有限的资源来校准和调整自己的雄心壮志。

初创企业的实力与抱负严重不匹配，这令人兴奋，也令人恐惧。它们的时间、资金和资源都是有限的。因此，如果我们必须进行取舍，那么什么是最重要的？我们要付出什么？我们会得到什么？OKRs 是大型公司在相同的约束条件下开展运营的一种方法，而且这种约束有利于公司做出选择。

与之前的方法相比，OKRs 有着截然不同的显著优势，那就是它强调的是什么看起来很棒，而不是什么是安全的、什么是最可预见的结果。它会说："好吧，在接下来的 90 天里，我们能期望的最好结果是什么？"

这不是为了让你的 KPIs 好看，而是为了努力达成愿景。我喜欢这种满怀雄心壮志、全力以赴的拼搏态度。考虑到条件有限，我们需要思考三个关键问题：首要任务是什么？怎样才能取得进展？什么最为重要？

——代德雷·帕克纳德（Deidre Paknad），WorkBoard 公司联合创始人兼首席执行官

关键成果是要有野心的，即使偶尔没有实现也没关系。事实上，如果小组总是能达标，就说明设定的目标可能太低了。关键成果应易于追踪、可量化，并与业务价值挂钩（见图 13-3）。

为公司人力资源服务提供支持的软件解决方案

目标	关键成果	时间
1 让现有客户满意，交付积极的使用体验，每一次都非常重要	1.1 为所有三类用户开发一个连贯的、一致的体验，并使其贯穿用户旅程	Q2
	1.2 将无差错的客户报告发布率从大约80%提高到95%	Q1
	1.3 将产品 V 的平均净推荐值从大约13提高到大约40	Q2
2 降低与产品相关的直接成本	2.1 引入并推动自助服务功能的采用，将呼叫量减少10%	Q3
	2.2 自动化处理每季度收到的100多个服务请求	Q3
	2.3 降低20%的托管成本	Q4
3 通过稳定产品性能提高客户留存率	3.1 使全年的产品正常运行时间与服务等级协议（SLA）相匹配（99.995%）	Q4
	3.2 将重大事故数量减少到63起（原为83起），将紧急修复事故数量降低50%（原为4起，现为2起）	Q3
	3.3 使缺陷接收率低于缺陷解决率	Q2

图 13-3　OKRs 示例

从我们的经验来看，OKRs 的制定可谓是一种艺术，管理层需要反复实践才能做好。

通过冲刺取得进展并进行测试

冲刺（sprint）通常是两周的时间，其目的是开发数字化解决方案的功能（见图 13-2 中的 #2）。一个开发阶段（通常为三个月）由多个冲刺周期组成。产品负责人（或产品经理）通常会制定一份条理清晰的待办事项清单（也称产品待办清单），对团队在一个冲刺中的工作进行优先级排序，这份清单包含完成当前及接下来一到两个冲刺周期内所需交付的所有成果。

产品负责人要具备足够的能力，包括对工作优先级进行审核和调整、在必要时升级问题、制订冲刺计划和思考工作的相关性，这种能力是敏捷小组发挥作用的基础。大多数公司都发现自己缺少有这种能力的产品负责人（有关产品管理的更多信息，请参见第十五章）。

为期两周的冲刺终点是冲刺评审会，这是敏捷小组展示其进度成果并确保自己正在按计划交付的机会。管理层（通常是分管某一领域的领导者）也可以借此机会为团队加油打气，并提供指导。

敏捷小组不会为冲刺评审会准备正式、精心打磨的演示文稿，那样做太过烦琐。相反，小组会共享已经完成的工作。对于传统企业来说，这一直都是一个具有挑战性的企业文化变革。

图 13-4 展示了冲刺阶段的具体情况。

第十三章 从"形式敏捷"到"实质敏捷"

活动	描述	预期结果	频率
产品待办清单梳理	对待办事项清单上的事务按优先级进行排序并做出相应调整,确保它们做好准备,以迎接即将到来的冲刺阶段以及随后的 1~2 个冲刺阶段	待办事项清单包含一些已经被优先排序、记录完善且足够全面的用户故事,可以据此生成下一个冲刺的待办事项清单	每个冲刺阶段(2周)
冲刺计划	该计划用于确保团队可以就所提议的工作量达成意见一致,该工作量由冲刺待办事项清单中的多项元素组成	将"史诗"和"用户故事"按优先级进行排序后,再分配到冲刺阶段 确定了假设、风险和依赖关系	每一个冲刺阶段
每日例会	用于评估冲刺进度并确定可能存在的障碍	每个团队成员每天都分配了1个以上的任务 已更新用户故事或任务 阻碍因素(如果有的话)已经被提出	每天
冲刺评审	团队可以借此机会展示在本次冲刺阶段开发的新功能	给出反馈以便其更新或者作为新的用户故事加入待办事项清单	每一个冲刺阶段
冲刺回顾	用于评估冲刺阶段的生产率,并确定团队的改进机会和优势所在	确定团队优势 确定团队可改进的领域的解决方案并进行了任务分配	每一个冲刺阶段
QBR	在项目开始阶段和每季度开展此项工作,使OKR和产品路线图保持一致	将"史诗"和"用户故事"按优先级排序后,再分配至冲刺阶段 确定假设、风险和依赖关系 设定下一季度的 OKRs	每个季度

图 13-4 敏捷开发会议

通过 QBRs 进行治理

QBR 指的是管理层对工作进展和交付价值开展评估，并在必要时对团队进行指导和调整。QBR 是一场正式会议，各敏捷小组负责人和领域领导者都会参与其中。它对过去三个月的工作进展进行回顾，对未来三个月的 OKRs 进行调整，并确保各个小组就 OKRs 进行很好的协调。一旦在领域层面完成了这些工作，第二项就是把全域范围的领导者和业务部门的领导者召集到一起。这是对领域级 OKRs 和整体领域资金进行评审的大好时机。

QBRs 应融入公司的规划周期，而这方面的细节设计工作无疑要花费一定时间——QBRs 应如何与战略规划和预算挂钩？如何与执行委员会的季度和月度会议相协调？它们是否会取代投资委员会的审核？

人们有时会对 QBRs 提出批评，认为它增加了管理层会议的数量。但如果实施得当，那么情况便会不一样。事实上，QBRs 可以将管理层会议的次数减少 75%，如图 13-5 所示，某家美国银行就是一个很好的例证。

注释

1. John Doerr, "Measure What Matters," Penguin Random House, 2018; Matt Fitzpatrick and Kurt Strovink, "How do you measure success in digital? Five metrics for CEOs", McKinsey.com, January 29, 2021, https://www.mckinsey.com/capabilities/mckinsey-digital/our-insights/how-do-you-measure-success-in-digital-five-metrics-for-ceos.

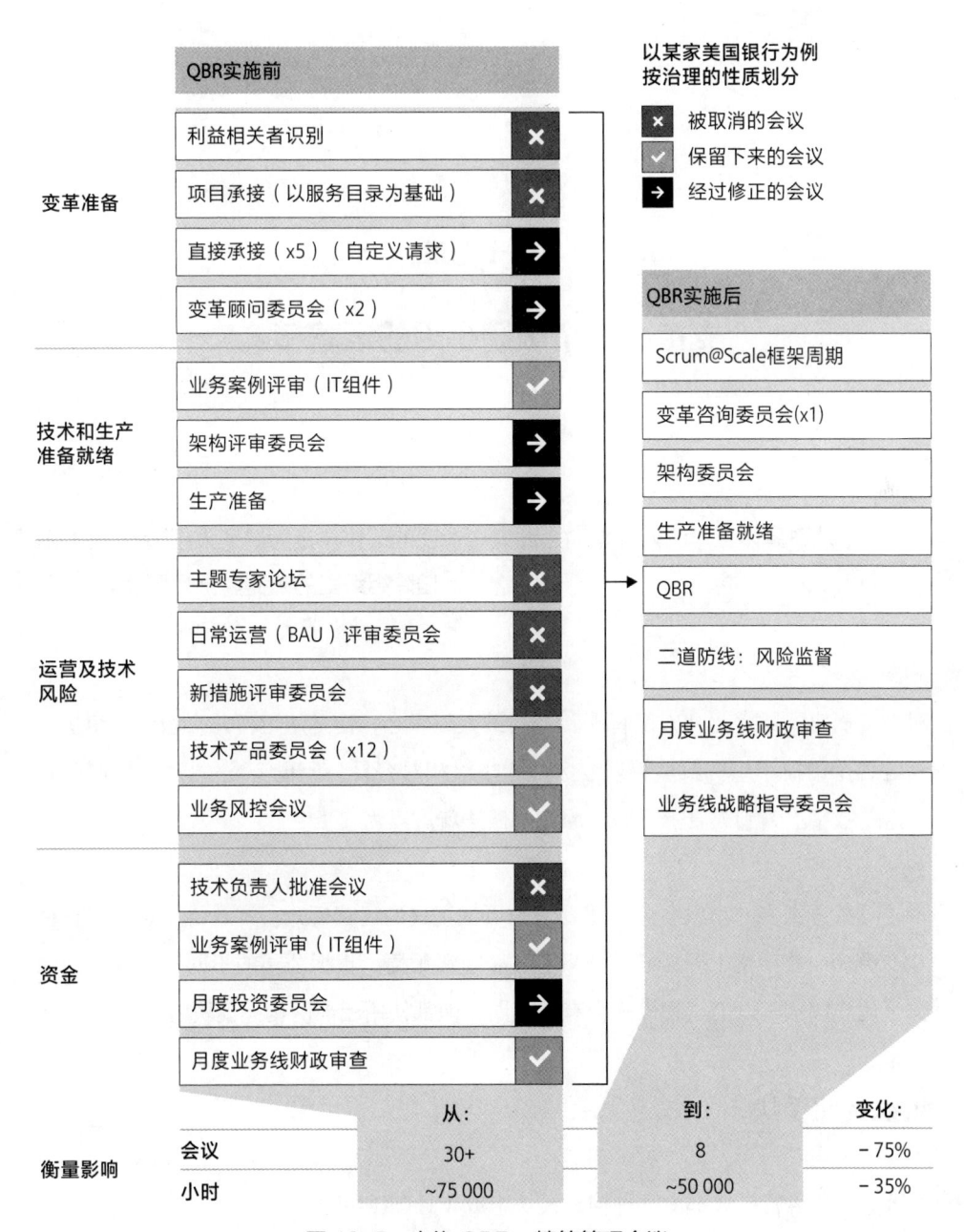

第十三章 从"形式敏捷"到"实质敏捷" 105

	QBR实施前	
变革准备	利益相关者识别	✕
	项目承接（以服务目录为基础）	✕
	直接承接（x5）（自定义请求）	→
	变革顾问委员会（x2）	→
技术和生产准备就绪	业务案例评审（IT组件）	✓
	架构评审委员会	→
	生产准备	→
运营及技术风险	主题专家论坛	✕
	日常运营（BAU）评审委员会	✕
	新措施评审委员会	✕
	技术产品委员会（x12）	✓
	业务风控会议	✓
资金	技术负责人批准会议	✕
	业务案例评审（IT组件）	✓
	月度投资委员会	→
	月度业务线财政审查	✓

以某家美国银行为例
按治理的性质划分

- ✕ 被取消的会议
- ✓ 保留下来的会议
- → 经过修正的会议

QBR实施后

- Scrum@Scale框架周期
- 变革咨询委员会(x1)
- 架构委员会
- 生产准备就绪
- QBR
- 二道防线：风险监督
- 月度业务线财政审查
- 业务线战略指导委员会

衡量影响	从：	到：	变化：
会议	30+	8	-75%
小时	~75 000	~50 000	-35%

图 13-5 实施 QBR，精简管理会议

第十四章

支持数百个敏捷小组的运营模式

> 从事具体工作的人才是动力源泉……我的工作便是为这些人创造一个空间，扫除组织里的障碍，并且阻止其出现。
>
> ——史蒂夫·乔布斯（Steve Jobs）

对企业而言，数字化和人工智能转型的最大障碍之一便是从运行几个敏捷小组扩展到数百个敏捷小组。虽然管理少数几个小组相对容易，但也需要付出额外的努力。当这一数字上升到成百上千时，原有的做法就难以为继了。

为了支持这么多的小组，公司需要采用更加正式的运营模式。本章将重点介绍三种基本模式：数字化工厂；产品和平台；企业级敏捷。根据公司的不同背景和不同的数字化成熟度，以上三种模式会有所不同，但都使用相同的构建模块。

组织构建模块

所有数字化运营模式都由三种构建模块组成（见图 14–1）：

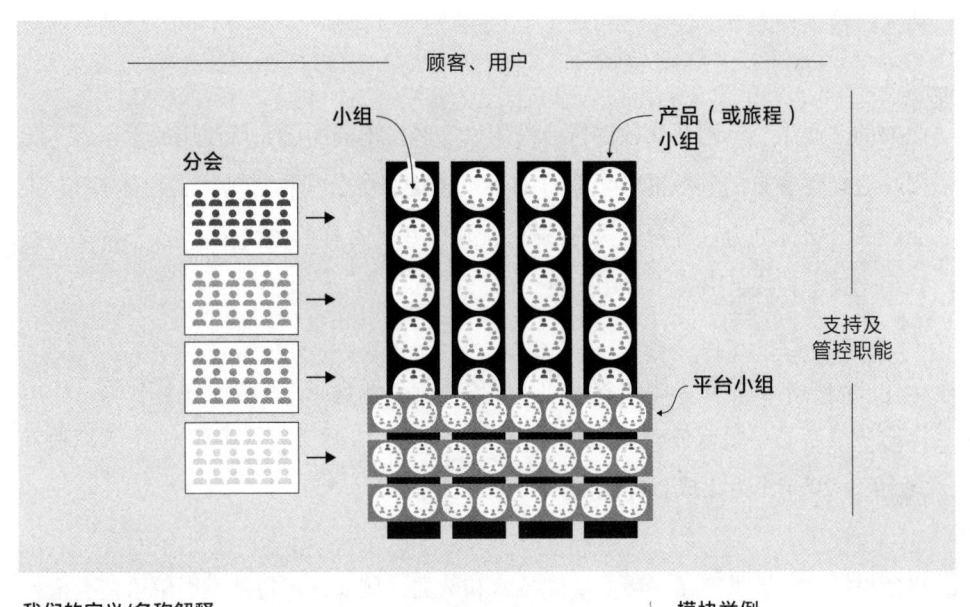

我们的定义/名称解释	模块举例
敏捷小组：自给自足的跨职能小组，端到端地负责交付产品、体验或服务 其他分类法：小队、单元、敏捷团队	见下方
产品（旅程）小组：端到端地向客户或用户交付服务或解决方案 产品小组的集合称为产品组、领域、投资组合、部落或城镇	产量优化器 定价建议 客户登记 网站产品搜索
平台小组：将类似的技术资产、人员和资金进行分组，为产品（或旅程）小组提供（可重复使用的）服务 平台小组的集合称为平台、部落或城镇	客户360数据产品 机器学习套件 核心系统 基础设施配置
分会：负责员工职业发展的组织结构（与团队的日常指导是分离的） 其他分类法：社群、分会社群	数据工程师 软件工程师 产品负责人或经理

图 14-1　敏捷运营模式的构建模块

1. **产品或体验小组**负责技术开发，以支持客户和员工使用的技术产品或服务。这样做的直接目的和主要目的都是通过赋能用户开展活动，以创造价值。例如，零售商的搜索引擎可以帮助用户在网站或移动应用程序上轻松地查找商品，从而创造商业价值。

此处的"产品"一词是从软件行业沿用过来的。不同的公司所使用的术语不尽相同。这样在各自的领域能够更有针对性。金融服务公司称之为"客户体验";工业产品公司称之为"客户解决方案"。无论使用什么样的术语,"产品"都是通过数字化技术直接吸引客户或用户的。

在相同的端到端流程(比如客户开通服务流程)或程序(比如产量优化器)中运作的一组产品小组或体验小组被称为一个领域(如第二章所述)。一个领域通常由 10 ~ 20 个小组组成,并由领域负责人领导。

2. **平台小组**负责提供产品保障的后端技术和数据。例如,零售搜索引擎可能会依赖库存管理平台,该平台包括数据库和与供应商集成的接口。许多产品小组需要交付自己的服务,而平台可以向它们提供交付其服务所需的功能,平台通过这种方式来实现更有效的扩展。

一般而言,平台小组的数量不会低于 15 个,并由平台经理负责领导。典型的平台包括:数据平台,比如客户 360(Customer 360);企业系统,比如 ERP 或客户关系管理系统(CRM);平台即服务 (PaaS) 应用程序,比如用户身份验证或机器学习算法;以及提供云计算和存储等服务的基础设施平台 (IaaS)。

3. **分会**由相同岗位的员工(比如产品负责人、数据科学家、数据工程师)组成。该小组负责建立专业知识体系,并维护完成任务的通用方法。分会负责管理职业发展路径、招聘人员并进行绩效评估。分会领导者的职责是根据小组需求为小组配备人手。分会还负责关于最佳实践的交流,以及方案和标准的开发工作。例如,设计分会负责设计标准规范。

分会可以弥补敏捷小组的跨职能广度覆盖所带来的深度不足的缺点。敏捷小组的优点是汇集了完成工作所需的所有专业知识，但也有缺陷，例如很难提升个人的技能水平。如果你是一个敏捷小组中唯一一位数据工程师，那么你就没有机会向别的经验丰富的数据工程师学习，而分会则可弥补这一不足。

分会有两类：重量级和轻量级。重量级分会如上所述；轻量级分会（通常被称为社群，其英文名为 guild）更像是一个非正式的网络。它仅限于提供最佳实践的交流、开发和确定性能标准。而招聘、人员配备和绩效评估等工作则由领域或平台领导者负责。是重量级分会好，还是轻量级分会好？人们对这一问题一直争论不休。

敏捷运营模式设计方案

根据我们的经验，敏捷运营模式主要有三种设计方案：数字化工厂模式、产品和平台模式、企业级敏捷模式（见图 14–2）。每种模式都包含上文提到的有关产品、平台和社群构建模块的元素。

	选项1 数字化工厂	选项2 产品和平台	选项3 企业级敏捷
描述	一个独立的数字化部门，借助现代敏捷工作方式和跨部门团队为业务部门制订数字化解决方案	该模式将业务、技术和运营整合在一起，一个小组专注于改善客户和用户的体验（也就是产品小组），另一个小组则致力于对可重复使用的服务进行开发（也就是平台小组）	将敏捷的好处扩展到数字化、技术之外，因为许多核心操作和功能都可以从敏捷协作中受益
标准结构	10～50 个小组 组织覆盖率不到 2%	50~1 000 多个小组 组织覆盖率为 20%～40%	1 000 多个小组 组织覆盖率达到 80%
主要优势	实施最简单的模式	更紧密地整合业务、技术和运营，解决平台的发展问题	培育全公司范围的敏捷文化
先决条件	数字化工厂的资金和运模式需要与业务单元保持协同	要求 IT 现代化（例如人才、架构、云技术、DevSecOps）	为实现全面敏捷转型做好组织准备

图 14–2　三种运营模式设计选项

在业务和技术资源的集成度以及模式在组织中的部署范围等方面，这三种模式存在很大的差异，但都是很好的模式。你的选择取决于你打算如何将技术作为竞争优势来应用。

许多公司从数字化工厂开始着手，因为它实施起来相对容易。当技术作为支持核心业务的"战略增强器"时，它是一个很好的模式，资源型公司往往采用该模式。

如果差异化竞争主要是由技术造成的，那么产品和平台模式尤为重要，银行业和零售业就是如此。某些银行业和零售业的佼佼者正从数字化工厂模式向产品和平台模式过渡，有些已完成过渡。

某些企业选择企业级敏捷模式，希望整个组织受益于敏捷工作方式，这不仅限于技术密集型领域。我们已经看到银行、电信企业和零售商正在进行这一转型。要想实现这一点，首席执行官需要严肃、认真地做出长期承诺。

由于每种模式都由相同的构建模块构建而成，因此模式之间可以相互转换，许多企业也是这么做的。

需要注意的是，许多公司通常成立卓越中心（CoE）为其业务部门提供数字化专业技术。然而经验表明，这种模式不可拓展，因为它不支持跨学科的团队，而且由于没有构建平台，开发工作需要重复进行。

数字化工厂模式

在开始阶段采用数字化工厂模式通常是正确的，因为它自成一体，实施速度相对较快（完全投入运营通常需要 12 到 18 个月，但是在几周内就可以启动）。[1] 在大型企业中，各部门都会采用数字化工厂模式，而在小型企业中，一个工厂则会服务多个业务部门。在数字化转型的初始阶段，矿业企业必和必拓（BHP）、丰业银行

（Scotiabank）都采用了数字化工厂模式，都配备了四到五个数字化工厂且服务于不同的部门，并通过协调叠加来实现代码重用和代码规范化的最大化。[2]

数字化工厂通常是一个实体场所，人们在此处一起工作，而且通常与主营业务相分离。在同一地点工作对生产力和创造力的提升都大有裨益，例如可以降低协调成本、提高决策速度、减少返工。远程工作团队也可以实现有效的运作，但需要更有目的性、更有条理性的沟通。如果采用远程工作模式或混合工作模式，那么企业应尽量将敏捷小组成员之间的时差限制在 3 小时以内。

图 14–3 展示了一家全球领先的酒店管理公司组建的数字化工厂，该工厂拥有 400 多名员工。

数字化工厂通常是一个正式的组织单元，由首席数字官负责。它由产品小组和平台小组组成，包括所有相关的专业技术人员（产品负责人除外），公司会将他们编入相关实践小组以进行人才管理并加以部署。

业务单元通过向产品小组提供资金并对其工作进行领导，承担起了业务发起人的职责。业务单元决定要优先考虑哪些机会，设定 OKRs 并提供资金。此外，它还负责派出产品负责人和主题专家。从本质上讲，业务单元确保了工厂能够满足数字化需求。相应地，工厂为业务单元的产品小组和平台相关服务（比如云计算和存储、开发人员工具、核心系统接口或 APIs）配备数字化专家。

数字化工厂负责平台小组的运转，所需资金集中分配，或与业务单元分摊成本。根据经验，工厂三分之二的资源通常部署到产品小组，三分之一部署到平台小组。

年度预算以团队为中心，而不是以项目为中心，也就是说，它是以敏捷小组的数量为基础的。这通常被称为"持久性融资"，而不是传统的基于项目的融资（见图 14–4）。这种融资模式也被推荐用于产品和平台以及企业级敏捷运营模式中（见下文）。

以某全球性酒店为例

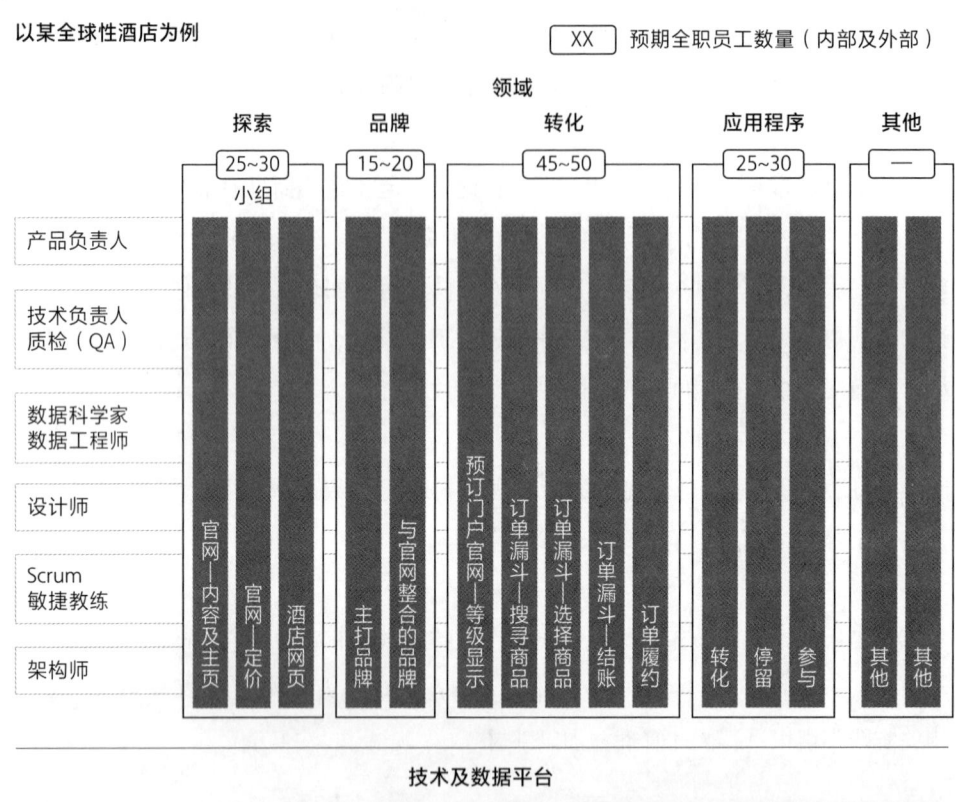

	探索	品牌	转化	应用程序	其他
领域					
小组（预期全职员工数量，内部及外部）	25~30	15~20	45~50	25~30	—

角色：
- 产品负责人
- 技术负责人 / 质检（QA）
- 数据科学家 / 数据工程师
- 设计师
- Scrum 敏捷教练
- 架构师

小组内容：
- 探索：官网—内容及主页；官网—定价；酒店网页
- 品牌：主打品牌；与官网整合的品牌
- 转化：预订门户官网—等级显示；订单漏斗—搜寻商品；订单漏斗—选择商品；订单漏斗—结账；订单履约
- 应用程序：转化；停留；参与
- 其他：其他；其他

技术及数据平台

	预期全职员工数量		
CMS[1]和 DAM[2]	15~25	CMS	酒店传媒和目录
支付	15~20	在线支付	酒店支付解决方案
预定系统	1~10	数据输入和输出	搜寻房间、可订房间以及预订	OTA[3]和渠道以及D-Edge（酒店分销技术分销商）
API[4]	10~30	API管理和门户网站	开放式分配	交叉销售（第三方服务）
数据	15~20	数据管理	数据平台和CDP[5]	数据产品

1.内容管理系统。2.数字资产管理。3.在线旅行社。4.API。5.客户数据平台。

图 14-3 数字化工厂运营模式

对于某些公司而言，技术虽很重要，但并不是形成差异化竞争的主要驱动力。我们认为数字化工厂模式仍然十分适用于这类公司。该模式提供了一个很好的方法，使业务单元能够快速获得世界级的数字化能力。

	项目融资	持续融资
确定预算	按照项目制定年度预算	年度预算目标是在公司层面按领域（而不是按项目）制定的
资金	计划外或优先级较低的工作花费占比高达50%	完成里程碑任务、阶段门槛任务时释放的额外资金
审核	每年或每两年对项目进行评审并确定优先级	在季度评审会上完成回顾评审并确定优先级

图 14-4 从项目融资到持续融资

产品和平台模式

大多数软件企业、全球领先的零售商（比如亚马逊）和全球领先的银行（比如摩根大通）都在采用产品和平台模式。[3] 鉴于这种模式能将业务、运营和技术更紧密地结合在一起，加速了客户体验创新，并可以通过基于平台的服务开发一个扩展性更高的模式，因此各家企业都采用了该模式的某个版本。

产品和平台模式是数字化工厂的进阶版本，它的部署规模要大得多。数字化工厂模式所管理的小组数量可能仅有 10 到 50 个，而产品和平台模式通常可以达到几百个，有时对于大企业而言，该数字甚至会破千，这是因为该模式涉及所有技术资源以及相当一部分的业务和运营资源。[4] 图 14-5 以一家全球领先的银行为例，对其 1 000 多个小组的产品和平台模式布局设计进行展示。

以一家国际银行为例

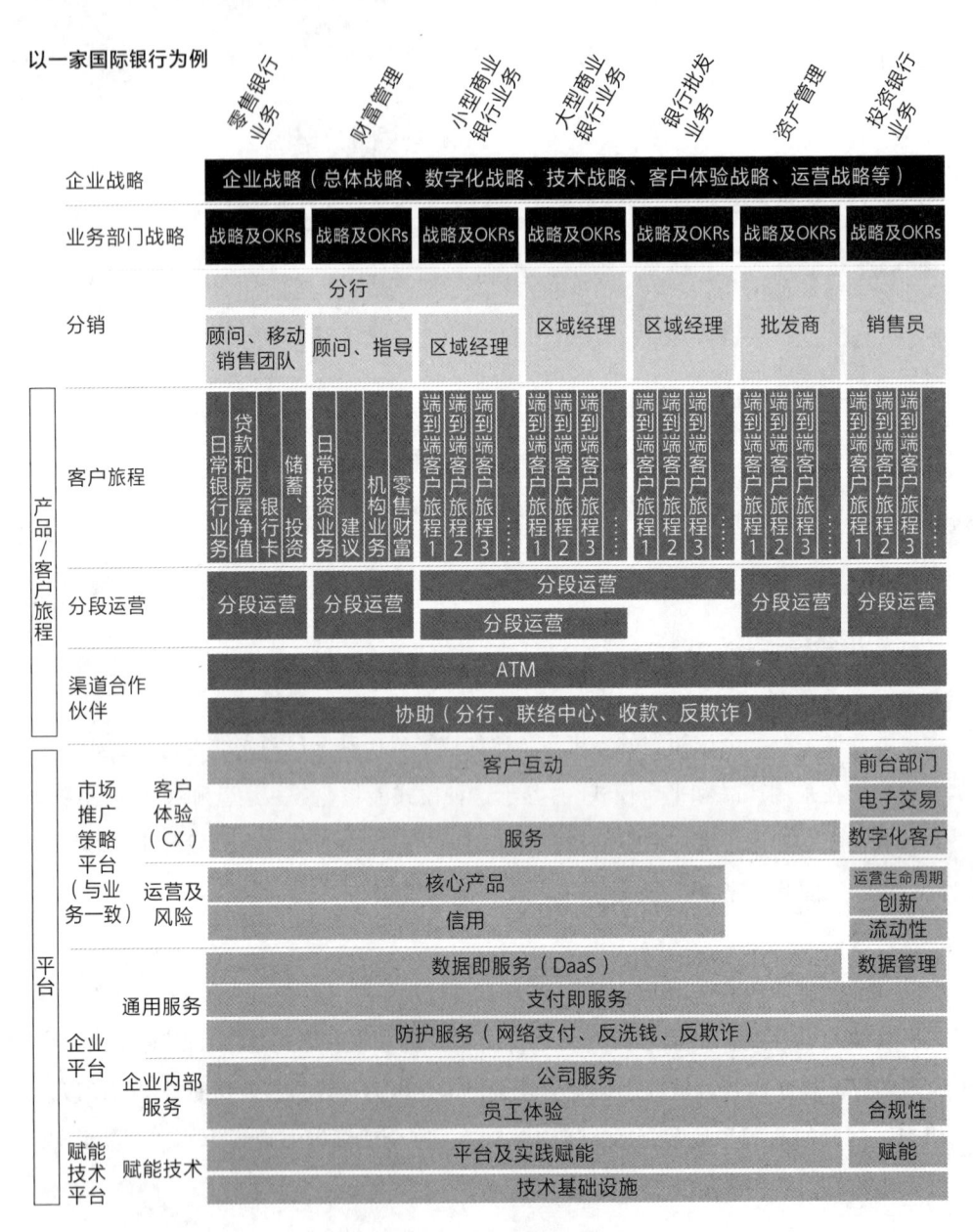

	零售银行业务	财富管理	小型商业银行业务	大型商业银行业务	银行批发业务	资产管理	投资银行业务
企业战略	企业战略（总体战略、数字化战略、技术战略、客户体验战略、运营战略等）							
业务部门战略	战略及OKRs	战略及OKRs	战略及OKRs	战略及OKRs	战略及OKRs	战略及OKRs	战略及OKRs
分销	分行			区域经理	区域经理	批发商	销售员
	顾问、移动销售团队	顾问、指导	区域经理				

产品/客户旅程

客户旅程	日常银行业务 / 贷款和房屋净值 / 储蓄、银行卡 / 日常投资建议 / 机构业务 / 零售财富	端到端客户旅程1 / 端到端客户旅程2 / 端到端客户旅程3	端到端客户旅程1 / 端到端客户旅程2 / 端到端客户旅程3	端到端客户旅程1 / 端到端客户旅程2 / 端到端客户旅程3	端到端客户旅程1 / 端到端客户旅程2 / 端到端客户旅程3
分段运营	分段运营 / 分段运营	分段运营 / 分段运营		分段运营	分段运营
渠道合作伙伴	ATM				
	协助（分行、联络中心、收款、反欺诈）				

平台

市场推广策略平台（与业务一致）

客户体验（CX）	客户互动	前台部门
		电子交易
	服务	数字化客户
运营及风险	核心产品	运营生命周期
		创新
	信用	流动性

企业平台

通用服务	数据即服务（DaaS）	数据管理
	支付即服务	
	防护服务（网络支付、反洗钱、反欺诈）	
企业内部服务	公司服务	
	员工体验	合规性

赋能技术平台

赋能技术	平台及实践赋能	赋能
	技术基础设施	

图 14-5　产品和平台模式

产品和平台模式与数字化工厂模式有三处不同：

1. 整个 IT 职能会在一些方面得以重组。通常情况下，应用程序开发和维护专业人员会并入产品小组，而基础设施和核心系统专业人员则会成为平台小组的一部分。

2. 技术正在朝着重大的现代化方向发展。这意味着架构的模块化程度会更高，云技术催生的新功能会更多，以及现代软件开发方法的采用更广泛（有关这方面的更多信息，请参见下文关于"技术"的部分）。

3. 随着公司敏捷小组数量的增加，风险管理、网络安全和合规性等管控职能成为一个制约因素。因为在敏捷开发过程中，这些职能引入的时间较晚，这会导致敏捷小组返工。更糟糕的是，某些小组为了追求更快的速度会试图规避这类管控，但随之而来的代价是引入它们无法控制的风险。在产品和平台模式中，对管控措施周密考虑，使其成为该模式的组成部分，否则该模式就无法实现规模化扩展。

一旦公司采用产品和平台模式，表明它正在做出一项重大战略决策，对公司的大部分部门重新调整，以将技术更好地运用于核心业务。根据公司规模的不同，这一转变过程通常需要一到两年的时间，而要想把这个模式运营成熟，还要再多一到两年的时间。只有首席执行官才能做出这样的重大承诺，他必须与高管保持紧密合作。

实施产品和平台模式的主要挑战是如何在不中断业务运营的前提下转换到这一模式。要做到这一点，公司需要为设定的模式绘制一张清晰的蓝图，同时设计一个运转良好的程序，并且敏捷小组要有正确的 OKRs，人员和资金要配备得当，管理也要灵活，这样才能动员和启动团队开展工作。这简直就是一边造飞机，一边开飞机。

我们相信，在技术是绩效差异的关键影响因素的行业，产品和平台模式将成为主流方案。

如何使产品小组和平台小组具备管控职能

虽然在理想情况下,每个敏捷小组都掌握专门的管控职能资源,但这在实践中是不可行的。为了使其可行,企业首先要做的是让小组作为第一道防线对自己所面临的风险负责,这样可以避免"这不是我的工作"这类推卸问题,因为该问题会导致各团队工作马虎。

敏捷小组可以对全面风险进行评估。这种评估涵盖所有风险(包括第三方风险、合规性风险、法律风险、监管风险等)。通常情况下,专业风险管理人员会对其提供支持,以确保评估正确地开展(见图14-6),至少在开始阶段是这样的。根据风险级别和类型,评估会自动触发专业管控职能的介入(第二道防线)。

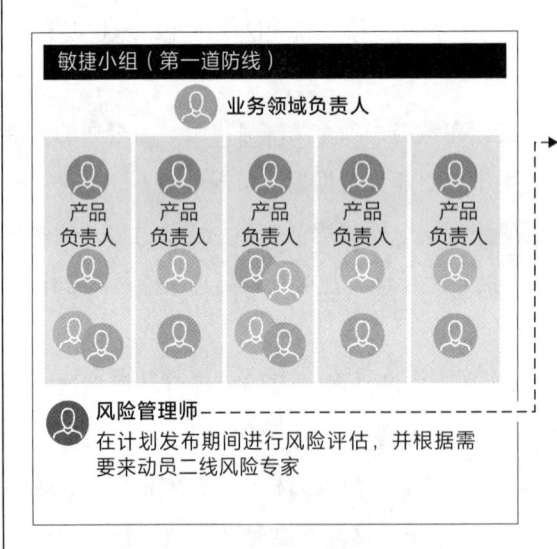

敏捷小组(第一道防线)	管控小组(第二道防线)	
业务领域负责人 产品负责人　产品负责人　产品负责人　产品负责人　产品负责人	风险管理专业人员	风险监督
	合规性	首席合规官
	信用	首席信用官
	利率 流动性 价格	市场风险主管
风险管理师——在计划发布期间进行风险评估,并根据需要来动员二线风险专家	运营 声誉 网络安全 反欺诈 战略 技术 其他	企业风险管理 (ERM)监督

图 14-6　如何将风险管理融入敏捷运营模式(以美国合众银行为例)

为确保风险得到及时处理,风险讨论需要成为常规敏捷模式的一部分。在这些相应的活动中,要确保敏捷小组(第一道防线)和管控小组(第二道防线)在特定风险管理方面能够做到职责明确(见图14-7)。

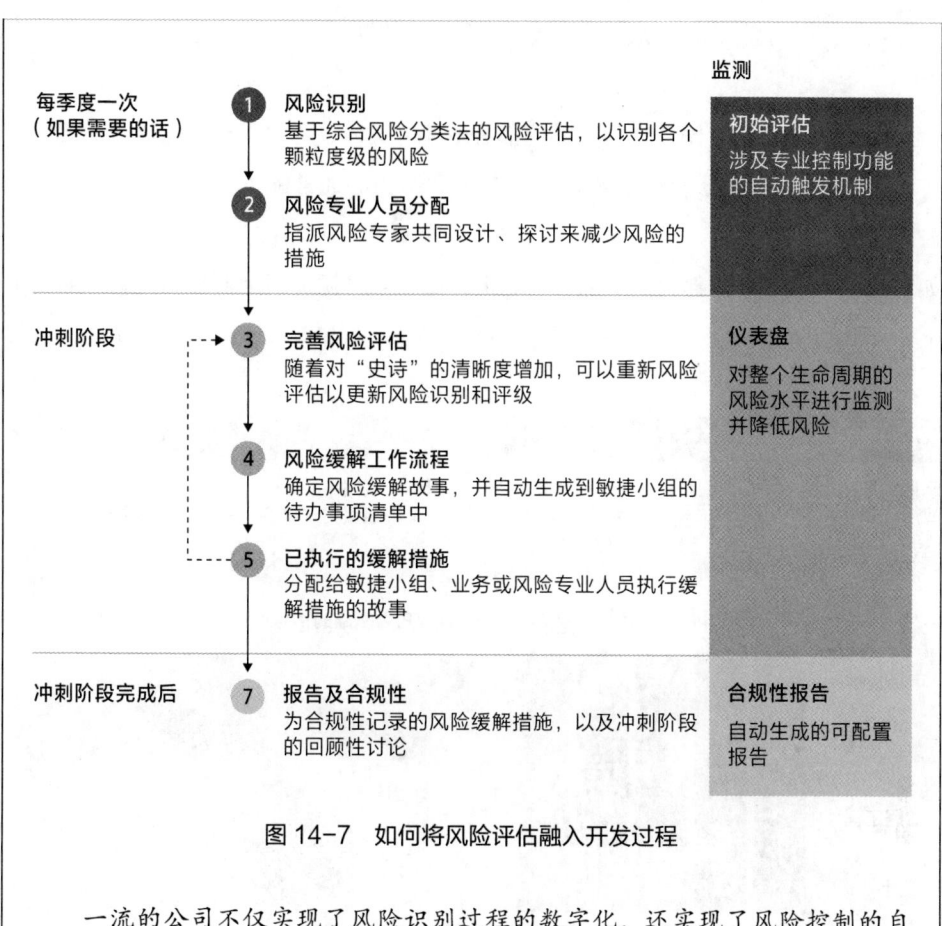

			监测
每季度一次 （如果需要的话）	①	**风险识别** 基于综合风险分类法的风险评估，以识别各个颗粒度级的风险	**初始评估** 涉及专业控制功能的自动触发机制
	②	**风险专业人员分配** 指派风险专家共同设计、探讨来减少风险的措施	
冲刺阶段	③	**完善风险评估** 随着对"史诗"的清晰度增加，可以重新风险评估以更新风险识别和评级	**仪表盘** 对整个生命周期的风险水平进行监测并降低风险
	④	**风险缓解工作流程** 确定风险缓解故事，并自动生成到敏捷小组的待办事项清单中	
	⑤	**已执行的缓解措施** 分配给敏捷小组、业务或风险专业人员执行缓解措施的故事	
冲刺阶段完成后	⑦	**报告及合规性** 为合规性记录的风险缓解措施，以及冲刺阶段的回顾性讨论	**合规性报告** 自动生成的可配置报告

图 14-7 如何将风险评估融入开发过程

一流的公司不仅实现了风险识别过程的数字化，还实现了风险控制的自动化（"安全即代码"）。及时处理重大风险是保障速度的重要影响因素，第二十二章对此进行了进一步的讨论。

企业级敏捷模式

对那些小型的、多样化的、以客户为中心并获得了授权的敏捷小组而言，采用这一模式的好处不只是有利于数字化解决方案的开发。几乎所有业务职能（例如销售、研发、市场营销或产品开发）或支持职能（人力资源或财务）都可以采用相同的思维方式和工作方法，从而提高工作效率和员工满意度。

然而，在数字化、IT 团队之外的部门部署敏捷方案时，需要根据正在进行的具体工作组建新的敏捷小组（见图 14-8）。例如，联络中心通常配备自主管理团队，通过鼓励持续改进的方式，来确保对客户和成本管理的端到端掌控。一个职能部门（比如财务部、人力资源部、法务部等）如果希望将其资源灵活地部署到最紧迫的需求上，那么通常会使用"机动专家组"（flow-to-work pool）。最后，"网状团队"通常

跨职能单元

示例：产品小组
应用于数字化工厂以及产品和平台模式

产品负责人指导

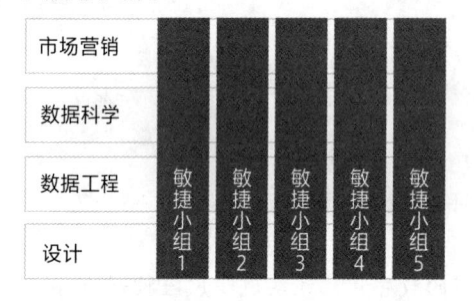

市场营销					
数据科学	敏捷小组1	敏捷小组2	敏捷小组3	敏捷小组4	敏捷小组5
数据工程					
设计					

自主管理团队

示例：联络中心
每个小组负责一个客户子集的端到端体验

以KPI为基础的指导

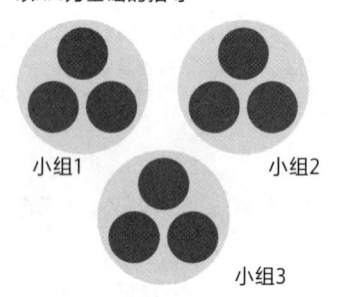

小组1　小组2

小组3

机动专家组

示例：职能专家
被派往需求最为紧急的团队

特别项目小组　　专家库

项目小组1　←→　职能专家
项目小组2　←→
项目小组3　←→

网状团队

示例：分销
（门店、销售团队）

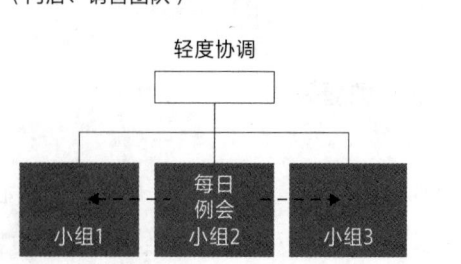

轻度协调

小组1　每日例会 小组2　小组3

图 14-8　敏捷单元的四种原型

被分配至分销和销售（门店）网络，这是为了减少层级，强化直接管理，实现日常管理的协调和统一。

采用企业级敏捷模式的企业，如荷兰国际集团（ING）、新西兰综合电信集团Spark NZ以及沃尔玛（墨西哥分公司）：整个组织重新构想为一个由高绩效团队组成的网络；每个团队都致力于实现明晰的、端到端的业务导向成果，并掌握交付成果所需的所有技能。[5]

图14-9展示了一家中型电信运营商的企业级敏捷模式布局图。为实现组织的扁平化并加快最佳实践的交流，该公司在渠道分销中部署了网状团队。为提高服务客户的责任感，它在联络中心部署了自主管理团队，并取得了显著效果。在公司职能方面，它采用了灵活机动工作模式，以加快对关键项目资源的再分配。最后，正同前文对产品和平台模式的描述一样，其核心业务的组织方式是跨职能小组（或敏捷小组）。

这一模式不仅提高了客户满意度和每位客户的收入贡献，还减少了20%的人员。更重要的是，员工满意度也得到了提高。在转型三年后，员工满意度达到了78%以上（原为22%以上）。

在实施企业级敏捷模式时，最困难的任务之一就是明确组织如何创造价值，以及敏捷在何处、如何能发挥作用（例如促进跨职能工作）。这种模式并不适用于所有公司。我们相信，在那些以客户为中心、注重协作、资源部署灵活，并且这些要素比技术密集型应用性能更重要的公司中，这种模式能够得到成功实施。

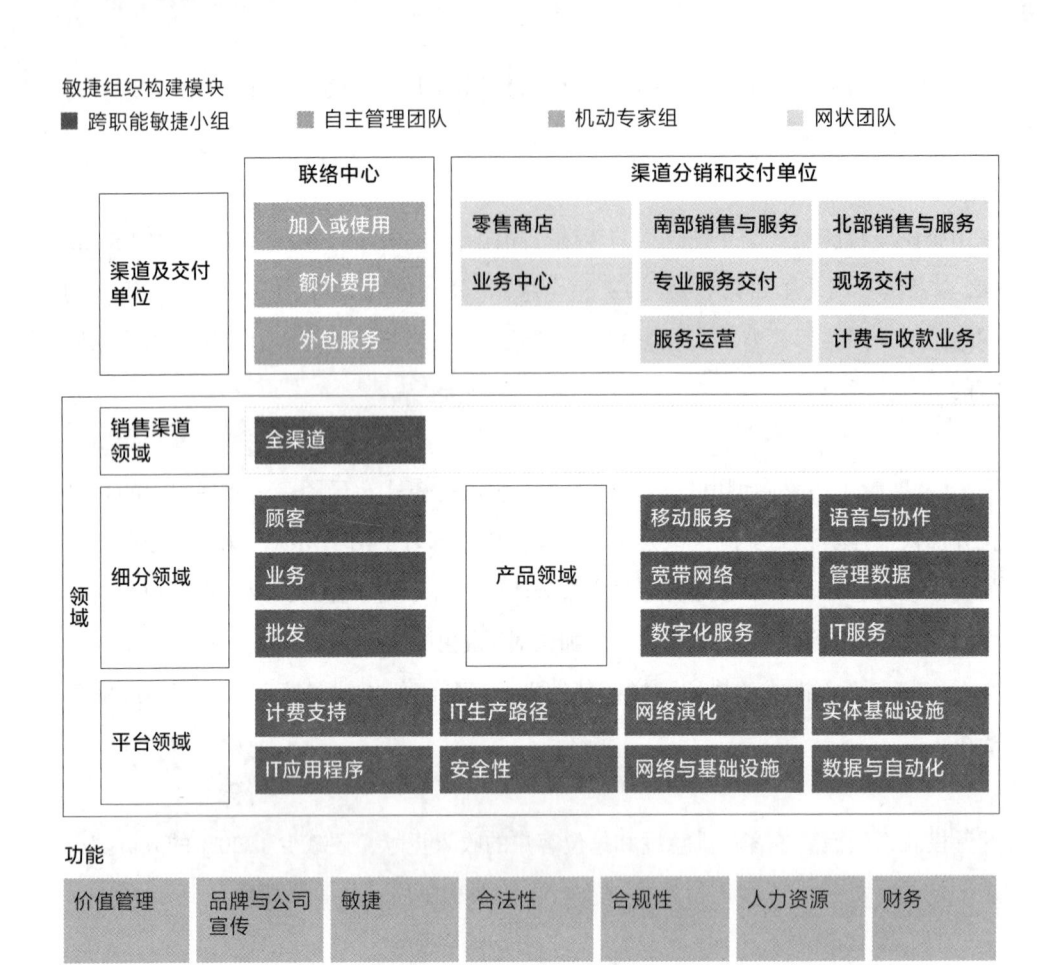

敏捷组织构建模块
■ 跨职能敏捷小组　■ 自主管理团队　■ 机动专家组　■ 网状团队

渠道及交付单位	联络中心		渠道分销和交付单位		
	加入或使用	零售商店	南部销售与服务	北部销售与服务
	额外费用	业务中心	专业服务交付	现场交付
	外包服务		服务运营	计费与收款业务

领域	销售渠道领域	全渠道			
	细分领域	顾客	产品领域	移动服务	语音与协作
		业务		宽带网络	管理数据
		批发		数字化服务	IT服务
	平台领域	计费支持	IT生产路径	网络演化	实体基础设施
		IT应用程序	安全性	网络与基础设施	数据与自动化

| 功能 | 价值管理 | 品牌与公司宣传 | 敏捷 | 合法性 | 合规性 | 人力资源 | 财务 |

图 14-9　企业级敏捷运营模式（以一家中型电信运营商为例）

注释

1. Somesh Khanna, Nadiya Konstantynova, Eric Lamarre, and Vik Sohoni, "Welcome to the Digital Factory: The answer to how to scale your digital transformation," McKinsey.com, May 14, 2020, https://www.mckinsey.com/capabilities/mckinsey-digital/our-insights/welcome-to-the-digital-factory-the-answer-to-how-to-scale-your-digital-transformation.

2. Rag Udd, "Pushing the velocity of value with digital factories," *BHP*, May 4, 2020, https://www.bhp.com/news/prospects/2020/05/pushing-the-velocity-of-value-with-digital-factories; Will Hernandez,

"Why Scotiabank is building 'digital factories,'" *American Banker*, October 18, 2019, https://www. americanbanker.com/news/why-scotiabank-is-building-digital-factories#:~:text=We%20wanted%20to%20 build%20replicable,could%20make%20really%20good%20software.

3. Tanya Chhabra, "Amazon business model | How does Amazon make money?," Feedough, February 21, 2023, https://www.feedough.com/amazon-business-model/; Bianca Chan and Carter Johnson, "JPMorgan is adding 25 'mini- CEOs' as part of a massive plan to overhaul its 50,000-strong tech organization and pivot the bank to operate more like a startup," *Business Insider*, April 15, 2022, https://www.businessinsider.com/insider-jpmorgans-massive-shift-product-oriented-tech-operating-model-2022-4.

4. Oliver Bossert and Driek Desmet, "The platform play: How to operate like a tech company," McKinsey.com, February 28, 2019, https://www. mckinsey.com/capabilities/mckinsey-digital/our-insights/the-platform-play-how-to-operate-like-a-tech-company.

5. See "ING's agile transformation," *McKinsey Quarterly*, January 10, 2017, https://www.mckinsey.com/industries/financial-services/our-insights/ings-agile-transformation; "All in: From recover to agility at Spark New Zealand," *McKinsey Quarterly*, June 11, 2019, https://www.mckinsey.com/industries/technology-media-and-telecommunications/our-insights/all-in-from-recovery-to-agility-at-spark-new-zealand; "2020 Financial and ESG Report," Walmart (Mexico), December 31, 2020, https://informes.walmex.mx/2020/en/pdfs/2020_Financial_and_ESG_ Report.pdf.

第十五章

产品管理专业化

> 找到好的球员容易，难的是让他们通力合作。
> ——卡西·史丹格尔（Casey Stengel）

虽然实施敏捷运营模式需要公司开发多种能力（见第十三章和第十四章），但有两种能力至关重要，那就是产品管理和用户体验设计（见第十六章）。许多科技公司与其他行业的同行之间的一个关键差异在于，前者将这些能力连同软件工程文化以及对数据和分析的使用，融入工作方式的程度。

一般而言，深化产品管理是数字化和人工智能转型中再培训的核心目标之一。这里有两个主要角色：一是产品负责人，他是团队领导者；二是高级产品负责人，他是多个小组或某个领域的负责人。产品负责人不可或缺，因为这个角色兼具关键的运营技能与战略技能，包括把握业务需求、深入了解客户的能力，同时具备扎实的技术基础（见图15-1）。

从职责范围和所需技能来看，许多人将这一角色称为"迷你版首席执行官"。因此，产品管理正迅速成为顶级商业人才轮岗的新选择，也是目前许多科技公司首席执行官初试牛刀、积累领导经验的岗位。

用户体验基础	市场导向	商业敏锐度	技术能力	软技能
能够在整个用户旅程中设计"以用户为中心"的体验	能够深刻洞察市场趋势、了解合作伙伴生态系统和竞争战略	能够熟悉商业战略、产品组合优先级排序、上市、定价、跟踪KPI和财务指标	能够深入了解技术趋势、架构问题、把握技术栈和路线图，并管理开发生命周期	能够领导团队，与不同群体沟通，对整个企业的变革工作产生影响力

图 15-1　优秀产品负责人必备的技能

不过，真正懂得产品管理的公司少之又少。麦肯锡公司的一项分析表明，约 75% 的商业领袖称其公司没有采用产品管理的最佳方式，或者产品管理处于起步阶段，或者根本不存在产品管理这件事情。[1]

实践者说：迈向产品管理的世界

随着时代的发展，对我们而言，最大的挑战已从金融产品范围转至产品管理范围。一个对存款账户、信用卡或贷款了如指掌的人，可以透彻地理解特定产品的复杂性和要求。但这并不意味着在与敏捷小组进行合作、将产品推向市场、整理积压的工作或设定优先级的时候，此人总是最好的产品经理或产品负责人。这是一种进化。

我们看到有些人接受了这一观点，全身心地投入工作，最终成为出色的产品经理。但同其他任何事情一样，你必须遵循这套规则，必须学习，而且必须乐于学习。那些善于把握这个机会的人，已经得心应手。不过我们也会对外招聘（这个岗位），为组织引入可让员工学习的人才。同时，思想和文化要兼收并蓄，这一点尤为重要。

——肯·迈耶（Ken Meyer），Truist 金融控股公司的首席信息和体验官产品负责人与领域负责人和用户体验设计师密切合作，全权负责产品的整个生命周期，从收集客户洞见到设计和应用解决方案。产品负责人负责提供一组清晰的OKRs，在QBRs期间进行回顾与评估，并据此调整优先级。产品负责人知道在开发技术密集型解决方案方面如何提供指导，以确保敏捷小组能及时解决客户或用户的问题，并推出这些问题的创新型解决方案。重要的是，产品负责人要负责所有的待办事项，包括漏洞修复等基本的维护任务，而不仅限于开发新的产品功能。这确保了其对创建的产品的质量负责，并有助于减少技术债务。

要找到掌握产品经理必备技能的人才是很困难的，因此企业要考虑如何提供恰当的支持。例如，如果产品负责人不太熟悉技术性较强的专业话题，那么企业最好在团队里安排一些资深的工程师来协助产品负责人完成工作。

职业道路与职业发展

产品管理职能的专业化包括分工、定级、确定相应的薪资等级、岗位资格认证等方面。需要特别注意的是，企业要为产品负责人设置一条特定的职业发展路径，并赋予其更大的职责，如果不这样做，就可能会导致有前途的产品负责人流失。正如第十二章所述的技术类职业发展路径一样，产品负责人的职业发展路径与管理岗位有所不同，同时要明确具体职责与所需的能力（见图15–2）。

职业发展道路上有多少个级别取决于产品管理成熟度以及业务技术情况，而且难免会因公司而异（有些公司有多达10个级别）。尤其是在科技行业和其他行业之间，其职位和职责各不相同，但通常入门级职位（例如产品负责人、产品副经理等）会根据业务目标、团队限制，还有利益相关者的期望等，来管理团队需要处理的事项，并分清轻重缓急。这些人帮助确定敏捷小组的工作内容。

更高级别的岗位（例如首席产品官、高级总监、副总裁）要全权负责企业最重要的产品或产品系列。他们制定跨产品组合的战略，并对全线产品的产品生命周期承担端到端的责任。管理的小组成员可能多达 5 000 名，有些成员则会直接向首席执行官汇报。

企业要明确规定产品负责人的职业发展路径，还应明确不同岗位所需的具体技能。图 15–3 是产品负责人的业务技能框架的示例。

职业发展路径

- 独立工作岗位
- 管理岗位

专家岗发展路径：副产品负责人 → 产品负责人 → 高级产品负责人 → 首席产品负责人 → 杰出产品负责人

管理岗发展路径：团队产品负责人 → 产品线负责人 → 产品总监 → 产品副总裁

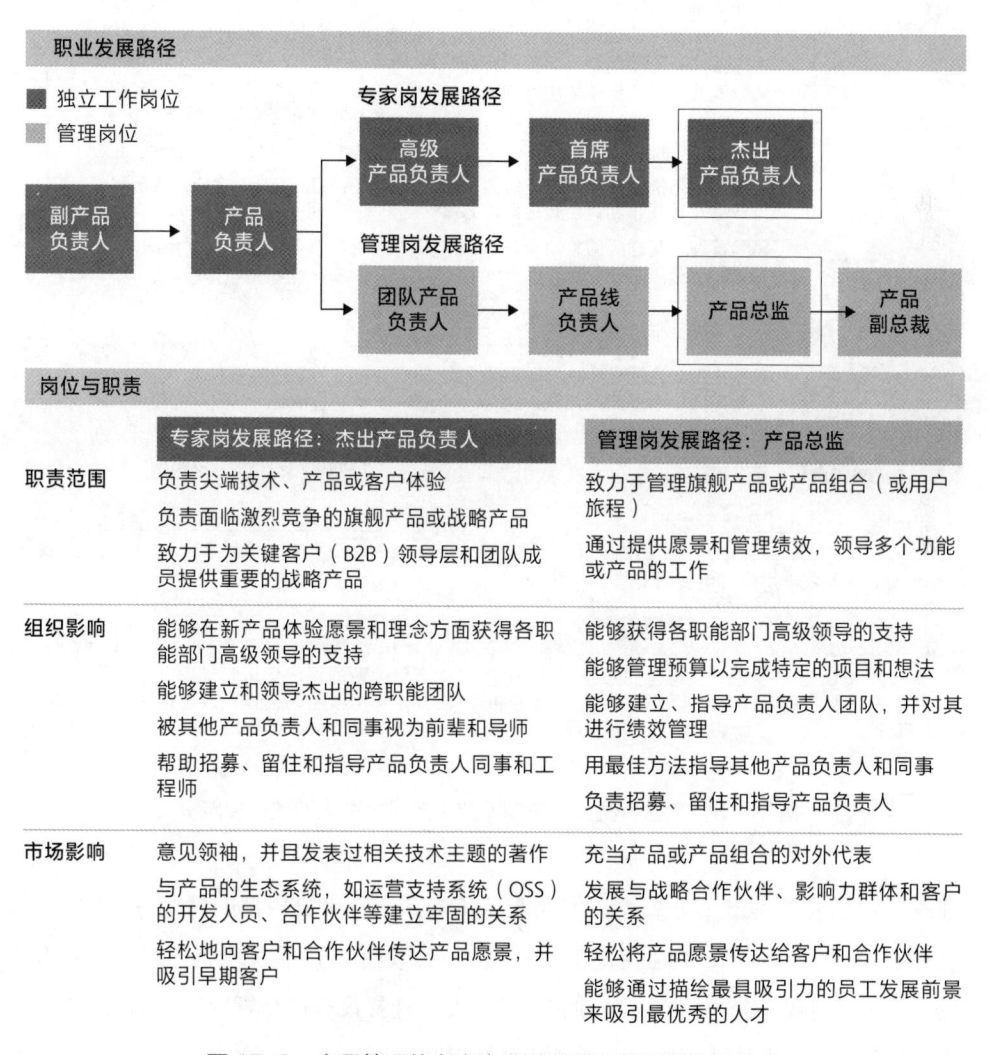

岗位与职责

	专家岗发展路径：杰出产品负责人	管理岗发展路径：产品总监
职责范围	负责尖端技术、产品或客户体验 负责面临激烈竞争的旗舰产品或战略产品 致力于为关键客户（B2B）领导层和团队成员提供重要的战略产品	致力于管理旗舰产品或产品组合（或用户旅程） 通过提供愿景和管理绩效，领导多个功能或产品的工作
组织影响	能够在新产品体验愿景和理念方面获得各职能部门高级领导的支持 能够建立和领导杰出的跨职能团队 被其他产品负责人和同事视为前辈和导师 帮助招募、留住和指导产品负责人同事和工程师	能够获得各职能部门高级领导的支持 能够管理预算以完成特定的项目和想法 能够建立、指导产品负责人团队，并对其进行绩效管理 用最佳方法指导其他产品负责人和同事 负责招募、留住和指导产品负责人
市场影响	意见领袖，并且发表过相关技术主题的著作 与产品的生态系统，如运营支持系统（OSS）的开发人员、合作伙伴等建立牢固的关系 轻松地向客户和合作伙伴传达产品愿景，并吸引早期客户	充当产品或产品组合的对外代表 发展与战略合作伙伴、影响力群体和客户的关系 轻松将产品愿景传达给客户和合作伙伴 能够通过描绘最具吸引力的员工发展前景来吸引最优秀的人才

图 15-2　产品管理的专家岗发展路径和管理岗发展路径

客户体验	**设计思路**：以同理心和设计为导向来解决问题、制定决策	**以客户为中心**：专注于挖掘客户的需求和痛点，来驱动价值创造	**用户参与及反馈**：定期与最终用户接触，以获取反馈并加以改进
市场导向	**行业及竞争对手趋势**：了解相关市场和技术趋势，以辅助制定产品战略		**推动创新**：推动创新理念，为业务发展提供助力
商业头脑	**产品愿景与路线图**：根据用户需求，开发产品愿景和迭代路线图 **市场推广**：协助制订产品上市计划，包括有效的产品增长和采用计划		**确定优先级**：保留优先待办的事项，并聚焦用户价值，确定最合理的目标 **影响跟踪**：定义和跟踪符合产品战略与业务目标的结果指标
技术能力	**技术规划与执行**：与专家一起为最小可行产品及其发布制订可行的解决方案 **风险管理**：管理风险，协调各方以确保结果和业务需求一致		**工作方式**：团队合作，权衡利弊，以实现持续改进 **待办事项管理**：根据用户需求，与团队一起创建和管理待办事项
产品领导力	**有效执行**：协同负责、推动并优先考虑以用户为中心的产品成果 **沟通**：管理与股东和赞助商的沟通事宜 **启发和影响**：意见领袖，吸引志同道合者		**员工发展**：基于激情、信任、协作建立高绩效的团队文化 **协作**：形成团队特色，促进跨团队的依赖与合作，以驱动价值

示例：技能发展—用户参与度和反馈

发展阶段	熟练阶段	专家阶段
能够收集和考虑反馈，而不关注那些偏离计划的想法	与客户和最终用户定期互动，将数据分析纳入待办事项	从产品创意的提出到运营部署，与最终用户和设计师持续密切合作，以确保客户的有效见解进入待办事项，产生影响

图 15-3 产品负责人：技能框架（产品负责人的关键技能）

理解行业和业务本身十分重要，因此产品负责人通常来自内部的营销、运营、研发和 IT 部门。实际上，对业务感兴趣的技术人员是担任产品管理职务的上好人选。然而，很多时候，公司要么选择项目经理，要么选择没有产品管理经验的人来担任这一角色。这类人员缺乏培训，而且相关技术知识不足。

第十五章 产品管理专业化

培养一名优秀的产品负责人并不容易，因为这需要时间、支持以及实践——产品管理是一门需要多年学习的技艺。一些为期约八周的产品负责人训练营可以提供密集的指导，以培养特定的技能（例如如何设计客户调查、如何制定 OKRs、如何为计划中的产品撰写新闻简报以及常见问题解答等）。最好的培养是将课堂学习与沉浸式培训相结合，模拟现实世界中的用户问题。

图 15-4 展示了一家银行如何对 300 名产品负责人进行培训。所有人分三个阶段参加该项目，每个阶段为期 90 天，有 100 名产品负责人。产品负责人可以在结业培

	论坛课程1 探索阶段	论坛课程2 可行性阶段I	论坛课程3 可行性阶段II	论坛课程4 构建阶段
学习目标	了解问题范畴并明确产品愿景	与用户"共情"并定义"如何"（要创新而非增量）	沟通价值，与用户和工程师互动	将产品创意付诸行动
课程学习	5小时 了解问题范畴和市场机会 • 市场需求文档 • 竞品分析 定义产品愿景 • 新闻发布及常见问题 • 商业模式画布 • 路线图	5小时 投资组合优先排序（数据支持） 了解用户及其未得到满足的关键需求 • 用户画像（包括研究方法） • 现在的用户旅程 明确要如何解决未满足的需求 • 期望的用户旅程 • 原型	5小时 定义和衡量何为成功 • 产品成功指标 • OKRs 与用户沟通和互动 • 定位声明 • 产品介绍说明 • 用户推介平台 将产品想法转化为需求 • 产品需求文档	5小时 构建阶段和持续开发方法概述 最小可行产品 持续改进和优先级排序 • 产品待办事项清单 领导力培养——不依赖权力的影响力 产品演示日介绍和目标制定
实施培训	实施结业项目培训	人员数量：100人；项目时长：3个月		
产品负责人的核心技能	市场导向 商业头脑 客户体验的基础	商业头脑 客户体验的基础 技术技能	商业头脑 客户体验的基础 软技能 技术技能	软技能 技术技能 商业头脑

图 15-4 现场和论坛产品管理技能提升项目（以一家美国金融机构为例）

训项目中，在教练手把手的指导下，将所学到的东西付诸实践。这次培训包括在四个论坛上共计约 20 个小时的培训，以及在教练的指导下另外 20 个小时的结业项目学习。

这些以产品为导向的培训项目可以帮助产品负责人掌握基础技能，但还远远不够。我们经常看到，人们在完成这些技能培训项目后，回到常规的工作环境，却无法应用新技能。因此，企业要确保团队使用相同的工件（例如工具和模板），一致明确产品负责人的责任，并在 QBR 期间通过类似的评审，来创建真正的产品管理方式。

产品负责人的技术和能力需要不断进化。例如，有朝一日，产品负责人会成为分析专家。他们能够在云上快速构建数据集群，提取使用数据，分析数据，并得出洞见。未来产品负责人还应熟练掌握机器学习概念与相关工具，它们能够有效地改善决策。

我们预计，大多数现代产品负责人至少会把 30% 的时间花在与客户和合作伙伴生态系统互动等外部活动上。这种互动将不局限于消费类产品——随着 IT 定制化的发展，B2B 产品负责人将直接与最终用户建立联系，而不是通过一层一层的销售中介获取反馈。

注释

1. Chandra Gnanasambandam, Martin Harrysson, Jeremy Schneider, and Rikki Singh, "What separates top product managers from the rest of the pack," McKinsey.com, January 20, 2023, https://www.mckinsey.com/industries/technology-media-and-telecommunications/our-insights/what-separates-top-product-managers-from-the-rest-of-the-pack.

第十六章

用户体验设计——魔力要素

> 当你开始培养同理心和想象力时,整个世界都在向你敞开大门。
>
> ——苏珊·萨兰登(Susan Sarandon)

你可以进行规划、研究开发、招兵买马、加大投资,但如果内部或外部客户不想采用你创建的数字化解决方案,那么做这些事毫无意义。在用户需求与公司想要推出的或者有能力构建的产品之间,存在着一种博弈关系,在数字化和人工智能转型过程中,这种关系是用户体验设计成为关键要素的原因,因为它能够推动创新、应用和价值创造。[1]

每个公司都希望以客户为中心,都希望提供客户喜爱的产品、体验和服务。那些真正在这方面脱颖而出的公司创造了极为可观的价值。我们的研究结果显示,以设计为驱动的公司五年期间的营收增长和股东整体回报率(TRS)增长远超同行业的其他公司。[2] 正如人们经常提到的那样,用户体验设计在数字化领域起到了魔法般的作用。

这个价值对B2B公司和B2C公司来说一样真实。我们发现,在重工业环境中,要让一线操作人员采用新的数字化解决方案,用户体验设计同样重要。任何想要认真进行数字化和人工智能转型的公司,都需要通过以下四种方式建立起用户体验设计能力。

从招聘优秀的设计师开始

招聘设计师宜早不宜迟。一些公司更喜欢将预算主要用于招聘硬核工程师，而这通常是一个错误。经过一年的开发，它们才发现客户或用户没有采用他们开发的解决方案，因为使用体验非常糟糕。

从一个小型的核心小组开始，可能有5~10名用户体验设计师，然后公司以此为基础逐步建设。我们发现，出色的用户体验设计师可以来自其他行业、设计公司甚至研究生院。越来越多的顶级学校开始提供融入了设计思维的工商管理硕士（MBA）课程。

在聘用设计师、建立设计能力之前，公司要清楚自己需要什么能力。设计师并非全都相同。设计人员往往要具备四种能力（见图16-1）。

投资用户体验设计开发过程

用户体验设计方法可大体分为两步：第一步，设计正确的产品；第二步，正确地设计产品。

设计正确的产品，就是读懂用户所需。设计师需要在用户身上花时间，确定用户的需求，这是量化调查或市场调查无法做到的。设计师在用户所在的环境中观察用户，可以直接收集到可靠的第一手客户意见，这是一种发现功能需求及情感需求的有效方法。当然，设计师既要使用数据，也不要忘记保持同理心。

现在，开展消费者研究的方法越来越多，设计师需要清楚地了解哪种工具最能服务于哪种目的（见图16-2）。

	核心竞争力	核心方法*
服务设计	具有分析、解析能力，善于从产品或服务的前台和后台交付过程中识别根本原因和次要效应 具备系统思考的能力，即系统思维——从细微处见整体 能够平衡业务、技术、用户需求以及目标，以达成满意的解决方案	商业模式画布 蓝图、生态系统版图 功能优先排序矩阵 解决问题框架 先进的设计工作坊 工具：Figma、Sketch、Adobe Creative Suite
设计研究	擅长进行定性研究，如情境访谈、日志研究、长期纵向工作研究等 能够进行实地调查和可用性测试 精通最佳实践方法，以确保结果的有效性及见解的综合性 有意识地增加对分析学以及其他定量研究方法的学习和了解	访谈 调研 用户画像 用户旅程流程图 使用数据分析进行路径分析 工具：Dovetail、UserTesting.com
用户体验设计	擅长以人为中心进行用户体验设计，主要针对数字化解决方案，但也包括服务设计 能够开发满足用户需求并符合最佳实践的、一致的解决方案	用户体验概念、交互模型 信息架构、导航路线等 线框图 原型 工具：Figma、Sketch、Adobe Creative Suite
视觉设计	擅长构图平衡、色彩理论、图标设计等 精通视觉设计模式和系统，包括但不限于品牌架构 擅长视觉系统开发和文档编写的最佳实践方式	品牌表达与延伸 情绪板、资产库 交互设计框架 全渠道设计模式 视觉设计 工具：Adobe Creative Suite、Sketch、Invision

*列举的核心方法未穷尽。

图 16-1 不同的设计能力

设计师洞察客户未被满足的需求的方式正在迅速发展，你需要确保你的设计团队精通这些技术。

只有充分了解客户需求和要解决的问题之后，设计师才能踏出设计之旅的第二步，即正确地设计产品。设计师不要急于跳到这一步，因为在没有理解和对齐第一步的情况下就制作原型必然会导致延迟。

- ● 产品的正常使用
- ■ 产品的脚本测试（通常是基于实验室的）
- ▲ 去情境化的/不使用产品
- ◆ 组合或混合

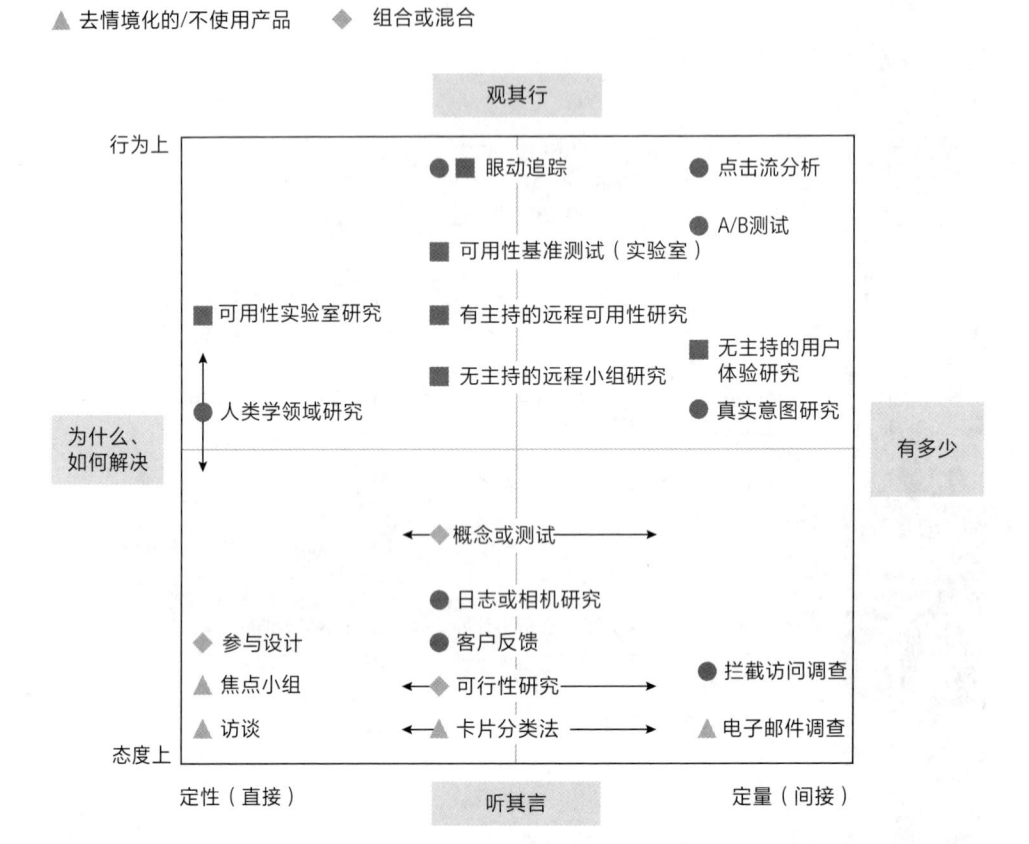

```
                            观其行
    行为上
                    ●■ 眼动追踪        ● 点击流分析
                                       ● A/B测试
                    ■ 可用性基准测试（实验室）
   ■ 可用性实验室研究
                    ■ 有主持的远程可用性研究
                                              ■ 无主持的用户
                    ■ 无主持的远程小组研究          体验研究
为什么、           ● 人类学领域研究         ● 真实意图研究        有多少
如何解决
                    ◆———概念或测试———
                    ● 日志或相机研究
         ◆ 参与设计   客户反馈
         ▲ 焦点小组                      ● 拦截访问调查
                    ◆———可行性研究———
         ▲ 访谈      ▲———卡片分类法——  ▲ 电子邮件调查
    态度上
       定性（直接）        听其言           定量（间接）
```

定性	定量
回答"为什么"的问题	回答"有多少"的问题
深入了解用户行为和情感需求	对来自人口样本的数据进行量化，并概括结果
发现自己都没有意识到的需求	从用户意见出发，用统计到的可靠数据来验证假设或解决方案
以用户观察为基础；与用户共创的能力	

图 16-2　收集客户反馈的一系列研究方法

该过程分为五个阶段，如图16-3所示。在每个阶段，设计师都会使用一套设计工具来创建最终产品。这套工具必须标准化，才能提高团队生产力和工作产品的复用率。

在这个过程的早期阶段，尽早将概念具体化非常重要。因此，我们推荐设计师从一个"快速而简单"的低保真模型开始着手，通常是在纸上创建模型，然后迅速对真实客户进行测试，并逐步迭代到更为复杂的版本，例如制作一个模拟的应用界面，进而确定一个可供工程师开发的可行产品。虽然这个过程看起来很耗时，但它几乎总是能提高开发效率（因为团队非常清楚要构建什么），并带来更好的结果（因为用户可以得到他们想要的东西）。

■ 工具 渠道

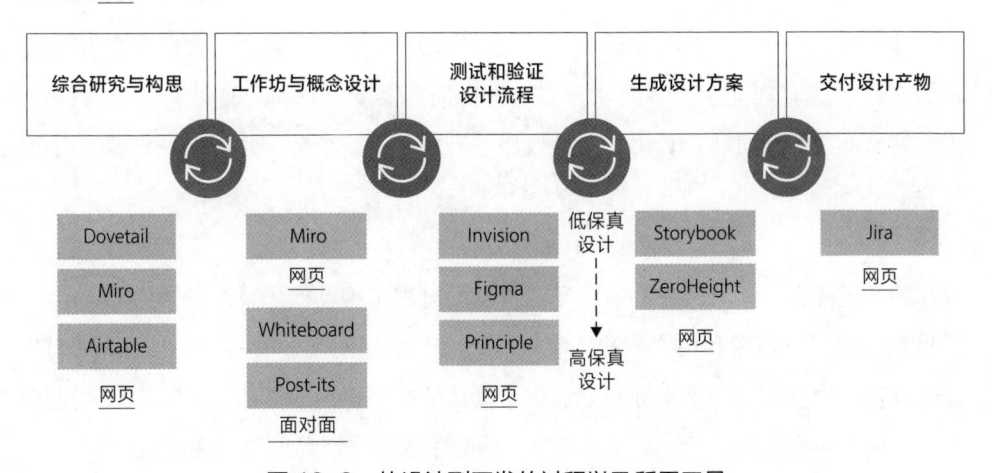

综合研究与构思	工作坊与概念设计	测试和验证设计流程	生成设计方案	交付设计产物
Dovetail	Miro	Invision	Storybook	Jira
Miro	网页	Figma	ZeroHeight	网页
Airtable	Whiteboard	Principle	网页	
网页	Post-its	网页		
	面对面			

低保真设计 → 高保真设计

图 16-3　从设计到开发的过程以及所用工具

像 Figma 这样的工具，允许设计师更快地设计原型，用以测试高度功能化的产品或服务，而无须编写代码，此类工具预示着技术驱动型设计的时代正加速到来。新的低代码或无代码以及 GenAI 技术，如 GPT-4，也将迅速改变这一开发过程的面貌。通过拖放功能，在后台自动生成代码，可以将开发时间从几周缩短到几天，或从几天缩短到几个小时。这给了用户体验设计团队更多时间来测试和完善产品和服务。

在原型开发制作的过程中，我们经常看到公司遇到的一个障碍是，在开发最小可行产品时过于关注产品提供的特性及功能。过度关注这一点可能会导致原型表现按预期呈现，但用户却无法获得很好的使用体验。相反，开发团队应专注于开发一个"最小魅力产品"，即关注最终用户实际上有多喜欢使用此产品或服务。举个例子，相比服务人员更快到达现场（如安装电缆），公司可能选择将重点放在服务人员在快要抵达时提前联系客户，这样的服务可能更能赢得客户的称赞。

这种专注于满足用户需求的做法，会有利于所创建的产品或服务得到更广泛的应用，简化应用程序和改善体验，极大减少低价值功能，并提升财务业绩。

一开始就让用户体验设计融入团队

用户体验和设计专家要一开始就成为敏捷小组的核心成员。然而，业务发起人往往认为自己了解客户需求，因此认为在开发后期才需要设计师。这是一个错误的观点。一流的组织通过将设计融入产品或服务开发的每一个环节，来提供卓越的用户体验。

设计师通过确保客户见解始终贯穿于迭代开发过程来推动概念设计，创建核心体验交付物，如用户画像和用户旅程（实现最终的一系列交互），并确保团队在整个产品开发过程中使用它们来引导开发流程。设计师通过识别痛点和潜在的客户愉悦感来绘制用户旅程地图，而不是从"复制、粘贴"上一个产品的技术规范做起。

让用户体验设计紧扣价值

最优秀的公司专注于将用户体验与价值联系在一起。小组在开发用户体验流程时，会识别其中的要点，并将其与关键的业务绩效指标及其产生的价值联系起来。例如，在银行用户体验中，优化关怀客户之类的互动，会使客户感到更加愉悦，从而减少客户流失。通过这种类型的分析，设计师能够深入了解最大的价值差异所在。

这些指标并非作秀。公司应该以跟踪收入和成本相同的严谨程度来评估设计绩效。公司现在可以将设计指标（如满意度评级和可用性评估）纳入产品规格，如同为材料的等级或预期上市时间制定要求一样。

注释

1. See "Driving business impact through customer centricity and digital agility," McKinsey.com, July 30, 2021, https://www.mckinsey.com/capabilities/mckinsey-digital/our-insights/driving-business-impact-through-customer-centricity-and-digital-agility.
2. Benedict Sheppard, Hugo Sarrazin, Garen Kouyoumjian, and Fabricio Dore, "The business value of design," *McKinsey Quarterly*, October 25, 2018, https://www.mckinsey.com/capabilities/mckinsey-design/our-insights/the-business-value-of-design.

练习部分

做好准备

回答以下这组问题将有助于你了解应采取哪些正确行动：

高管们是否就运营模式达成共识，能够让数百个小组实现数字化创新？

每个团队的 OKRs 是否与业务优先级保持一致？

"管控职能"（如财务、法律、监管）是否与业务和技术一起参与敏捷过程？

财务和管理流程以何种方式与敏捷度更高的运营模式保持一致？

如何衡量小组在速度和敏捷性方面取得的进展？

你的小组和解决方案的开发工作中有多少是由产品负责人领导的？

用户体验和设计专家是否为敏捷小组成员？是否在早期已参与其中？

第四部分

高速分布式创新技术:

构建技术环境,赋能整个企业数字化创新

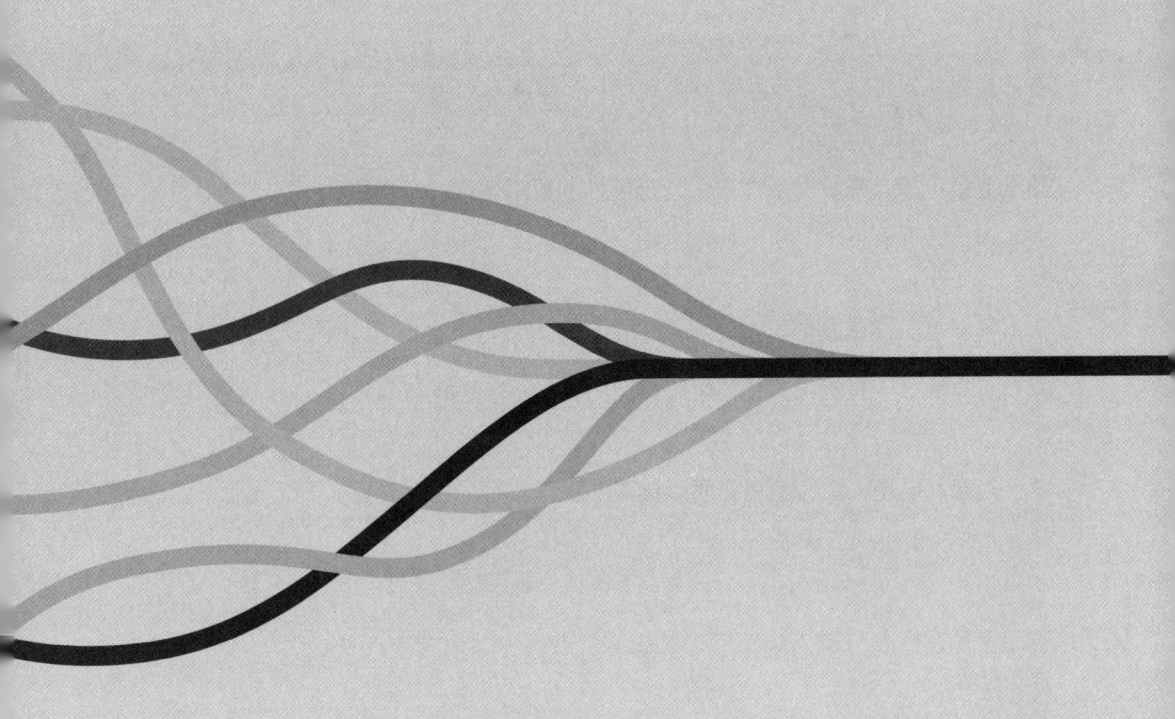

简单来讲，技术的目标是让小组能够很轻松地不断开发数字化和人工智能创新，并向客户和用户发布。要实现这一目标，需要建立一个分布式的技术环境，使每个小组都可以访问所需的数据、应用程序和软件开发工具，以实现快速创新，并交付安全、高质量的解决方案。

近年来，随着技术的不断进步和成熟，包括合理使用 APIs 来解耦应用程序、开发工具的可用性，将高价值工作负载有选择地迁移到云上，以及基础设施自动化配置等，使得创建这种分布式环境具备了可行性。

没有相关技术背景的读者可能会想跳过这一部分。但请不要这么做！你需要了解基础技术知识，方可成为数字化世界中一名合格的领导者。虽然这一部分确实探讨了一些快速发展的技术领域的细节，但也强调了要成为一名合格的数字化领导者，需要了解的最重要的问题和主题。[1]

要构建能够支持数字化转型的技术环境，需要具备七大能力。

第十七章：具有开发灵活性与运营延展性的解耦架构。解耦架构的总体设计原则和方式，是通过最小化依赖关系来构建的，并引入 APIs 概念，赋能小组创新。

第十八章：一种更精细、更注重价值的云迁移方法。在将应用程序迁移到云上时，关注有价值的业务领域，可以确保云投资的最大回报率。

第十九章：自动、快速编写高质量代码的工程实践。软件开发和部署的自动化是构建和发布高质量软件的基础。

第二十章：提高开发人员生产力的工具。构建一个开发者平台，使工程师都能轻松、高效地工作，并且可以避免使用过多的工具。

第二十一章：交付生产级数字化解决方案。通过自动化，为安全、可控以及可扩展的生产环境创造条件。

第二十二章：从一开始就建立安全性和自动化。在整个软件开发过程中，自动执行安全检查将加快整体开发的速度，并能确保所有数字化解决方案的安全性和稳定性。

第二十三章：MLOps 助力人工智能的规模化应用。人工智能和机器学习（AI/ML）模型是"活的生物体"，需要监测和持续的数据训练。这就是为什么需要 MLOps 自动化工具实现人工智能的规模化应用。

注释

1. Thomas Elsner, Peter Maier, Gerard Richter, and Katja Zolper, "What CIOs need from their CEOs and boards to make IT digital ready," McKinsey.com, December 1, 2021, https://www.mckinsey.com/capabilities/mckinsey-digital/our-insights/what-cios-need-from-their-ceos-and-boards-to-make-it-digital-ready; Steve Van Kuiken, "Boards and the cloud," McKinsey.com, November 18, 2021, https://www.mckinsey.com/capabilities/strategy-and-corporate-finance/our-insights/boards-and-the-cloud.

第十七章

具有开发灵活性与运营延展性的解耦架构

> 我们塑造了建筑，建筑又塑造了我们。
> ——温斯顿·丘吉尔（Winston Churchill）

平台架构支持与用户互动的交互系统（前端）和数据存储系统（后端），以及数据和分析，以形成解决方案，并朝着数字化以及人工智能方向转型。最佳的架构集灵活性、稳定性和速度于一身，以便系统中的敏捷小组能够构建所需的解决方案，从而交付数字化路线图。这里关键的一点在于，需要一个分布式和解耦的体系结构，以便小组能够组装模块化和可以重复使用的组件（见图 17-1）。

企业架构团队决定所有敏捷小组的总体架构设计理念和选择，并决定这些敏捷小组需要采用实施的工程实践方案。

实现这种架构需要以云技术为基础（详见第十八章），同时在运行上要做到以下四个关键转变。

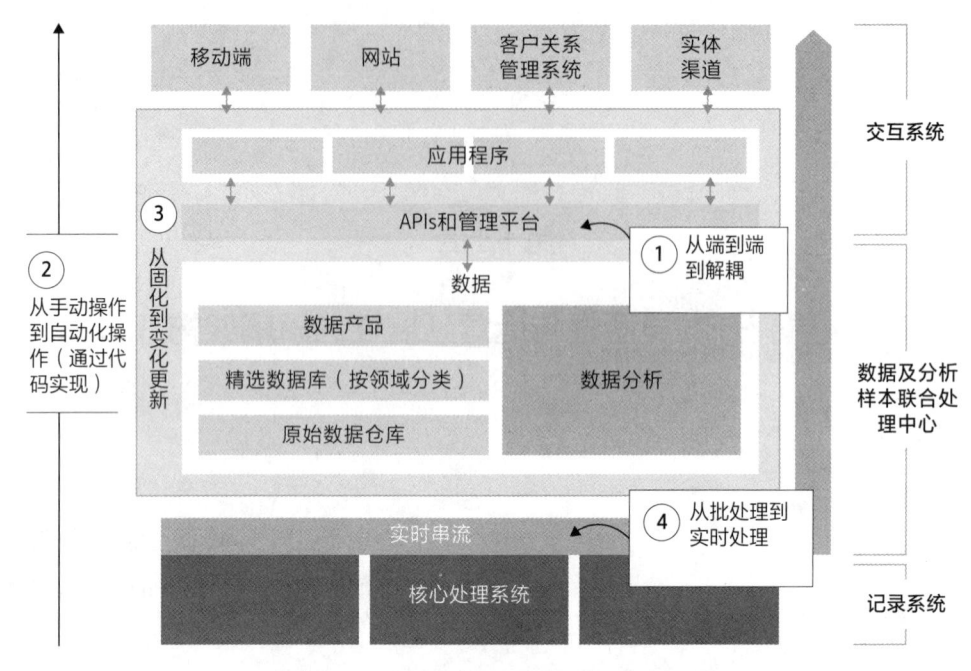

图 17-1 实现数字化架构的四个重大转变

从点对点控制到解耦控制

就架构体系而言，解耦（字面意思是，将一个系统中的点和另一个系统中的点之间的连接进行分离）能够使某个系统在不受其余系统干扰的情况下独立开发自己的应用程序，从而提升整个组织的灵活性以及延展能力。以下两种技术可用于解耦。

采用基于 API 的接口，但要防止接口数量激增

APIs 可以使小组将其数据和应用功能共享给内部的其他小组，或者外部客户以及合作伙伴。APIs 在本质上是将大型单体应用程序拆分为微应用程序。这种转变是一个基石，可以使数百个小组独立创新，而无须总是依赖其他小组。

亚马逊公司的杰夫·贝佐斯因一份备忘录而闻名于世，这份备忘录改变了亚马逊公司和整个软件世界[1]。其要点如下：

- 所有团队通过服务接口（也就是 APIs）共享各自的数据和功能，而且团队必须通过这些接口进行沟通。

- 禁止其余任何形式的进程间通信，不允许直接链接、直接读取其他团队的数据储存、共享内存模型以及任何形式的后门程序等。员工们仅能通过调用网络上的服务接口来进行交流。

- 使用什么技术并不重要，例如超文本传输协议（HTTP）、公共对象请求代理结构（Corba）、发布/订阅模式（Pubsub）、自定义协议（custom protocols）等，这些都可以，贝佐斯对此并不在意。

- 无一例外，所有服务接口必须从设计之初就设计为可从外部访问。换言之，团队必须规划和设计能够让外部开发人员共享的接口，没有例外。

- 凡是不遵循上述要求的员工都会被开除。

应用程序不同层次之间的链接极为复杂，而 APIs 简化了应用程序之间的集成，使开发团队免受这一影响，从而加快产品上市，并降低现有应用程序出现新问题的概率。此类接口还可根据需求的变换来更换个别组件，这十分简单。

然而，由于这些优势，公司往往会创建过多的 APIs。这将会使其与 web 服务甚至传统架构中的点对点接口一样变得毫无优势可言。我们需要尽量减少 APIs 的数量并对其实际应用进行优化。APIs 绝对是解耦的关键，但我们需要对其加以管理。[2]

适当的呈现形式以及良好的可用性可谓是充分发挥 APIs 优势的重中之重。我们通常使用管理平台（通常称网关）来创建、发布以及使用 APIs，并控制访问以及衡量其使用情况和性能。该平台还可以使敏捷小组搜索现有 APIs 并对其加以重新利用，而非构建新的 APIs。我们需要制定相关标准、指导方针以及分类法，以确保 APIs 创建和使用的一致性。

例如，一家制药公司通过 APIs 为所有员工建立了一个内部"数据市场"，以简化和标准化对核心数据资产的访问，而不是依赖专有的接口。在 18 个月的时间里，该公司将最具价值的现有数据源逐步迁移到一处基于 APIs 的架构中，并部署了一个管理平台以便其用户能够共享 APIs。这种企业数据架构大大促进了以分析和人工智能为基础的创新成果的开发和部署。

实践者说：一次 API 的转型

我们首先通过构建标准银行领域（如客户和产品）中企业服务总线（ESB）上的现有服务来确定 APIs 的优先级。我们还将某些非银行 APIs 优先列为"通用"或"渠道交互"级别，例如活动、优惠和光学字符识别（OCR）功能。

然后，我们对各项服务进行了优先级排序，排序依据便是它们与这种转换（也就是我们为推动每个 IT 平台的现代化而需要对其进行解耦转换）的紧密程度以及它们的复杂程度。基于这些标准，我们可以对"API 化"IT 架构所需的总体工作量有一个更好的了解。下一步，我们要开始构建运营以及管理模式，并对 API 的分类、标准和指导方针进行详细说明。最后，我们确定了 API 管理平台和其他相关组件的技术解决方案，并开始了第一次的概念验证。

对技术和业务而言，APIs 十分重要且潜力无穷，我们向管理层说明了这点，并为此投入了很大一部分预算。我们有足够的初始资金来奠定技术基础、出台所需的标准和政策，并将我们所有的服务项目从传统企业服务总线迁移到微服务上，这样人们便可以通过 APIs 进行访问。现在，我们的微服务数量已达到

800 个。

在此基础上,我们建立了三个敏捷小组,它们只负责在不同领域构建 APIs。我们通过在 IT 部门举办多场 API 知识讲座的方式来启动 API 相关工作,并向业务部门的同事进行宣传,帮助大家了解其中的机遇。

为了推动 API 的采用,建立用户友好型开发人员门户网站,并提供完备的文档以及强大的搜索功能是至关重要的。我们在全球范围内寻找最佳实践案例。此外,我们还投资对开发人员进行了培训,让他们能够在初始阶段就熟悉开发人员门户以及 API 指导方针和相关标准。我们希望以上工作能够奠定坚实的基础,以便在时机成熟时轻松扩大规模。

在内部和外部的一些使用案例取得初步成功后,业务需求得到了显著增长。客户想要更多的 APIs,越快越好。因此,为满足日益增长的需求,我们创建了一个快速反应的灵活预算编制以及优先级排序流程。

我们面临的最大挑战之一是如何获得合适的人才来推进 API 策略。我们要做的工作十分复杂,包括重新设计集成架构、建立 API 管理平台和开发人员门户网站,还要不断地对初期积压的 API 进行优先级排序。一方面,我们需要经验丰富、了解技术细节的工程师;另一方面,我们也需要经验丰富的产品负责人,以确保我们能够专注于正确的优先事项。

起初,由于难以获得技术人才,我们担心无法在迪拜培养所需的人才。不过,我们合理平衡了招聘和自主培养的比例,从而成功地补足了人才缺口。针对所需的不同职位,我们设计了专门的学习内容,并结合了内、外部课程与认证计划。这是我们取得成功的一个关键因素。

后来,如何提高敏捷 API 小组的生产力成为我们面临的又一个挑战。初期,我们的团队可以通过两到三周时间的冲刺来交付一个 API，这是可以接受的。但是，我们只有大幅提高生产力，才能实现预期计划。我们利用 DevOps 自动化工具进行优化集成，保持持续的部署和交付，从而使我们的 API 产量翻了一番。

——沙特·AI·达亚尼（Saud Al Dhawyani），
阿联酋新开发银行（Emirates NDB）首席技术官

利用云数据平台

数据平台可以"缓冲"核心系统外部的数据处理。该平台将数据整合到分析密集型应用程序中，并支持异步数据使用。数据湖或者分布式数据网格可以提供这样的缓冲区。这是一个生态系统，由不同平台构成，这些平台以每个业务领域预期的数据使用以及工作负荷为出发点，进行最优适配（详见第二十六章中的数据架构内容）。

在更高级的数据架构中，还可以创建具有高质量数据、简单易用的数字化产品，来实现进一步的缓冲（详见第二十五章中的数据产品内容）。

图17-2展示了一个医疗设备制造商如何为其客户的应用程序构建了现代应用程序架构。前部网关控制入站流量，确保安全。然后，API 会解析需要哪些应用程序服务。对云数据平台进行架构，使其成为数据湖中批量存储的数据集合及更完备的数据产品，可供用户或应用程序使用（例如客户数据、医疗产品和位置数据，以确保符合当地法规）。

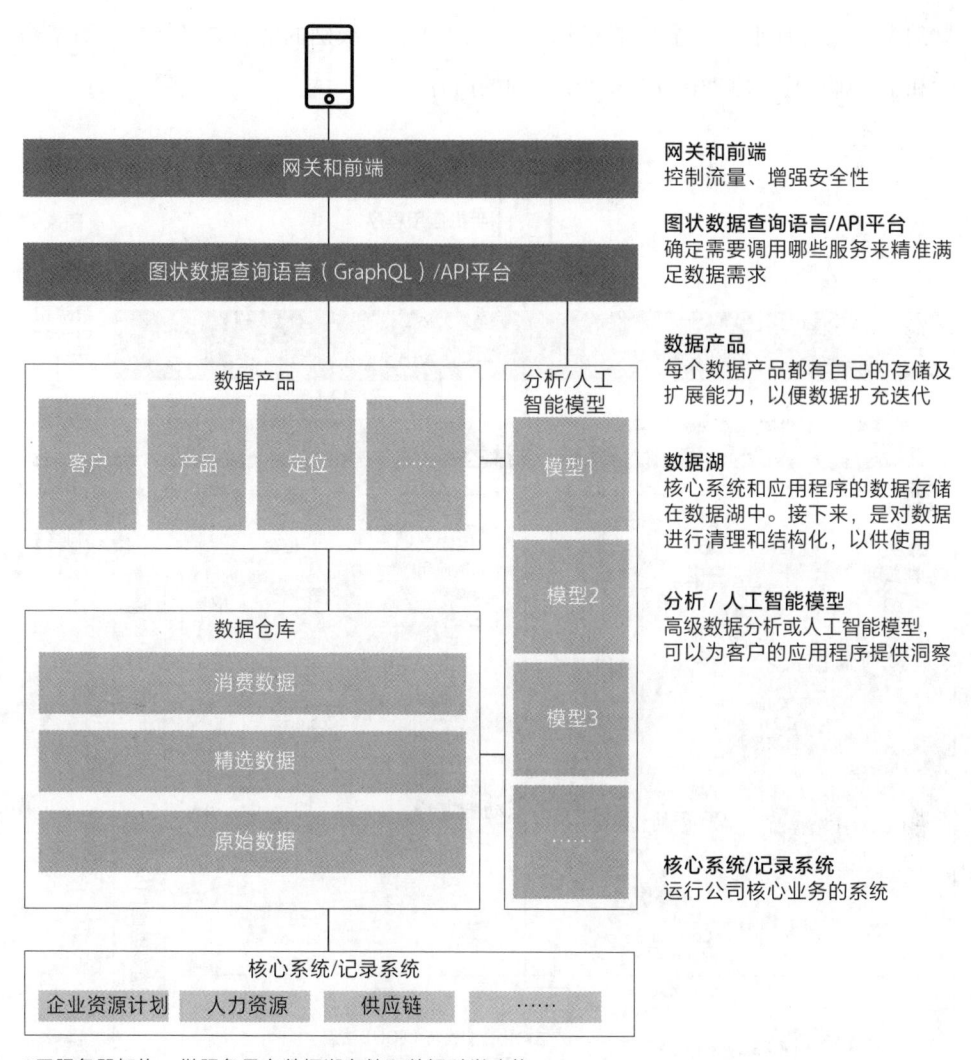

第十七章 具有开发灵活性与运营延展性的解耦架构

网关和前端
控制流量、增强安全性

图状数据查询语言/API平台
确定需要调用哪些服务来精准满足数据需求

数据产品
每个数据产品都有自己的存储及扩展能力，以便数据扩充迭代

数据湖
核心系统和应用程序的数据存储在数据湖中。接下来，是对数据进行清理和结构化，以供使用

分析／人工智能模型
高级数据分析或人工智能模型，可以为客户的应用程序提供洞察

核心系统/记录系统
运行公司核心业务的系统

1.无服务器架构、微服务具有数据湖存储和数据科学功能。

图 17-2　现代应用程序架构概述[1]
（以一家全球领先的医疗设备公司的消费者应用程序架构为示例）

图 17-3 展示了详细的示意图，解释了如何构建这个架构。通常在这种对细节有要求的操作级别，解决方案架构师和全栈工程师会参与进来。该架构在 Azure 云计算平台上构建，使用了最佳的工具或开源工具。将图 17-2 和图 17-3 一一对应是很容

易的事情。所有业务领导者都应该理解图 17-2 这个级别的解决方案架构，而架构师和工程师则应该掌握图 17-3 这个层面的内容。

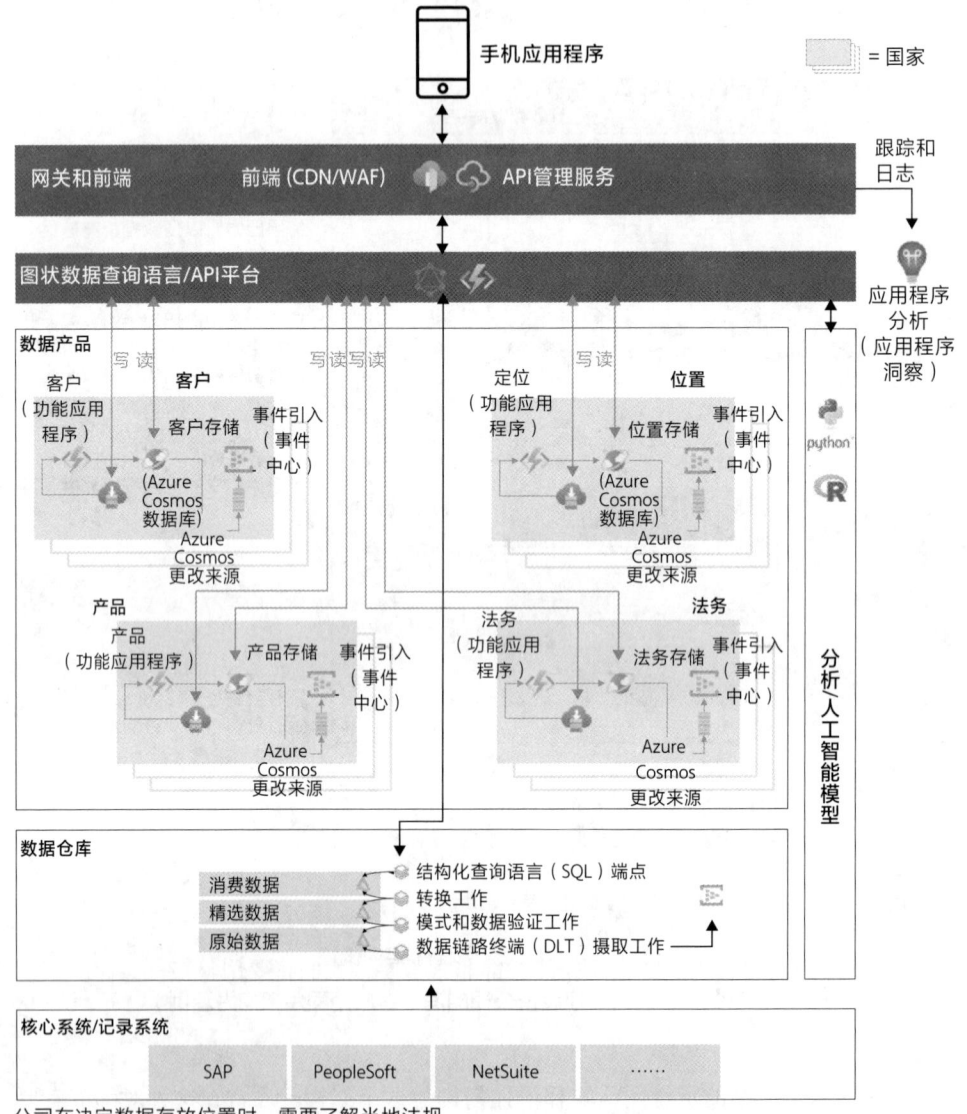

图 17-3　现代应用程序架构详细原理图
（以一家全球领先的医疗设备公司的消费者应用程序体系架构为示例）

代码：让手动变自动

手动配置基础架构或手动构建和部署软件的成本不容低估。这个过程不仅缓慢而烦琐，而且容易出错。为了规避这些问题，领先企业会进行基础设施自动化及软件交付自动化。

基础设施配置自动化

IaC（基础设施即代码）的使用，可以让敏捷小组以一种可重复的、有成本效益的、可靠的方式为云环境及基础设施、存储和其他服务提供配置。它可以在配置文件中对所有基础设施规范进行显式编码，以创建"单一事实来源"。它还可以对所有变更实现有效跟踪，并在需要时对其进行简化还原。

为了促进代码再利用，并避免重复，架构师在编写基础架构脚本时，一定要强制创建代码块。架构师可以创建一种简单且便于用户操作的方法，将这些高质量的代码块编入同一个目录，以便开发人员查找（参见第二十章）。谷歌云平台（GCP）中的 IaC 代码块示例包含了建立云资产清单服务，该服务可以让资源可视化，以监控、分析和理解跨项目的所有资产。另一个例子是设置计算引擎，该服务能够在虚拟私有云中提供高性能虚拟设备。

软件交付自动化

自动化软件的构建、测试、验证和部署都非常重要，我们将要用整整一章的篇幅来讨论如何做到这一点（见第十九章）。

从固化到进化

建筑行业和计算机行业有很多相似之处，然而，不同的是，在计算机领域，在开发任何新的产品之前,都会预先构建一个完美的、规划好的架构。技术发展日新月异,支持公司的技术和架构将随着时间的推移而发展,因此具备一定的灵活性是必不可少的。目的是在不需要推倒重来的前提下,引入新的数据、分析方法和软件开发工具。

要想实现这一转变,企业就要转向模块化架构,这是同类型中最佳的开源工具,可以根据需要用新技术替换,而不会影响架构的其他部分。实际上,这需要制定明确的标准,以防止或多或少具有相同功能的工具激增,并在组件之间设计完善的接口,以最大程度减少因系统依赖所导致的可变性和复杂性。

企业架构团队不应该只是坐在象牙塔里,远离敏捷小组,而应该与后者密切合作,了解其需求,并随时调整标准。这就要求企业架构师与敏捷小组讨论技术决策产生的业务影响。你聘请的企业架构师应该既了解这些先进组件和工具,又了解交付现代软件所需的条件。

从批处理到实时数据处理

实时数据消息和数据流的处理成本已经显著降低,为其更主流的使用铺平了道路。这些技术使得一系列新的业务应用程序的开发成为可能。例如:运输公司可以在出租车快要到达时向乘客提供准确到秒的到达时间预测;保险公司可以分析来自智能设备的实时行为数据与个性化费率;制造商可以根据实时传感器数据预测设备故障。虽然实时处理的单位成本持续下降,但对于大型数据集合来说,总体成本可能很高。因此,很重要的一点是要考虑哪些数字化解决方案真的需要这种能力。

在进行实时数据处理时,需要决定应用程序之间的消息传递标准(消息收发平台)和流数据的标准。消息收发平台为数字化应用程序提供了一种发布消息的方式,订阅消息的应用程序可以在收到消息时对消息采取相应措施。企业级的消息收发平台有很多种,例如 Apache ActiveMQ、Apache Kafka、RabbitMQ、Amazon Simple

Queue Service。确定一个标准的消息收发平台，使数字化应用程序可以以解耦的方式收发离散消息，这样就不需要将这些应用程序捆绑在一起。

流（streaming）通常用于分析或实时数据处理。数据流种类众多，例如用于传感器或股票报告的数据流。每种数据流都应该有自己的标准。例如，在欺诈检测中，数据流可以帮你分析，说明究竟是一组交易，还是每笔单独交易（见图 17-4）。与消息平台一样，有大量的企业级流处理工具可供选择，例如 Kafka、Amazon Kinesis、Apache Spark 或 Apache Flink。

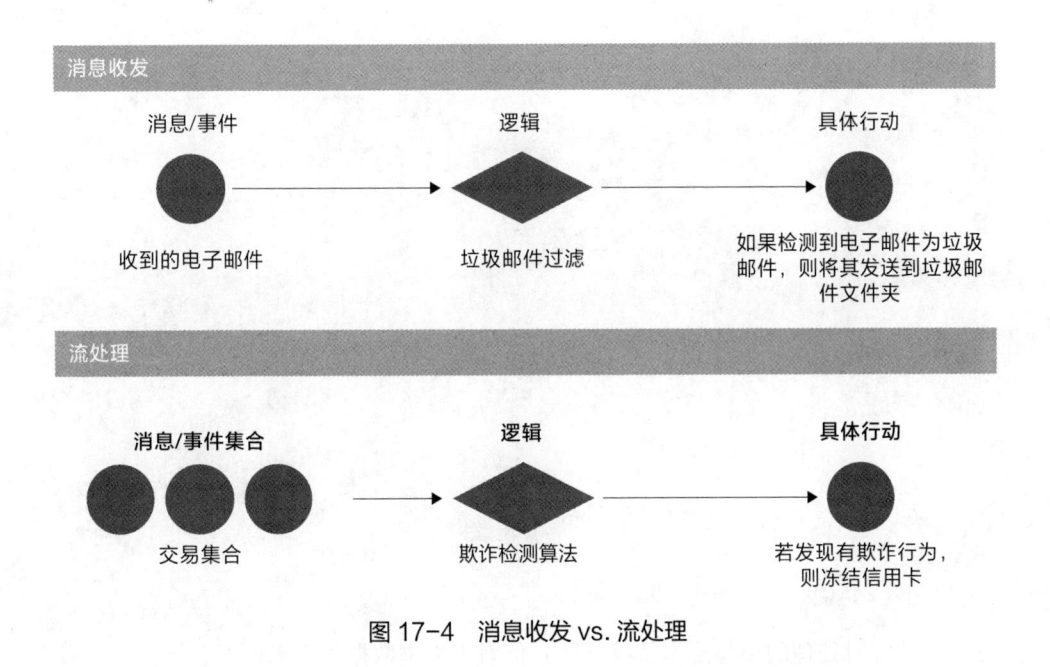

图 17-4 消息收发 vs. 流处理

企业架构团队应尽早与敏捷小组一起，决定公司内部的消息传递和流处理需要哪些功能。越早进行标准化，敏捷小组就越能有效地进行协作。

注释

1. Augusto Marietti, "The API Mandate: How a mythical memo from Jeff Bezos changed software forever,"

Kong, May 23, 2022, https://konghq. com/blog/enterprise/api-mandate.
2. Sven Blumberg, Timo Mauerhofer, Chandrasekhar Panda, and Henning Soller, "The right APIs: Identifying antipatterns of API usage," McKinsey.com, July 30, 2021, https://www.mckinsey.com/capabilities/mckinsey-digital/our-insights/tech-forward/the-right-apis-identifying-antipatterns-of-api-usage.

第十八章

一种更加精准、更注重价值的云迁移方法

> 云端见"月明"。
> ——塞尔吉·金（Serge King）

数字化转型需要向云上迁移，但是究竟迁移到何种程度呢？这是一个棘手的问题。此外，由于对云经济和有效迁移策略的理解往往有限，这个问题变得越发难以回答。事实上，大规模云迁移工作的结果往往达不到预期效果，甚至在很多情况下会产生惊人的高额投资，以及冗长的迁移时间。[1]

成功地将云整合到数字化和人工智能转型中，需要一种基于价值的方法。[2] 也就是说，在数字化过程中，哪些业务领域需要优先考虑？对这些领域中现有的应用程序，需要用什么云迁移方法（如果有的话）？采用更精准的云迁移方法能更快地实现价值。

同步重塑业务领域和底层科技

云产生的大部分价值来自为业务提供更高的敏捷性、创新性和弹性，而不仅仅是一个廉价的主机替代品，用来取代那些数据中心的旧机器。

从优先级高的业务领域开始做起，一定要同时重塑该领域和底层技术，这样才能清晰地了解需要迁移的应用程序，以获得最大价值。同时，在大批量迁移应用程序时，要避免陷入将大量关联性不强的应用迁移到云上的陷阱，否则将无法充分利用云的优势。

例如，一家保险公司想要重新设计其客户投保流程，因此推出了两个工作流程：一个是重新构思并简化整个投保流程，另一个是对云上的底层技术进行现代化改造。这两个流程相辅相成，实现了全渠道平台和云技术的现代化，因而能够将一系列不同的、基于纸面的、特定渠道的流程转变为无缝衔接的、数字化的全渠道体验。

在为优先领域构建技术规划时，要一次性明确该路线图上每个数字化解决方案的架构选择，而非逐步、零散地进行，因为这将有助于你全面了解不同方案之间的依存关系，以及获取价值的最佳顺序。

图 18-1 提供了最常见的架构选择和相关云操作考量因素的简单框架，选择众多，可以维持应用程序"原封不动"，可以将其迁移到云上，也可以将其停用。

典型的架构选择	银行实例	操作考量因素
构建新的云原生应用程序	构建操作步骤最少的移动信用卡开户申请应用程序	提供从核心系统到引入应用程序和信用分析的数据流
"原封不动"地使用核心系统应用程序（以封装的形式）	使用核心银行系统中的"KYC"（Know Your Customer，了解你的客户）应用系统	使用 API 访问 KYC 系统应用程序，确保实时性能需求
构建新的云原生功能以替换核心系统应用程序的一部分	构建新的信用决策引擎，取代核心的信用风险评估系统	构建新的信贷决策引擎，实时访问客户数据
将核心系统应用程序迁移和重构到云端，以增强性能创新	将整个信用风险评估应用程序迁移和重构到云端，以加快上市	决定最佳迁移方式（见云迁移选项）
更改整个核心系统，以提高性能并降低单位成本	更改整个核心银行系统，以降低单位成本并启用更强大的新功能套件	并行运行旧系统和新核心系统，并建立数据迁移策略

（复杂性递增）

图 18-1 构建数字化解决方案的典型架构选择

确定云部署和迁移方法

若给定的解决方案需要迁移到云上[而非将其淘汰或用软件即服务（SaaS）解决方案替代]，那么第二步要做的就是选择将应用程序"重新托管"到云上，或者在云上进行"重新架构"，抑或是介于两者之间，比如"平台重建"（见图18-2）。

① **淘汰**
不再有用且可能在未来1~2年内淘汰的应用程序

② **重新购买**
从技术或业务角度来看，该应用程序已经被废弃，需要用云原生软件即服务[1]取代

③ **重新托管**（"上传并转移"）
这部分应用程序需要进行升级并转移到云上，以快速实现更大规模的遗留应用程序的迁移，从而让数据中心退出舞台

④ **平台重建**
在不改变核心架构的情况下，改变应用程序平台，以获得一些切实好处

⑤ **代码重构或重新设计架构**
改变架构，增加在当前应用环境中难以实现的功能、规模或性能

⑥ **保留**
尚未准备好迁移的应用程序，或迁移后获益甚微的应用程序

1. 若更换应用程序，可以根据软件即服务市场成熟度及业务需求，构建定制的应用程序或配置软件即服务应用程序。

图18-2　处置或迁移遗留应用程序的六大选择

- **重新托管**（"上传并转移"）需要将应用程序迁移到云上，而不需要代码或架构更改，或者只需要有限的代码或架构更改。若企业想快速发展，这不失为一种选择。但按照以往的经验，一味地将应用程序上传、转移到云上并不会产生太多价值，而是应该重新搭建平台或重构应用程序，以利用云的优势。

- **平台重建**与重新架构相比，所需的变更相对容易，例如更改数据层交互，并通过利用一些云原生功能快速驱动价值的实现。

- **代码重构或重新设计架构**需要将应用迁移到公有云平台并重新进行架构，以利用

云原生功能。虽然这需要更改代码，并投入一定的资金，但如果需要显著增强应用程序的功能，以满足新的业务需求，这往往是最佳的选择。

领先企业通常会采取多种方法来处理其业务领域的应用程序。一般而言，"重新托管"或"重建平台"是现代化进程的第一步，可以在"重新架构"之前快速获得价值（降低成本和削减一部分云功能）。不过，至关重要的是，要立即评估业务领域的所有相关应用程序并进行更新，但不要逐个进行，否则成本会更加高昂。

迁移应用程序通常需要对它们的安全性与合规性进行补充，并优化云中的系统。迁移并进行后续优化，可以帮助许多公司打破在云计算程序中遇到的僵局。但是，采用这种方法需要接受这样一个事实，即采用某些应用程序可能在短期内耗费的成本更高，并且展现的性能会更差。

选择云服务提供商

企业要避免让团队自行选择云服务提供商。如果让敏捷小组自主决定使用什么服务，最终会导致整个组织变得碎片化、复杂、冗余、缺乏协作。在许多情况下，相关技术不会在云服务提供商之间转移。同样，企业架构团队应该考虑的是，哪些服务需要标准化，以避免复杂性和技术债务（企业应该采用哪些数据库服务或消息传递技术作为标准）。每个云服务提供商都可以提供数百种本地服务和应用市场，这些服务和应用市场都支持第三方服务系统访问。

构建云基础

由于一些公司没有投资建立一个坚实的云基础，使得许多针对云计算所做的努力未能实现规模化。因此，公司需要一些能力较高的云架构师来构建这些基本元素。

1. **基础云功能**。这些功能包括网络连接和路由器，集中式防火墙以及代理功能，身份标准化，企业日志、监控和分析（ELMA），共享企业服务，标准镜像（或主镜像）管道，合规和安全执行。公司可以一次性构建基础功能，并在隔离区里重新运行使用。

2. **隔离区**。隔离区（isolation zones，也称停放区）是应用程序所在的云环境。每个区都包含云服务提供商服务、身份和访问管理（IAM）、网络隔离、容量管理、隔离区特定共享服务，以及运行一个或多个相关应用程序的变更控制器。在某一区崩溃时，隔离区提供额外的运行空间。因此，最好有多个隔离区来创建这种冗余空间，但不要太多，以免过于复杂。

   统一隔离区的数量至关重要。对于单个隔离区来说，为支持一个应用程序而进行的配置更改可能会在无意中影响到其他应用程序。另一种极端情况则是，每个应用程序都有一个隔离区，这会阻碍配置更改的有效运行，需要跨多个隔离区执行相同的工作。

3. **应用模式**。这是一些代码工具，它们会将应用程序的安全性、兼容性和标准化配置自动化，并配置具有类似功能性或非功能性需求的软件。应用模式可以负责配置共享资源、标准化部署流水线，以及确保质量和安全的合规性。应用模式的实例包括：数据处理模式，例如 SQL DB、NoSQL DB、数据集或数据库；Web 应用程序，例如静态网站或三层 Web 应用程序；APIs 等。支持应用程序目录所需的模式数量应该很少，从而最大程度提高投资回报率。例如，一家大型银行仅成功使用了 10 种应用模式，就满足了 95% 的必要用例的需求。

这些基本要素可能使云迁移及其应用的速度提高八倍，从长远来看，还能降低一半的迁移成本。[3]

建立 FinOps 能力

最有效的云经济是只在需要时为容量付费,而不是为不使用的容量白白付费。要想实现这一点,企业就要选择最符合当前工作负载需求的云服务,这样可以节省高达 20% 的云支出。

表现最好的企业会通过汇集技术、财务以及采购人才,创建 FinOps(财务运营)团队来管理云支出,从而发展这种能力。该团队需要确定业务的计算和网络需求,通常会使用高级分析来帮助预测需求,然后将需求转化为最佳的云产品和定价计划。他们使用云工具创建自动化仪表盘来跟踪云使用情况,并重新分配资源以优化支出结构。FinOps 团队还跟踪本企业的云支出,以确保支出合规。

云计算是一种巨大的乘数效应。在数字化转型过程中,你将需要云计算能力,但这并不意味着必须迁移所有的工作负载。一支顶尖的云架构师和 FinOps 专家团队可以在必要的选择和权衡中进行取舍(并且能够获得多次投资回报)。

注释

1. Abhi Bhatnagar, Bailey Caldwell, Alharith Hussin, and Abdallah Saleme, "Cloud economics and the six most damaging mistakes to avoid," McKinsey.com, May 3, 2022, https://www.mckinsey.com/capabilities/mckinsey-digital/our-insights/cloud-economics-and-the-six-most-damaging-mistakes-to-avoid.

2. Aamer Baig and James Kaplan, "Five steps for finding value in the cloud," *CIO*, February 2, 2022, https://www.cio.com/article/304106/5-steps-for-finding-value-in-the-cloud.html; See "Seven lessons on how technology transformations can deliver value," McKinsey.com, March 11, 2021, https://www.mckinsey.com/capabilities/mckinsey-digital/our-insights/seven-lessons-on-how-technology-transformations-can-deliver-value.

3. Aaron Bawcom, Sebastian Becerra, Beau Bennett, and Bill Gregg, "Cloud foundations: Ten commandments for faster – and more profitable – cloud migrations," McKinsey.com, April 21, 2022, https://www.mckinsey.com/capabilities/mckinsey-digital/our-insights/cloud-foundations-ten-commandments-for-faster-and-more-profitable-cloud-migrations.

第十九章

自动、快速编写高质量代码的工程实践

> 工程师让美梦成真。
>
> ——宫崎骏（Hayao Miyazaki）

过去，发布新软件就好比发布一款重磅新车型：要经过多年的设计、开发及严格测试，并且通常还会举办大型营销活动和上市发布会。但是，更先进的方法和工具已经出现，其中开源软件的优势日益凸显，使开发团队能够在软件开发的不同阶段取得进展，快速推出新功能，由此改变了游戏规则——现在，每家公司都需要成为一家软件公司。[1] 这场改革的核心是 SDLC（软件开发生命周期）的自动化，这是本章的重点（见图 19-1）。

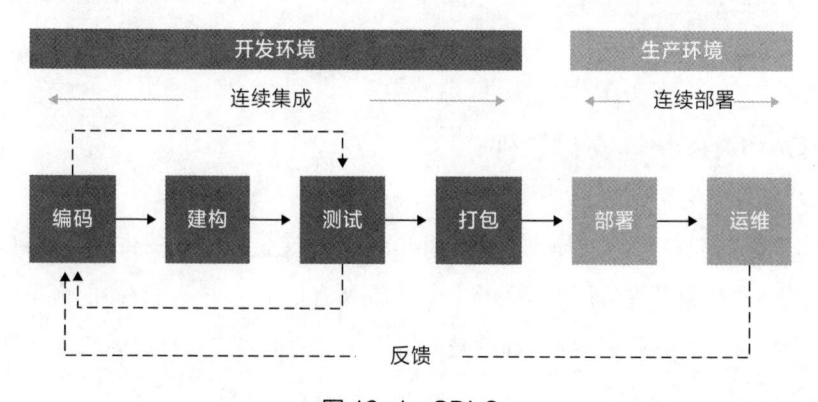

图 19-1 SDLC

SDLC 的自动化使敏捷小组能够进行小幅改动、不断验证（通过快速反馈机制）、频繁测试，并持续迭代。这与普遍采用的传统方法形成了鲜明的对比。在传统方法中，团队在发布窗口期间分批对其进行大量修改，然后再发布到生产环境中。考虑到这些改动的幅度及其所涉及的事项数量，可能会出现各种问题，从而影响敏捷小组快速迭代的能力。

奈飞公司创建了一个基于云计算的 IT 架构，开发人员能够每天对数百个软件进行修改。它的网站由数百个托管在云上的微服务组成，每个微服务由一个专门的团队开发和维护。开发人员不需要向 IT 运维团队请求资源支持，而是可以自动将代码块构建成可载入的 web 镜像。这些镜像在更新后会具有新的功能或提供新的服务，通过一个自定义、基于 web 的平台与奈飞现有基础设施集成，在这个平台上创建基础设施集群。测试需要在生产环境中与一部分用户一起认真细致地开展。

一旦 web 镜像上线，负载均衡技术就会将部分流量从旧版本分流到这些镜像中。自动化监控可以保障的是，如果新镜像的载入出现问题，那么流量就会流回旧版本，并且重新运行新镜像。由于自动化水平达到了这种程度，奈飞公司可以在几小时内将新代码部署应用到生产环境中，而大多数公司需要数月时间。[2]

虽然奈飞公司可能代表了大多数公司所需的一种更高级别的进化状态，但任何现代软件开发团队都可以使用这些技术。支撑 SDLC 的"小而快"工程实践取得成功需要满足以下三个条件。

通过 DevOps 快速交付软件

DevOps 旨在将精益制造的原则应用于组织将软件交付给用户的方式。DevOps 是指"我们将把所有开发应用程序的人员，连同所有运维这些应用程序的人员整合成一个一体化工作团队"。需要明确的是，运维并不会消失，而是成为软件开发的一部分。

目前，许多公司听说过 DevOps，也在尝试采用它。但大规模实施仍然较难，它们要么将其视为一种工具，要么将其视作加入现有团队的一个专家。要实施 DevOps，公司需要遵循三个原则来开展相关工作：

1. **流程**。公司加快从开发到交付的速度，使其快速且高效地送到用户手中。首先绘制 SDLC 的价值流图，即列出编码、构建、测试、打包和部署软件所涉及的步骤。起初，这是一个手动过程。接下来要确定每个步骤所需的时间，以及工程师在 SDLC 中需要执行的所有手动步骤。例如，发现敏捷小组中的工程师有哪些工作需要另一个团队帮助完成。最后，通过自动化系统地减少或消除已确定的手动步骤，以持续提高效率（参见 CI/CD[①]）。首先从耗时最长的步骤开始，并以此作为工作优先级排序的依据。

2. **反馈**。在 SDLC 的价值流中建立多个反馈循环，有助于敏捷小组在出现问题时及时进行诊断，从而轻松解决问题。这可以通过从 SDLC 的每个步骤中实时获取输入而构建的仪表盘来可视化价值流。

3. **持续学习**。企业要打造分享经验、持续学习、持续精进的团队文化。这意味着在整个 SDLC 中定期进行评审并寻求改进，确保敏捷小组能够高效地将软件交付到用户手中，而无须经历手动过程。

公司通常会创建一个 DevOps 团队来执行这项专门的工作。该团队还将与不同的敏捷小组进行合作，对后者进行培训，并确保协调一致地运用 DevOps 开展工作。

有了 DevOps 的坚实基础，公司可以将这些功能延伸应用到其他代码的开发工作

---

① CI（Continuous Integration，持续集成）/CD（Continuous Delivery，持续交付/Continuous Deployment，持续部署）属于 DevOps 的概念，指将传统开发过程中的代码构建、测试、部署以及基础设施配置等一系列流程的人工干预转变为自动化。团队使用 CI/CD，代码经由开发人员更改后，可进行自动化测试并完成交付和部署。

中，如 DevSecOps、MLOps 与 DataOps（见图 19-2）。这些功能的要义是不断推进自动化、机器学习和数据管理任务等工作，以提高开发速度、改善安全性能并降低成本。

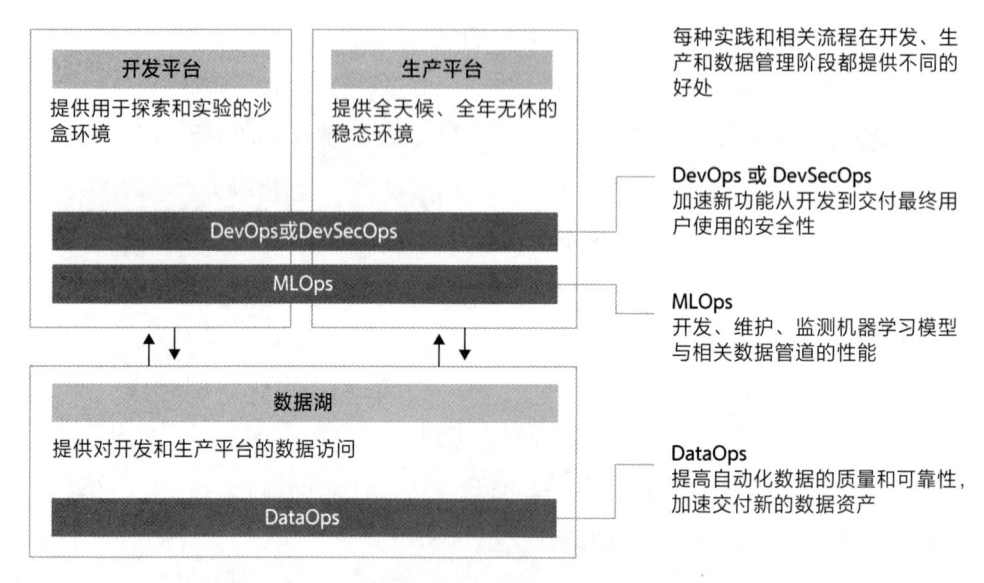

```
┌─────────────────┬─────────────────┐
│    开发平台      │    生产平台      │
│ 提供用于探索和   │ 提供全天候、     │
│ 实验的沙盒环境   │ 全年无休的       │
│                 │ 稳态环境         │
├─────────────────┴─────────────────┤
│       DevOps 或 DevSecOps         │
├───────────────────────────────────┤
│             MLOps                 │
└─────────────────┬─────────────────┘
                  ↕
┌───────────────────────────────────┐
│            数据湖                  │
│   提供对开发和生产平台的数据访问    │
├───────────────────────────────────┤
│            DataOps                │
└───────────────────────────────────┘
```

每种实践和相关流程在开发、生产和数据管理阶段都提供不同的好处

DevOps 或 DevSecOps
加速新功能从开发到交付最终用户使用的安全性

MLOps
开发、维护、监测机器学习模型与相关数据管道的性能

DataOps
提高自动化数据的质量和可靠性，加速交付新的数据资产

图 19-2　xOps 实践体系

DevSecOps 将安全性嵌入开发和发布过程，而不是等到最后阶段才添加进来。与 DevOps 类似，在保证安全的同时，公司可以增加软件发布的频率，从每季度增加到每周，甚至每天。从一开始就确保安全性和合规性是至关重要的，因为公司对数字化技术的依赖与日俱增，更容易受到网络攻击的威胁。[3] 在许多情况下，DevSecOps 取代了 DevOps，两者可以互换使用。我们将在第二十二章中深入探讨安全性问题。

MLOps 虽然建立在 DevOps 的基础上，但采用了机器学习和人工智能模型。无论哪一个公司，只要试图在生产环境中开发、维护和改进数百个机器学习和人工智能模型，就能理解保证预测模型是稳定的、准确的，并使其与不断变化的数据环境相匹配是有挑战性的。这就是 MLOps 的用武之地。我们将在第二十三章中详细探讨

MLOps。

DataOps 是一个相对较新且快速发展的领域。本质上，它是一种加速新数据资产交付和更新现有数据资产的能力，同时能提高数据质量。我们将在第二十六章详细探讨 DataOps。

从代码的标准化和可维护性入手提高质量

随着敏捷小组数量的增加，它们生成的代码成倍增加，典型的智能手机应用程序有 50 000 行代码，代码的标准化越来越引起公司的重视。一家电动汽车制造公司的首席执行官甚至在公司仪表盘上监控代码质量。

如果对代码标准重视不够，对代码进行修改就需要耗费更多时间，并且代码变得更加复杂，工程师们也就越来越沮丧，技术债务也会增加。

技术债务的定义以及衡量标准

随着数字化解决方案数量的激增，以及多个团队支持同一个数字化转型，产生技术债务的重大风险也随之而来。技术债务是公司在解决技术问题时所付出的"代价"。技术债务的成因是劣质代码的囤积，例如走"捷径"、提交糟糕的代码、进行临时修复（当然最终会成为永久性的），以及实施一刀切的解决方案。隐藏在架构中的技术债务可能会导致意外发生，使项目超出预算、错过最后期限等。当技术债务过多时，IT 员工的大部分时间都会花在管理复杂的代码上，而不是对未来进行创新性思考。

我们调查的大部分公司的技术债务都在不断攀升。不仅如此，完成现代化进程的公司有近半数都未能成功减少技术债务。为了明确这一问题的成因，技术领导者需要用成本、效益这样的财务术语来量化这个问题。从本质上讲，它

> 关乎两大成本：一是开发人员处理技术债务导致的问题（利息）所损耗的时间成本，二是偿还技术债务本身（本金）的成本。
>
> 　　分析成本效益绝非易事。首先，获取详细信息的唯一方法就是从应用程序层面入手。其次，公司需要了解自己正在处理哪种类型的技术债务（我们已经确定了 11 种技术债务）。[4] 这些都使技术债务不断累积，因此只有了解债务的类型，才能知道如何偿还每一种技术债务。例如，数据方面的技术债务与基础架构方面的技术债务是不同的。最后，公司可以以此为基础进行成本效益分析，并突出显示哪些应用程序在解决技术债务方面得到的回报最大。
>
> 　　我们发现，在将技术债务维持在较低水平这方面，处于行业排名前 80% 这一位置的公司的收入增长比处于最后 20% 的公司要高 20%。

高质量代码有很多特性，例如可测试性、可靠性、可重用性、可移植性、可维护性等。要确保代码质量较高，需要做到以下几点：

为所有代码选择并使用同一个版本控制系统

　　版本控制及其严格使用，是高性能开发团队的核心推动力。组织使用版本控制来存储 IaC 脚本、应用程序源代码以及任何配置、测试和部署脚本。版本控制有利于实现可再现和可追溯，这是公司的两个关键需求，对于那些人工流程烦琐的公司来说尤其如此。

　　版本控制系统包括 Git、CVS、SVN 及许多其他系统。这些系统还提供了代码评审等重要功能，便于敏捷小组密切关注系统漏洞，并进行必要的修复。

决定使用哪个软件框架

　　软件框架能为编写特定目标代码提供指导。例如，如果企业要创建 web 应用程序，使用的语言是 JavaScript，那么 React 或 Angular 等框架可能会非常有效。而如果企业要生成轻量级且具有良好报错功能的微服务，那么 Python 或 TypeScript 可能是不错的选择。同样，还有 Kedro 等软件框架，可用于编写数据管道和机器学习模型。

软件框架强制约束代码的组织方式，并使复用代码功能变得更加容易，从而实现更快的开发。

确保代码编写方式的一致性

代码检查器是一种静态代码分析工具，用于标记编程错误、漏洞、风格错误及可疑结构。不同的代码语言通常有相应的工具（GitHub 托管平台的 Super Linter 支持多种语言）。例如，Python 编程语言有 Pylint 之类的工具，而 JavaScript 编程语言有 JSLint 之类的工具。敏捷小组可以运用这些工具，以验证生成的代码是否符合质量标准。

决定使用哪个测试框架来验证代码

敏捷小组使用测试框架写出单元测试，来验证编写的代码。不同的编程语言支持相应的测试框架：Python 语言有 pytest 或 unittest，而 JavaScript 编程语言有 Jest。无论选择哪种测试框架（有很多选择），关键是对框架进行标准化，并确保所有敏捷小组都使用它。

敏捷小组的工程师编写不同类型的测试（见图 19–3）。

↑	渗透测试	验证应用程序对网络攻击的抵抗性
	回归测试	确保添加新功能时不会对现有软件应用程序产生不利影响
	性能或负载测试	通过模拟多个用户同时访问应用程序，确认应用程序在不同条件下的工作状态
不断增加的测试成本和测试时间	验收测试	确保用户角度的应用程序的正常使用
	端到端（系统）测试	确保整个应用程序作为一个整体按预期运行
	集成测试	验证组件之间的通信路径和交互，以检测接口缺陷
	单元测试	将应用程序的每个单元（模块、函数、类）与其他部分分离，进行单独测试

图 19-3 测试策略的定义

对于一些解决方案（例如电商网站、合规性、法规）而言，可靠性以及性能尤为重要，那么企业就要考虑创建一个单独的、负责站点可靠性工程的部门，即 SRE，来处理站点性能和可靠性脚本的相关问题。DevOps 工程师专注于解决开发流水线问题，而 SRE 工程师则解决操作、规模和可靠性问题。SRE 工程师具备良好的技术素养，他们在特定的一段时间内专注于解决特定问题，完事后解决下一个问题。

将代码的复杂性降至最低

确保将代码的复杂性降至最低是非常有必要的。代码度量框架运用各种数学技术对代码进行分析，从根本上测量代码的复杂程度。各种第三方产品（有些是开源的，有些是付费的），如 SonarQube 代码质量管理平台，会查寻存储在版本控制系统中的代码，以了解其复杂性，并报告其运行状况。这些工具也会查找代码中的漏洞，或者代码使用依赖性方面的漏洞。

自动生成合规性文件

在将代码投入生产之前，某些行业需要对代码和 API 进行文档化。许多编程语言提供了一种在代码本身嵌入文档（作为注释）的机制。然后，工具可以扫描代码，并自动生成可读的文档形式。这些文档可以与代码一起存储在源代码控制系统中，并用于某一时刻的代码审核。

与开发人员手动编写文档相比，从代码生成文档更为可取，因为它更加高效，也更为准确（尽管开发人员仍需验证文档是否 100% 准确）。对于某些行业来说，这类文档有助于确保合规性，并帮助相关监管机构对发布的内容"签署批准"。

通过 CI/CD 实现端到端的自动化

随着软件变得越来越复杂，看似简单的更改可能会产生意想不到的副作用。当不同团队的多名开发人员一起开发软件时，复杂程度可能会增加。CI/CD 是解决这个问题的一种方法。以下是 CI/CD 流程的简述（示例见图 19–4）。

CI 以自动化的方式处理软件开发过程中有关协调及验证软件设计变更的问题，以确保高质量。有多种工具可用于实施 CI。

在一家世界级的制药公司，负责开发新的 API 功能的敏捷小组选择将 CircleCI 配置为 CI 工具。代码的生命周期如下所述：

1. 敏捷小组中的工程师修改代码，然后将其存储到 GitHub（版本控制）中。

2. CircleCI 检测在版本控制中所做的代码更改。

3. CircleCI 通过运行 Pylint（代码分析工具）来验证代码是否合乎标准。

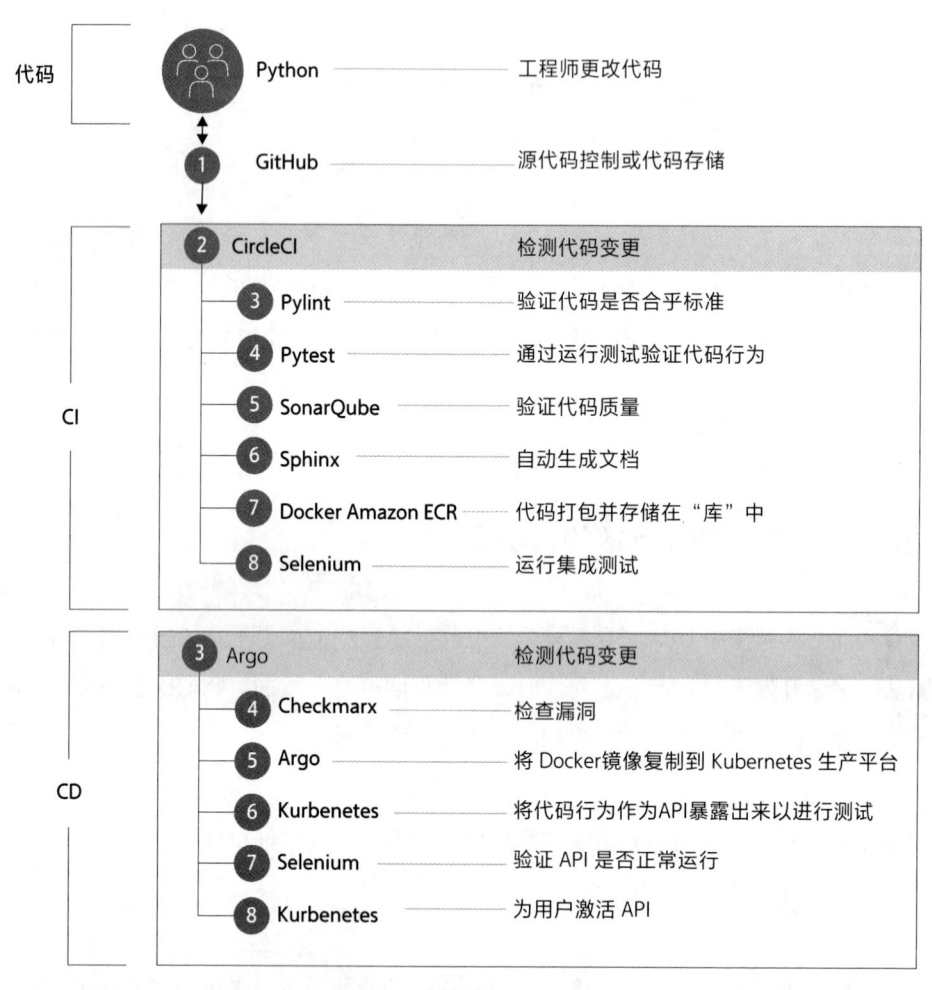

```
代码
  ├─ Python ——— 工程师更改代码
  │    ↕
  ① GitHub ——— 源代码控制或代码存储

CI
  ② CircleCI ——— 检测代码变更
       ③ Pylint ——— 验证代码是否合乎标准
       ④ Pytest ——— 通过运行测试验证代码行为
       ⑤ SonarQube ——— 验证代码质量
       ⑥ Sphinx ——— 自动生成文档
       ⑦ Docker Amazon ECR ——— 代码打包并存储在"库"中
       ⑧ Selenium ——— 运行集成测试

CD
  ③ Argo ——— 检测代码变更
       ④ Checkmarx ——— 检查漏洞
       ⑤ Argo ——— 将 Docker 镜像复制到 Kubernetes 生产平台
       ⑥ Kurbenetes ——— 将代码行为作为 API 暴露出来以进行测试
       ⑦ Selenium ——— 验证 API 是否正常运行
       ⑧ Kurbenetes ——— 为用户激活 API
```

图 19-4　Python 代码管道——CI/CD（示例）

4. CircleCI 通过运行与代码相关的测试（在本例中使用 Pytest）来验证代码是否运行良好。

5. CircleCI 通过运行代码指标（此处使用 SonarQube）来验证代码是否合乎质量标准。

6. 使用工具自动生成代码文档（此处使用的是 Sphinx，一种开源工具，从代码中提取文档并生成可读性的网络文档）。

7. CircleCI 将已通过验证的代码打包成模块化构建块，并将其存储在软件包仓库中。在本例中，软件包存储在 Amazon ECR（这是由亚马逊公司管理的 Docker 镜像存储库）中。这些"库"可让应用程序在任何环境中运行，但应谨慎使用。

8. CircleCI 随后运行所有的集成测试，验证新的模块化构建块在与其他所有软件集成时是否正常运作，同时验证其他团队成员所做的任何代码更改（在本例中，使用的是 Selenium，一种用于自动编写测试的开源网络自动化工具）。

因为整个过程自动化并且频繁运行（因为代码会发生变化），所以能够快速为开发人员提供关于代码质量的反馈，并确保高质量的软件得以发布，增强开发人员的信心。

CD 是下一个流程步骤，是 CI 的自然延伸。它将采用那些成功完成所有 CI 步骤的软件，并将其交付到生产环境中，消除了流程中的任何手动步骤，最终使得用户可以自动使用该软件。

上述制药公司选择将 Argo CD 工具部署到生产环境（Kubernetes 集群，一个开源容器编排系统）中。该公司的流程包括以下几个步骤（见图 19-4）（请注意，为了解释得更清楚，以下列举的步骤与附图略有不同）。

1. Argo CD 检测到由 CI 在 GitHub（版本控制）上进行的更改（表明有新内容需要部署）。

2. Argo CD 使用 Checkmarx 对软件包进行漏洞验证，以检测软件包或编写的代码中存在的安全攻击向量。这是一个额外的步骤，目的是要确保投放到生产环境中的内容是安全的。

3. Argo CD 从 Amazon ECR 中将 Docker 镜像复制到生产环境中的 Kubernetes 平台。Kubernetes 平台简化了对"库"的管理，提高了应用程序的可移植性。

4. Argo CD 确保这个新的"库"具有一个专门的 API，用于测试代码包是否可以正常运行。

5. Argo CD 要求 Selenium（一个测试工具）验证 API 是否正确运行。

6. 最后，如果到此为止一切顺利进行，Argo CD 可以选择其中一种策略，以安全的方式向最终用户公开 API，而不对任何使用 API 的用户形成干扰。

采用 CI/CD 通道的部署方式，该制药公司将部署时间从数小时缩短到十分钟，同时大大减少了技术债务与安全风险。

严格运行的 CI/CD 无需几个月或几个季度，只需几天（甚至几个小时）的时间，就可以帮助企业持续发布可靠且高质量的软件。从本质上讲，CI/CD 是一个流程，新的软件功能从初始编码开始，经过不同步骤，最终发布到生产环境中供用户使用。

注释

1. Chandra Gnanasambandam, Janaki Palaniappan, and Jeremy Schneider, "Every company is a software company: Six 'must dos' to succeed," McKinsey.com, December 13, 2022, https://www.mckinsey.com/capabilities/mckinsey-digital/our-insights/every-company-is-a-software-company-six-must-dos-to-succeed.

2. Oliver Bossert, Chris Ip, and Irina Starikova, "Beyond agile: Reorganizing IT for faster software delivery," McKinsey.com, September 1, 2015, https://www.mckinsey.com/capabilities/mckinsey-digital/our-insights/

beyond-agile-reorganizing-it-for-faster-software-delivery.

3. Santiago Comella-Dorda, James Kaplan, Ling Lau, and Nick McNamara, "Agile, reliable, secure, compliant IT: Fulfilling the promise of DevSecOps," McKinsey.com, May 21, 2020, https://www.mckinsey.com/capabilities/mckinsey-digital/our-insights/agile-reliable-secure-compliant-it-fulfilling-the-promise-of-devsecops.

4. Vishal Dalal, Krish Krishnakanthan, Björn Münstermann, and Rob Patenge, "Tech debt: Reclaiming tech equity," McKinsey.com, October 6, 2020, https://www.mckinsey.com/capabilities/mckinsey-digital/our-insights/tech-debt-reclaiming-tech-equity.

第二十章

提高开发人员生产力的工具

> 如果你给人们提供工具,并且让他们发挥自己的天赋和好奇心,他们将会以超出你预期的方式开发事物,让你大吃一惊。
>
> ——比尔·盖茨(Bill Gates)

众所周知,代码托管服务平台 GitHub 多年来都在设法让自己的工程团队能够在本地笔记本电脑环境(macOS 操作系统)中工作。报告显示,尽管付出很大努力,但本地开发环境依旧脆弱。随意进行更改可能会导致本地环境崩溃,而修复则要浪费数小时的宝贵时间。因与本地环境配置不一致而导致使用中断的情况屡见不鲜。GitHub 为应对这些挑战,迁移到了标准化的虚拟环境中,而虚拟环境预装了各类工具,使其可以访问所需的任何数据。

随着企业规模的扩大,敏捷小组数量从 5 个增加到 20 个、100 个甚至 1 000 多个。在这种情况下,企业应该转移到自助式(沙箱)环境,该环境不仅能够提供敏捷小组的开发解决方案所需要的所有现代化、标准化工具,还允许自动扩展,这样也可以避免请求 IT 部门提供基础设施和工具,以免其超负荷工作,同时允许团队生成可以在生产环境中运行的代码。

企业架构团队负责提供关于工具和技术的标准,而负责执行的则是一个专门的工程团队（有时也称开发者平台团队）。工程团队还负责以下工作：提供以用户体验为中心的工具以精简敏捷小组，帮助其专注于快速交付价值，而不是将精力耗费在基础设施和工具的管理及维护上。

实践者说：改变云服务创建方式

我们意识到需要以全新的方式管理云服务，因此我们制定了三大原则。

- 我们为开发团队提供的服务必须做到完全标准化和自动化，杜绝定制请求或临时请求。

- 我们在云上提供的任何服务从一开始就必须符合安全、隐私和监管方面的要求，杜绝一次性的例外情况或需手动解决的临时措施。不仅如此，以这些服务为基础构建的所有应用程序也必须从第一天起就兼容。

- 最后，长期以来，开发团队一直习惯于要求基础设施团队提供定制的应用程序，因此我们采用一种新颖的方法来教育开发团队，使其能够借助上述服务自行创建应用程序。

这就是 Atlas 平台的由来。我们制订了一项计划，着眼于最受欢迎的云服务，并创建了一个产品，它模板化了大多数服务，并确保这些服务构建在一起时能够相互匹配。除此之外，我们还确保服务的安全性，即服务可以与所有的后端安全日志系统相连接。

为此，我们暂停了整个云基础设施团队的工作，引入了一位产品负责人与我们进行合作，这彻底改变了我们对云的认识。我们对员工进行再培训，帮助员工树立新认知，即创建云服务不只是打造基础设施，更是开发一种产品，让应用程序的开发人员可以自行获取和使用。最终产品 Atlas 平台可让应用程序开发团队将代码导入其 CI/CD 管道来开始工作，它会自动配置。

——马丁·克里斯托弗（Martin Christopher），信合保险集团（CUNA Mutual Group）前高级副总裁兼首席信息官

要想创建一个有效的开发环境必须具备两个要素，下文将对此展开讨论。

灵活且可扩展的开发沙箱

过去，团队需要花费数周甚至数月的时间才能申请、创建以及访问一个开发环境，而现在这种情况已不复存在。通过基础设施即代码的自动化，敏捷小组最快在几分钟或几小时内便可创建一个开发环境或者"沙箱"，这样就能够迅速获得"专属的"开发沙箱（见图20-1）。每个团队在更大的云环境中都有专属的沙箱，沙箱内配备标准化工具、专用内存和计算能力，还允许访问数据（自动复制测试数据，或在某些情况下访问生产数据的子集）。

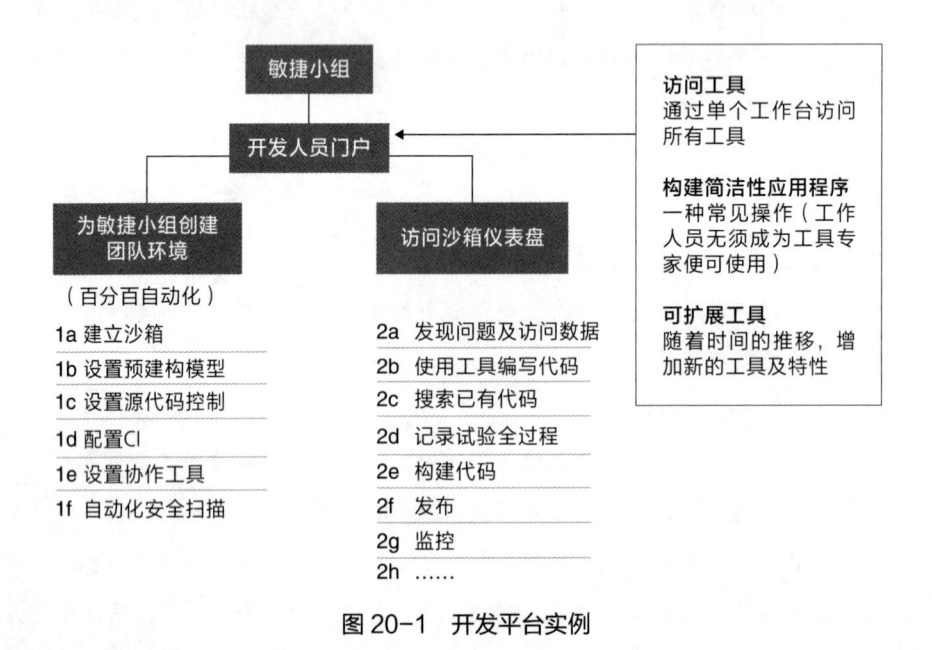

```
                    敏捷小组
                       │
                  开发人员门户  ←──── 访问工具
                  ┌────┴────┐         通过单个工作台访问
                  │         │         所有工具
         为敏捷小组创建   访问沙箱仪表盘
          团队环境                     构建简洁性应用程序
                                       一种常见操作（工作
         （百分百自动化）              人员无须成为工具专
         1a 建立沙箱      2a 发现问题及访问数据   家便可使用）
         1b 设置预建构模型 2b 使用工具编写代码
         1c 设置源代码控制 2c 搜索已有代码       可扩展工具
         1d 配置CI       2d 记录试验全过程      随着时间的推移，增
         1e 设置协作工具   2e 构建代码          加新的工具及特性
         1f 自动化安全扫描 2f 发布
                         2g 监控
                         2h ……
```

图 20-1 开发平台实例

对于一些工程师而言，在数秒或数分钟内运行 IaC 来创建开发环境已是小有难度，如果还需要在这些脚本中加入一些希望配置给团队的元素，例如内存、计算，甚至是预加载的应用程序，那该怎么办呢？开发一种能够满足多种需求的、有效的自助式沙箱功能，催生了内部开发者平台（IDPs）的兴起，它是一种轻型用户界面层，不仅降低了配置基础架构、安全性能和所有工具的复杂性，还提供了统一的用户体验来配置这些环境。

> **案例：流媒体音乐平台 Spotify 如何提高开发人员的生产力**
>
> 随着 Spotify 的敏捷小组越来越多，该公司使用的技术也变得越来越复杂。该公司意识到并非所有工程师都精通这些技术，例如用于基础设施的 Terraform，为各种云提供商所用的 GCP、AWS 或 Azure CLIs，用于版本控制的 GitLab CI，用于监控的 Prometheus，用于容器的 Kubernetes 和 Docker 以及更多其他工具。由于不同的敏捷小组需要不同的工具来开发后端 APIs 和前端移动应用程序，因此情况变得越来越复杂了。
>
> 为了应对这一挑战，Spotify 开发了一款名为 Backstage 的用户体验工具（该工具现已开源）。由于 Backstage 的出现，工程师不再需要学习大量的技术、使用大量的工具，只需要在一个简单的门户网站上点击一个按钮，就可以为正在运作的机器增加更多的算力，工程师也可以在机器上访问调试日志。随着时间的推移，Spotify 增加了更多额外的功能，来帮助各敏捷小组发现其他敏捷小组开发的库、应用程序和服务，助力敏捷小组更快行动。所有这些功能都通过一站式门户实现，从而简化开发过程，改善开发人员的体验。

在麦肯锡，我们的平台工程团队建立了一个定制的、轻量级的、自助服务式的开发者门户网站，名为麦肯锡平台（Platform Mckinsey）。有了这个平台，数百个麦肯锡敏捷团队不需要担心底层基础设施或工具，便能够构建数字化产品和人工智能产品。麦肯锡平台有两种功能（见图 20–1）。

1. 根据团队对沙箱环境的要求，自动执行以下步骤：

   a. 对沙箱进行设置，为团队成员提供正确的访问控制和工具。

   b. 对所需的版本控制进行设置，使团队无须进行手动操作。

   c. 设置协作工具，如维基（wikis），帮助团队进行协作，并保存产品或项目文件。

   d. 对 CI 工具进行设置和配置，使团队能够专注于产品本身。

2. 通过门户网站向团队提供开发产品所需的所有工具，包括：

   a. 发现数据和访问数据的工具。

   b. 编写代码的工具。

   c. 搜索其他团队编写好的非机密代码的工具（再利用可以节省时间）。

   d. 可以对试验全过程进行记录的工具（这对开发机器学习模型尤其重要）。

   e. 查看 CI 构建状态的工具（也就是是否因代码的变更影响了整个产品的质量）。

   f. 点击一下按钮就可以将代码发布到生产环境中的简单方法。

   g. 用于监控在开发和生产过程中构建的解决方案运行状况的工具。

在沙箱中，每个团队都可以单独调整内存和计算能力。在开发分析产品和数据产品时，这一点尤为重要。这是因为开发过程涉及试验元素，例如确定正确的算法或要处理的正确数据量。

现代化和标准化的工具

在沙箱中，工程师需要使用现代化和标准化的工具。这些工具贯穿整个系统的 SDLC，用于开发、测试、打包和存储敏捷小组正在创建的代码（在部署之前）。许多云服务提供商也开始打包工具，将其作为平台即服务产品的一部分。

对于开发数字化解决方案的敏捷小组来说，有五类与开发相关的基本工具非常重要。需要注意的是，前两类工具的选择在很大程度上取决于敏捷小组正在构建的产品的需求（如前端、后端、API、数据管道模型）。

1. **开发人员工具**。开发人员工具用于试验和构建代码，还包括集成开发环境（IDEs）。使用的工具取决于所使用的开发语言（如 Python、R、JavaScript 等）。好的开发人员工具会提供语法检查和代码验证，并允许多个工程师同时协作处理同一文件。

2. **软件打包工具（用于生产）**。对于需要打包多个代码块的工作解决方案，例如用于打包 js、css 和 html 的 webpack，这些代码需要与周围代码的不同版本以及其他依赖关系相关联。这样开发人员既能更好地将软件模块化，又能更轻松地发布更新后的版本。

3. **代码包存储工具**。这是用于存储代码包的工具。像 Nexus、Docker Hub 和 JFrog Artifactory 这样的工具可以储存代码包，并用于生产。

4. **软件开发工具**。这些工具提供了对版本控制的集成和访问功能，并使用沙箱环境使敏捷小组无须担心如何进行配置和设置。这使得敏捷小组能够专注于高质量软件件的交付工作。

5. **监控工具**。为确保沙箱环境可以正常运行，避免出现浪费资金的现象，我们需要对沙箱进行监控（例如许多工具获得了使用许可，但却没有用户使用，或者有人使用基础设施 24 小时开采比特币——这种情况时有发生）。这类工具有 Grafana 和 Graphite。

开发者平台团队提供了一套标准化的通用工具，以供所有沙箱使用。有些开发人员喜欢选择自己熟悉的工具，因此公司应对核心工具、通用工具和定制工具清晰地定义哪些是必须使用的"核心工具"；哪些是可供所有人选择使用的"通用工具"；哪些是为特定用户或特定敏捷小组设计，可供购买、下载或安装的"定制工具"。定制工具只有在具有真正商业价值的情况下才能使用。

第二十一章

交付生产级数字化解决方案

> 如果还不具备可靠性，那么费时追求快则毫无意义。
>
> ——卡罗尔·史密斯（Carroll Smith）

变革性的数据产品、人工智能模型和用户数字化旅程必须部署到重要环境中，以供相关的用户或应用程序使用，比如销售交易、供应商管理和定价决策等。生产环境要可靠又可用，这种生产环境的可靠性远比发现和开发环境更为重要。

平台工程团队负责为所有敏捷小组创建环境以部署其产品。同时该团队负责基础设施、底层技术栈和服务的设计、构建和治理工作，包括与下游系统的集成。环境需符合企业架构团队制定的标准，不能手动创建，而应该遵循严格的工程实践标准。只有通过严格的连续部署过程，敏捷小组才能将代码部署到生产环境中。

要想创建一个可靠的高效生产环境，必须注意三个重要方面，我们将在下文展开讨论。

以高度可控性和可审计性为目标

鉴于生产环境服务于关键业务应用程序，因此需要具有高度的可控性和可审计性。

这不仅是出于可靠性的考虑，还是出于合规性的考虑，如 SOC2、ISO 27001、PCI 等。这种能力主要体现在以下两个方面（见图 21-1）：

生产环境可控制性和可审计性

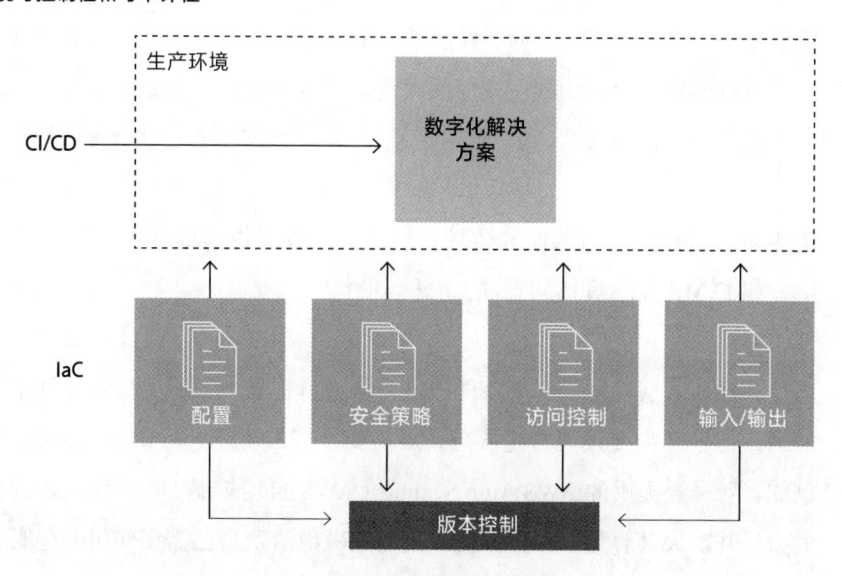

图 21-1　生产环境的可控制性和可审计性

1. **生产环境本身**，特别是如何配置环境、应用哪些安全策略、哪些（有限的）用户可以访问、允许哪些输入（入口）访问、允许哪些输出（出口）访问等。通过在 IaC 中明确这些生产问题，并将其存储在版本控制中，组织可以全面了解环境中所做的更改，并能够对这些更改进行审核。对环境所做的更改只能由平台工程团队通过 CI/CD 进行。

2. **在生产环境中运行的内容**，特别是如何安排运行已经部署的应用程序或 API 以及谁可以进行部署等。敏捷小组应予以持续部署，确保最终产品是可审计的且易于回滚的。在有需要的情况下，通过确保将环境的整个状态指定为版本控制中的代码，可以将代码回滚到环境的先前状态中。

确保环境的安全性、可扩展性和可用性

生产环境若想满足数字化转型的需求，要具备以下三种性能：

1. **安全性**。在生产环境中存储或传输的大部分数据都需要加密，加密可以确保只有经过授权的用户或应用程序才能使用密钥来访问数据。云服务提供商提供管理密钥的托管服务，即 AWS 密钥管理服务、Azure 密钥库或谷歌云密钥管理服务。

   关于对直接访问进行限制和监控，每个云服务提供商都拥有丰富的访问控制功能，如 IAM（身份和访问管理）。

2. **可扩展性**。底层基础设施应该能根据需求进行扩展。云服务提供商具备这种扩展能力，但公司需要设置特定服务，对需要扩展的应用程序的负载情况进行监控。例如，亚马逊提供的 AWS Auto Scaling（AWS 自动扩展）可检测应用程序的负载能力，并扩大其容量以保持性能。公司应考虑清楚自己需要使用哪些服务，因为不同服务对应不同的依赖组件。

3. **可用性**。虽然云服务提供商具有弹性和可靠性优势，但在运行过程中却可能出现中断情况，因此确保云服务在地理位置切换的过程中不发生中断是非常重要的。有许多机制可以做到这一点，比如在另一个地理位置上运行一个独立的着陆区（landing zone）或次要生产环境，即镜像生产环境，次要生产环境使用与主生产环境相同的 IaC。公司需要设置监控功能以查找故障所在，并在检测到故障后，再从主要环境切换到次要环境。

整合监控和可观测性

监控听起来是一个枯燥的话题，但其实非常重要，而且常常被误解。公司需要使用

合适的方法来了解基础设施、环境以及解决方案和这些应用程序的用户的状态和活动情况。监控的首要任务是规定监控内容，这样才能设置仪表盘，以便在出现问题时发出警告。

1. **应用程序监控**。为确保可靠性，敏捷小组自己开发的解决方案也需要监控。同时，小组还需要收集业务用户与解决方案的交互的反馈和遥测数据。常用的工具有 Datadog、New Relic 或 Dynatrace。

2. **云和基础设施监控**。团队可以使用 New Relic 或 Zabbix 等工具对以下事务进行监控，包括进出云的数据、数据使用者以及应用程序性能状况。例如，如果在云上使用传统的虚拟服务器，那么了解虚拟服务器的行为和负载能力就非常重要，在监控应用程序性能问题时更是如此。通常情况下，虚拟服务器有固定的大小，因此负载的激增会影响性能以及最终用户的响应速度。目前，对数据流的可靠性和数据质量进行监控还是一个不太成熟的领域。除了前面提到的工具，还有其他工具可以帮助监控，如 Azure Data Factory 中的监控工具，它可以查看数据的引入情况。

需要注意的是，没有哪一种单一工具可以让公司了解端到端的信息流。出于生产目的，平台工程团队需要找到合适的工具，它不仅要确保环境是可靠的，还要确保在出现问题时能够快速诊断。图 21-2 是麦肯锡公司财务分析解决方案的性能监控仪表盘，客户可以通过 Web 界面或 APIs 访问这些解决方案。

这是一个使用 New Relic 工具编写的仪表盘，它提供了解决方案开发团队希望监测到的典型应用程序性能信息。该仪表盘的上半部分跟踪提供给用户的响应时间，包括 Adpex 分数（满足请求与总请求的比率）；中间部分帮助开发团队放大那些响应性最差的功能（在本例中是事务功能），从而指导云计算工程师和软件工程师优先改进这些功能；下半部分对工作负载弹性需求与所购买的云服务进行精准匹配，帮助优化云存储和云计算，使其可长期使用。

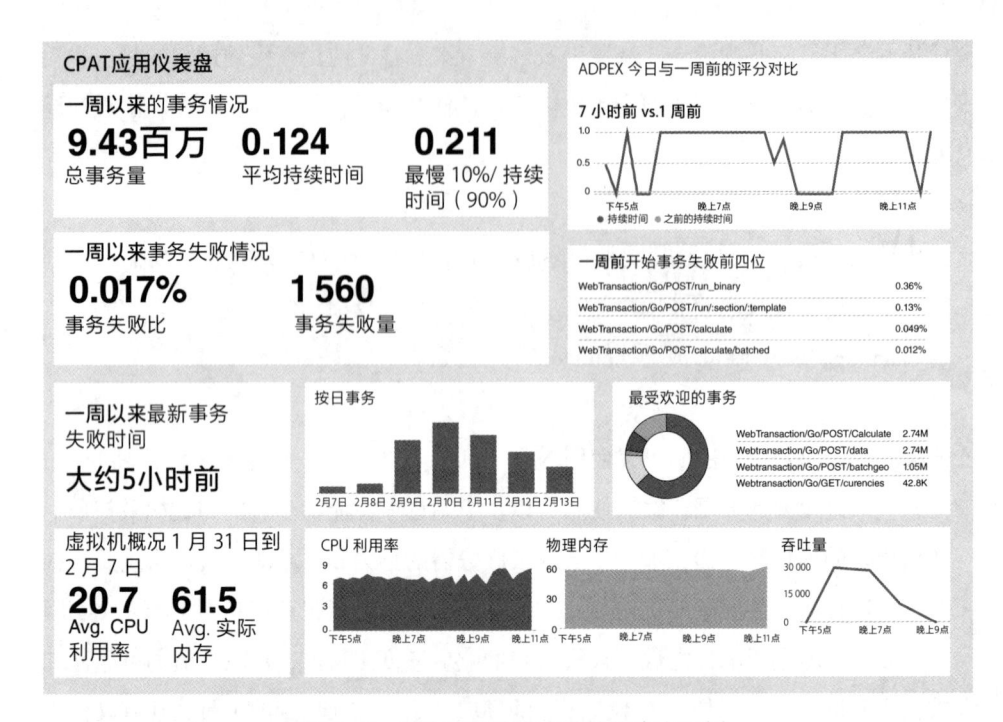

图 21-2　数字化解决方案监控仪表盘示例

每个实时数字化解决方案都应该有一个监控仪表盘，用于跟踪最重要的用户体验和解决方案的性能特征。

第二十二章

从一开始就建立安全性和自动化

> 要像对待牙刷那样对待密码,不要让别人使用,每六个月换一次密码。
> ——克利福德·斯托尔(Clifford Stoll)

几乎所有云计算中的安全漏洞都源于人为错误和配置不当,而不是源于底层云基础设施受到攻击。[1] 云技术要求对应用程序和系统进行安全配置,此外传统的网络安全机制无法满足运行速度的要求,因此企业必须采用以自动化为核心的新型安全方法。[2]

安全左移

"安全左移"(shift left on security)是软件行业使用的专业术语,用于描述在 SDLC 的早期嵌入安全性,而不是将其留到最后一步再添加(见图 22–1)。这样做有两个理由。

以前：将安全检查留到最后——软件交付后进行安全检查

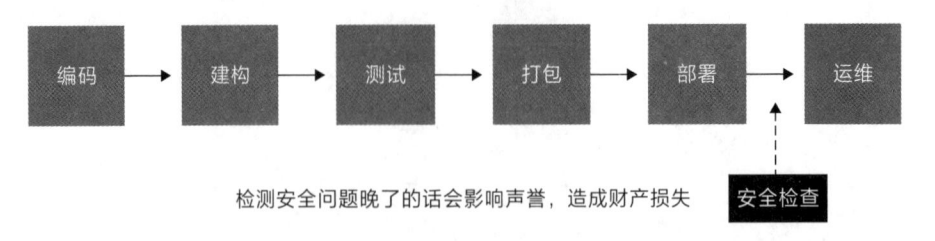

编码 → 建构 → 测试 → 打包 → 部署 → 运维

检测安全问题晚了的话会影响声誉，造成财产损失　　安全检查

现在："安全左移"——将安全检查和相关程序嵌入 SDLC 的每一步

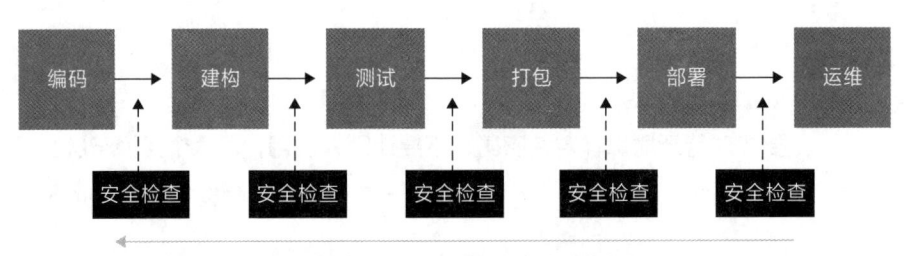

编码 → 建构 → 测试 → 打包 → 部署 → 运维

安全检查　安全检查　安全检查　安全检查　安全检查

早期的补救有助于避免以后的灾难性问题

图 22-1　通过"安全左移"提高安全性

首先，开发团队在编写代码时可以更快地处理安全问题。任何安全问题都可以由敏捷小组在开发过程中加以解决，而不必等到后期才检测出来（而且问题通常是由完全不同的团队发现的），这样可以大大缩短检测问题和解决问题的时间周期。

其次，可以在 SDLC 的每个步骤中及时添加安全检查。例如，在编码步骤中，可以对开发过程中所使用的第三方组件进行检查，确定其是否存在漏洞。若检测出漏洞，团队就可以寻找其他第三方组件作为替代。

为实现安全左移，首先要规划好人工控制和治理流程，包括所有相关的风险审查和安全审查，用于管理基础设施和应用程序在整个 SDLC 中的风险和安全。流程确定后，团队要寻找一些工具和技术来最大限度地减少或消除这些人工控制。例如，使用 IaC 有一个好处，即在其他团队使用它之前，利用工具分析安全漏洞或错误配置。对 IaC 的静态代码进行分析可以确保基础架构代码中不存在漏洞（例如 tfsec、checkov）。同样，许多团队使用模块化且可复用的开源组件来构建这些解决方案。尽管开源有诸多优势，但它也可能引入安全漏洞，这些漏洞可能会嵌入这些数字化解决方案。可使用 Synk 等工具在 SDLC 的早期阶段识别和修复这些易受损的组件。

实施 DevSecOps 将安全性嵌入 SDLC

实现"安全左移"需要 DevSecOps 平台，即将安全性融入 DevOps。这意味着将安全专家整合到 DevOps 团队，在整个 SDLC 中落实安全措施。自动化是安全左移的核心原则。在相同的端到端 CI/CD 过程中，平台工程团队嵌入工具来检测安全风险并加以解决（见图 22–2）。其目标是随着时间的推移实现安全检查的 100% 自动化。

软件开发过程安全检测示例

CI/CD

编码 → 建构 → 测试 → 打包 → 部署 → 运维

编码：检测恶意集成开发环境插件或第三方组件，并检查代码中的敏感信息

建构：运行动态应用程序安全检测以发现正在构建的应用程序中的漏洞

测试：实施访问控制，扫描未记录端口，并进行自动化渗透测试

打包：使用软件组成分析来修复第三方组件漏洞

部署：在部署到生产环境之前，检查打包技术中的漏洞

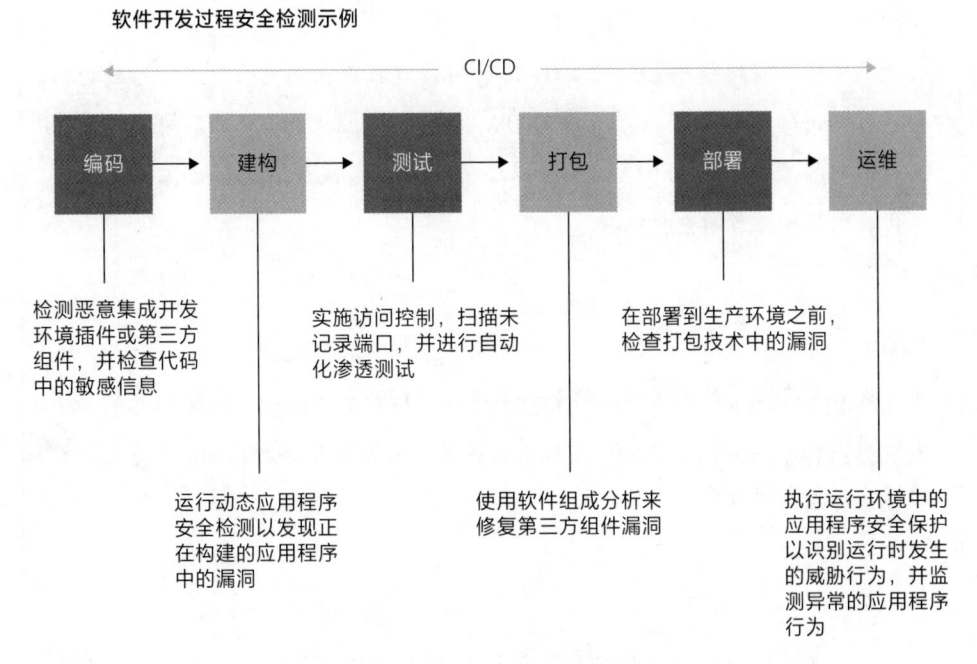

运维：执行运行环境中的应用程序安全保护以识别运行时发生的威胁行为，并监测异常的应用程序行为

图 22-2　将 DevSecOps 嵌入交付过程

> **在 CI/CD 中实施安全检查：**
>
> **1. 编码**
>
> 如果开发人员安装了恶意集成开发环境插件，那么代码就会出现漏洞，这时我们可以使用 Synk 等工具对其进行检查。检查的是源代码控制中是否储存了任何敏感密钥（例如，使用亚马逊云服务 AWS 的 git 密钥，甚至是某些源代码控制系统提供的内置密钥扫描工具，如 GitHub 托管平台的密钥扫描）。最后，团队可以运行静态应用程序安全测试（SAST），分析所编写的代码，其中开发语言决定了要使用的分析工具：对于 IaC，可以使用 tfsec 这类工具；而对于 Python 代码，可以使用 semgrep 这类工具。
>
> **2. 建构**
>
> 运行动态应用程序安全测试 (DAST) 可以查找正在建构的应用程序中的漏洞，可使用的有 appcheck 或开源的 OWASP Zed Attack Proxy 工具等。运行交互式应用程序安全测试（IAST）可以使用 Synopsys 或 Veracode 等工具，在数字化应用程序运行时查找漏洞。
>
> **3. 测试**
>
> 我们需要检查数字化应用程序的传统访问控制是否被强制执行、是否执行了访问控制以及是否适当地限制了访问控制、是否打开了未注明的端口（需要的端口和受保护的端口除外）。
>
> **4. 打包**
>
> 团队可以使用 SCA（软件组件分析）来验证有没有引入任何易受损的第三方组件。

5. 部署

在部署到生产环境之前，团队要重新检查可能引入的漏洞。团队可使用打包技术（如 Docker）进行查找，或者使用 SCA 在软件包中查找。

6. 运维

在运行时，应用程序安全保护 (RASP) 可以查看运行过程中数字化应用程序的内部数据，以识别存在的威胁。使用 Datadog 等传统监控工具或观察工具可以监测应用程序异常的行为。

实践者说：正确的思维方式与安全左移

安全问题可能会让人倍感压力，但在我们公司，安全协作做得非常好。我们有一个名为"安全专家"的项目，对整个公司的开发人员、产品负责人和工程师进行安全培训和认证。在安全团队中还有指导者。在项目中发现需要修复的问题时，他们会将工作成果呈报给高级管理人员，我们为这些发现感到骄傲。这样做的目的是将安全技能融入我们的团队，因为我们不可能无处不在。

我们一直努力通过在云上的基础设施的初步设计中就融入安全性来实现安全左移。由于云计算的迅速发展，我们如果不在早期考虑安全问题，就会错过良机，导致最终只能不断地修补漏洞。

——卡西·桑托斯（Casey Santos），美国亚胜公司（Asurion）首席信息官

在开发 CI/CD 管道时，DevSecOps 团队应将安全自动化的实施工作纳入其任务，包括培训敏捷小组学会使用安全自动化工具。

注释

1. Arul Elumalai, James Kaplan, Mike Newborn, and Roger Roberts, "Making a secure transition to the public cloud," McKinsey.com, January 1, 2018, https://www.mckinsey.com/capabilities/mckinsey-digital/our-insights/making-a-secure-transition-to-the-public-cloud.

2. Jim Boehm, Charlie Lewis, Kathleen Li, Daniel Wallance, and Dennis Dias, "Cybersecurity trends: Looking over the horizon," McKinsey.com, March 10, 2022, https://www.mckinsey.com/capabilities/risk-and-resilience/our-insights/cybersecurity/cybersecurity-trends-looking-over-the-horizon.

第二十三章

MLOps 助力人工智能的规模化应用

> 开发人工智能就像发射火箭一样，第一个挑战是最大化加速度。但当火箭开始加速时，你也需要专注于方向的控制。
>
> ——雅安·塔林（Jaan Tallinn）

若要让人工智能和机器学习对公司利润做出可观的贡献，那么管理者就必须在整个公司进行推广，将其融入核心业务流程、工作流程和客户旅程，以优化实时决策和运营。这对于机器学习和人工智能模型来说特别困难，因为它们是"活的有机体"，会随着基础数据的变化而变化。它们需要持续地监测、再训练、除偏化误，即便对零散几个机器学习模型来说这，也是一个挑战，更不用说数百个机器学习模型了。

定义关键术语

人工智能广义上是一个涵盖了创造智能机器的概念。

机器学习是人工智能的一个子集，是一种从数据中"学习"以提高某些任务性能的方法。

深度学习是机器学习的一个子集，它通过大量数据和复杂算法对模型进行训练。

近年来，机器学习的工具和技术取得了巨大进步，极大地改变了机器学习的工作流程，缩短了应用的生命周期，并使人工智能在业务领域的扩展变得一致且可靠。然而，在使用所有这些新功能的同时，我们需要牢记的关键点是，有效的 MLOps 需要关注全套应用程序的开发活动，而不是仅仅关注模型本身。我们估计，机器学习开发中 90% 以上的失败不是因为模型太差，而是因为产品化实践的失败，以及无法将模型应用于生产数据和业务应用，这些挑战使得模型无法按预期进行扩展和运行。有效的产品化需要开发一组集成的组件来支持模型（或者通常是模型集），例如数据资产、机器学习算法、软件和用户界面等。[1]

MLOps 实际上是一套应用于整个机器学习模型使用周期的实践方法（见图 23-1）。

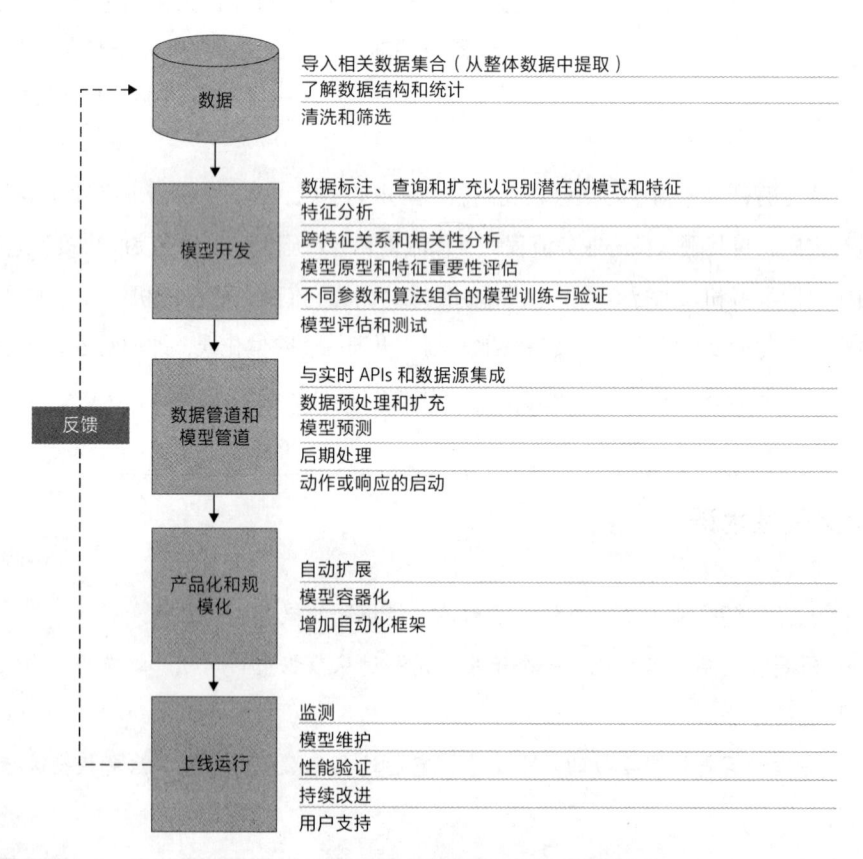

数据
- 导入相关数据集合（从整体数据中提取）
- 了解数据结构和统计
- 清洗和筛选

模型开发
- 数据标注、查询和扩充以识别潜在的模式和特征
- 特征分析
- 跨特征关系和相关性分析
- 模型原型和特征重要性评估
- 不同参数和算法组合的模型训练与验证
- 模型评估和测试

数据管道和模型管道
- 与实时 APIs 和数据源集成
- 数据预处理和扩充
- 模型预测
- 后期处理
- 动作或响应的启动

产品化和规模化
- 自动扩展
- 模型容器化
- 增加自动化框架

上线运行
- 监测
- 模型维护
- 性能验证
- 持续改进
- 用户支持

反馈

图 23-1　人工智能和机器学习模型生命周期

数据：构建系统和流程，为机器学习应用程序大规模地持续收集、管理、分析、标记和维护高质量数据。

模型开发：实现模型开发的专业化，确保高质量算法可以被解释、没有偏见且符合预期，并且利用新数据进行持续监测和定期更新。

数据管道和模型管道：通过交付集成应用管道来最大限度地提高业务价值并减少工程开销，这些管道能够接收数据或事件、处理和增强数据或事件、运行模型、处理结果、生成操作以及监测不同组件和业务的 KPIs。

产品化和规模化：为使数据能够大规模运行，我们需要增强其处理能力和模型训练能力，包括添加测试、验证、提高安全性、CI/CD 和模型再训练。

上线运行：积极监测资源、性能和业务 KPIs。

为了对端到端人工智能应用程序进行持续开发、测试、部署、升级和监测，我们需要构建稳固健全的工程实践和机器学习应用实践，然而这是一个持续的过程。MLOps 建立在前文提到的 DevOps 工程概念和端到端自动化的基础上，可解决人工智能的特有问题，例如机器学习输出的概率性和技术对底层数据的依赖性。

公司采用 MLOps 最佳实践，可以显著提高目标所能实现的水平。这是开展人工智能试验与用人工智能塑造公司竞争优势的区别。有效的 MLOps 有赖于以下四个关键实践：

1. 确保供机器学习系统使用的数据的可用性、高质量和可控性

机器学习模型依赖数据，如果没有高质量且可使用的数据，机器学习模型就会失去精确性或者根本不可用。因此，我们需要实施数据质量检查。现在有很多工具

可以对数据质量开展评估，对异常情况进行检测，并发现错误数据。数据质量检查在监测金融交易额等高数据吞吐量的场景中非常有用。

我们向机器学习模型提供的数据必须是可用的，为了确保这一点，需要从原始数据中找出可驱动机器学习模型的特征。

这些特征是机器学习模型的"燃料"。例如，大气压由大气传感器测量，但天气预报模型中的特征是大气压力的变化。特征库是这些特征的中心存储库，管理、维护和监测特征，确保机器学习模型所需"燃料"始终可用。

2. 提供工具，优化机器学习开发

编写可复制、可维护的模块化数据科学代码并非易事。像 Kedro（使用 Python）这样的软件框架旨在让代码编写更加容易。这些软件框架借用软件工程的概念（如模块化、关注点分离和版本管理），并将其应用于机器学习代码。

为开发出能够满足业务需要的模型，数据科学家喜欢通过试验尝试不同的数据、特征和算法。这些试验的结果需要和所有相关的元数据（例如使用的特征或任何附加的模型配置）一起存储在某个地方。MLflow 和 MLRun 等工具具有模型管理和重复试验的能力，还可以跟踪哪些试验能够产生更好的业务结果。

3. 使用机器学习交付平台，力争实现自动化

从小规模的数据科学探索和模型开发到大规模生产，往往涉及代码重构、框架切换和大量的工程工作。这些工作可能会导致很多延误，甚至导致整个解决方案的失败。

设计一个机器学习应用程序交付平台并使其连续运转是至关重要的。该平台应执

行可扩展的自动化流水线管道，用于处理数据、训练、验证和为生产的高质量模型打包。此外，机器学习平台应部署在线应用管道，该管道应包含训练好的模型打包，执行数据预处理或后处理任务，与数据源和其他应用进行集成，并收集重要的数据、模型、应用和业务指标，以实现可观测。

4. 监测模型性能，推动持续升级

机器学习模型与软件不同，当软件部署到生产环境时，只要注重质量和进行严格的测试便能使其按预期工作。而机器学习模型需要经过"训练"，这意味着人们需要监测每个模型的工作情况，并随着时间的推移不断调整以改善模型。同样，机器学习模型对现实世界真实数据的条件非常敏感，而且随着时间的推移可能出现退化。这就是必须对机器学习模型进行监测，以确保它可以正常运行的原因。

例如，在全球新冠肺炎疫情大流行的隔离期间，顾客行为在一夜之间急剧改变。根据历史上（疫情前）顾客的消费模式训练的机器学习模型无法再做出有效预测。例如，即使餐厅已经关门，模型仍建议客户去餐厅用餐。这就是要监测模型的性能并快速诊断出现差异的原因，这一点至关重要。

对模型的监测不应仅限于查找偏移现象，还应该对数据质量和一致性进行验证，并根据业务 KPIs 来测量模型的准确性和性能。这种更广泛的监测视角尤为重要，这样公司就不会只关注模型性能，而会评估模型对业务的帮助程度。

MLOps 是一个飞速发展的领域。截至本书撰写之时，已有 60 多家供应商提供不同的 MLOps 软件工具，从现成平台到专业工具，应有尽有。

> **案例：缩短人工智能应用程序的开发时间**
>
> 一家亚洲金融服务公司将开发新的人工智能应用程序的时间缩短了50%以上。该公司在源系统之上创建了一个通用数据层，为众多以客户为中心的人工智能应用程序提供了高质量、随时可用的数据产品。
>
> 该公司对数据管理工具和流程进行了标准化处理，以创建可持续的数据管道。除此之外，它还提供资源、创造条件，将耗时较长的工作（如数据标记和数据谱系跟踪）转变为标准化和自动化的工作。这与该公司之前所使用的方法截然不同。在之前的方法中，每次开发人工智能应用程序时，团队都需要使用不同的流程和工具对源系统中的原始数据进行结构化处理和清洗，从而导致开发周期较为漫长。

注释

1. Jacomo Corbo, David Harvey, Nayur Khan, Nicolas Hohn, Kia and Javanmardian, "Scaling AI like a tech native: The CEO's role," McKinsey.com, October 13, 2021, https://www.mckinsey.com/capabilities/quantumblack/our-insights/scaling-ai-like-a-tech-native-the-ceos-role.

练习部分

做好准备

以下这组问题可以帮助你发现应该采取哪些正确行动:

你所在的技术环境是否能够吸引和激励现代云原生人才?

有多少敏捷小组能够开发数字化解决方案的新版本,并直接向客户或用户发布?

你的发布周期有多长(你确定你的测算方法正确吗)?

你怎么知道你是在高效、负责任地开发,而不仅仅是在快速开发?

为了取得成功,你对基础设施投资与所需新功能的比例是如何考虑的?你是否有一套流程来确保其得到实现?

工程开发中使用CI/CD方法的占比是多少?

你的工作量在云上的比例有多大?目标比例应该是多少?

开发流程中安全功能的集成度和自动化程度如何?

你的人工智能和机器学习模型是否在生产环境中得到了很好的校准?你是怎么知道的?

第五部分

让数据融入每个角落：

如何让数据在整个公司中易于使用

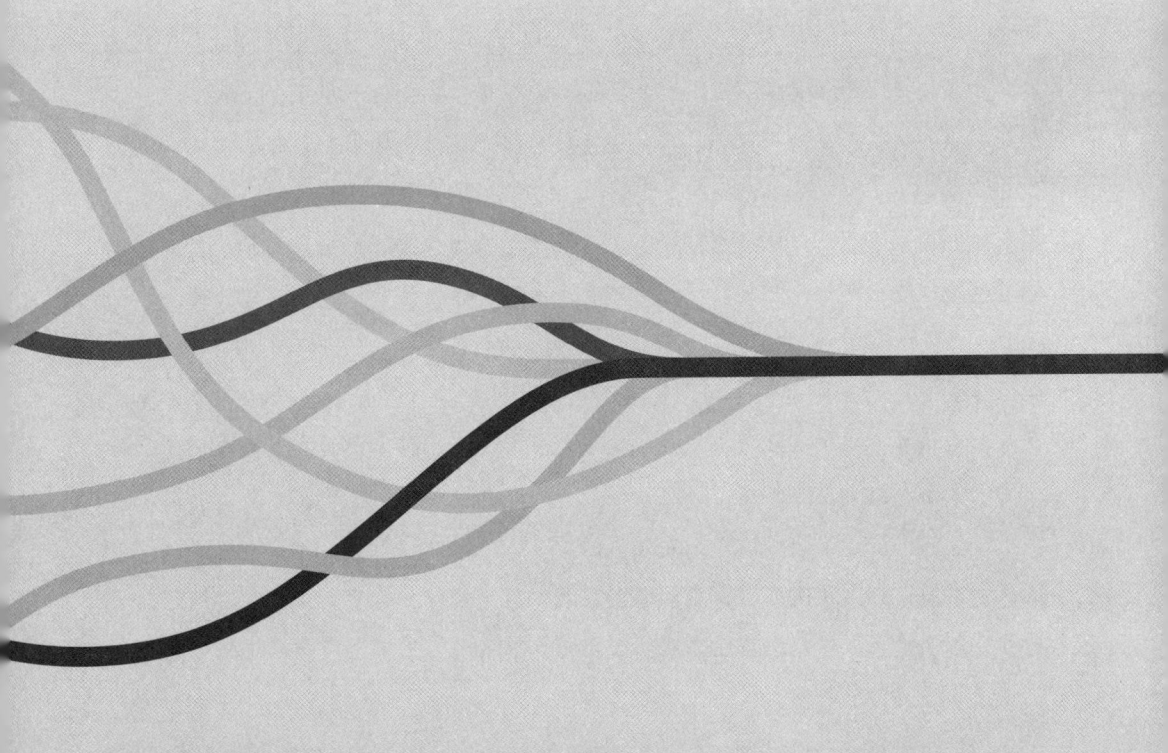

数据问题往往是成熟企业遭遇挫折和失败的根源。根据我们的经验，在基于人工智能的解决方案开发工作中，多达 70% 的工作都是围绕数据的整合和协调进行的。其中许多问题是由传统的孤岛式系统造成的。因此，精心设计数据结构便于使用和复用是至关重要的。否则，规模化应用就会困难重重。我们的目标是所使用的数据必须准确、有相关性和可用性，这样有助于敏捷小组做出更好的决策，构建更好的数据支持解决方案。

实现这一目标的核心是数据产品，也就是一组经过精选和打包的数据元素，公司的任何团队或应用程序都可以轻松使用它。[1]

首要问题是你需要哪些数据产品？它们应该包含哪些数据元素？你的数字化路线图应该引导你找出问题的答案，你要把努力的重点放在价值最大的数据上。

为了能够轻松开发数据产品，顶级公司都会建立一个稳固的数据架构，使数据从来源地到使用地实现高效"流动"。它们还会部署联合数据治理模型，由业务负责人担任数据和数据产品的担保人。本部分将展示如何将数据转化为竞争优势。[2]

第二十四章：确定哪些数据是重要数据。公司根据数据资产可创造的价值，对需要修复的数据进行评估，并制订计划，使其达到可用标准。

第二十五章：数据产品——可以扩展的可复用构建块。要像管理产品一样管理数据，通过这种方式来实现数据投资的短期价值和长期价值。公司要设立专门团队负责管理数据，使所有敏捷小组都能轻松、安全地使用这些数据产品。

第二十六章：数据架构或数据"管道"系统。构建目标数据架构，应同时满足公司的商业智能（BI）和人工智能需求。公司可以利用现有的参考架构来降低实施的复杂性。

第二十七章：组织有序，充分利用数据。 公司应明确数据管理的责任，确保合适的数据人才和数据工具，从而不断改善数据状况。

注释

1. Veeral Desai, Tim Fountaine, and Kayvaun Rowshankish, "How to unlock the full value of data? Manage it like a product," McKinsey.com, June 14, 2022, https://www.mckinsey.com/capabilities/quantumblack/our-insights/how-to-unlock-the-full-value-of-data-manage-it-like-a-product.

2. Veeral Desai, Tim Fountaine, and Kaybaun Rowshankish, "A better way to put your data to work," *Harvard Business Review*, July–August 2022, https://hbr.org/2022/07/a-better-way-to-put-your-data-to-work; "The data driven enterprise of 2025: Seven characteristics that define this new data- driven enterprise," McKinsey.com, January 28, 2022, https://www.mckinsey.com/capabilities/quantumblack/our-insights/the-data-driven-enterprise-of-2025?linkId=150307929.

第二十四章

确定哪些数据是重要数据

> 在掌握数据之前就妄加论断,可谓大错特错。
> ——夏洛克·福尔摩斯(Sherlock Holmes)

数据战略决定了你需要什么数据、如何利用这些数据去完成优先业务。该战略的成果是一套清洗数据,并使其易于访问的方案。

识别数据并按优先级排序

企业首先要识别落实数字化解决方案所需的数据,以及数字化路线图中规划的底层用例。路线图通常决定高级别的数据需求,但这些需求必须十分具体。

定义关键术语

　　数据元素是一个具有唯一含义的基本信息单位,比如客户名称、客户地址、产品名称、日期等。

　　数据域是相关数据的概念分组,通常用于组织数据管理工作和数据架构。

> **数据产品**是一个高质量的、随时可用的数据集。整个公司的人员都可以轻松访问、使用，它通常是数据域的一个子集。

你会发现几乎在所有情况下，你实际拥有的数据总是比开始时所需的多。因此，我们在对数据域进行优先级排序时，需要考虑该数据域在企业落实数字化路线图时对业务的重要性以及风险、监管要求等其他因素。

我们还要对每个数据域中的数据元素进行优先级排序，这样可以确定哪些数据最为重要。例如，客户数据域中可能有数百或数千个数据元素，比如客户姓名、地址和信用卡号码，我们需要确定哪些元素对交付使用最为重要（重要元素通常占所有数据元素的 10%~15%），并将大部分精力花在这些元素上。

一家总部位于美国的保险公司希望为客户提供强化财产保护的建议。因此，它在优先级排序过程中要重点关注灾难数据和安全数据，例如来自美国国家海洋和大气管理局、美国地质调查局、美国联邦紧急事务管理局的灾难风险数据。此外，它还要关注资产市场的数据，比如历史房产价格、购买历史和社区指数等（见图 24-1）。

第二十四章 确定哪些数据是重要数据 203

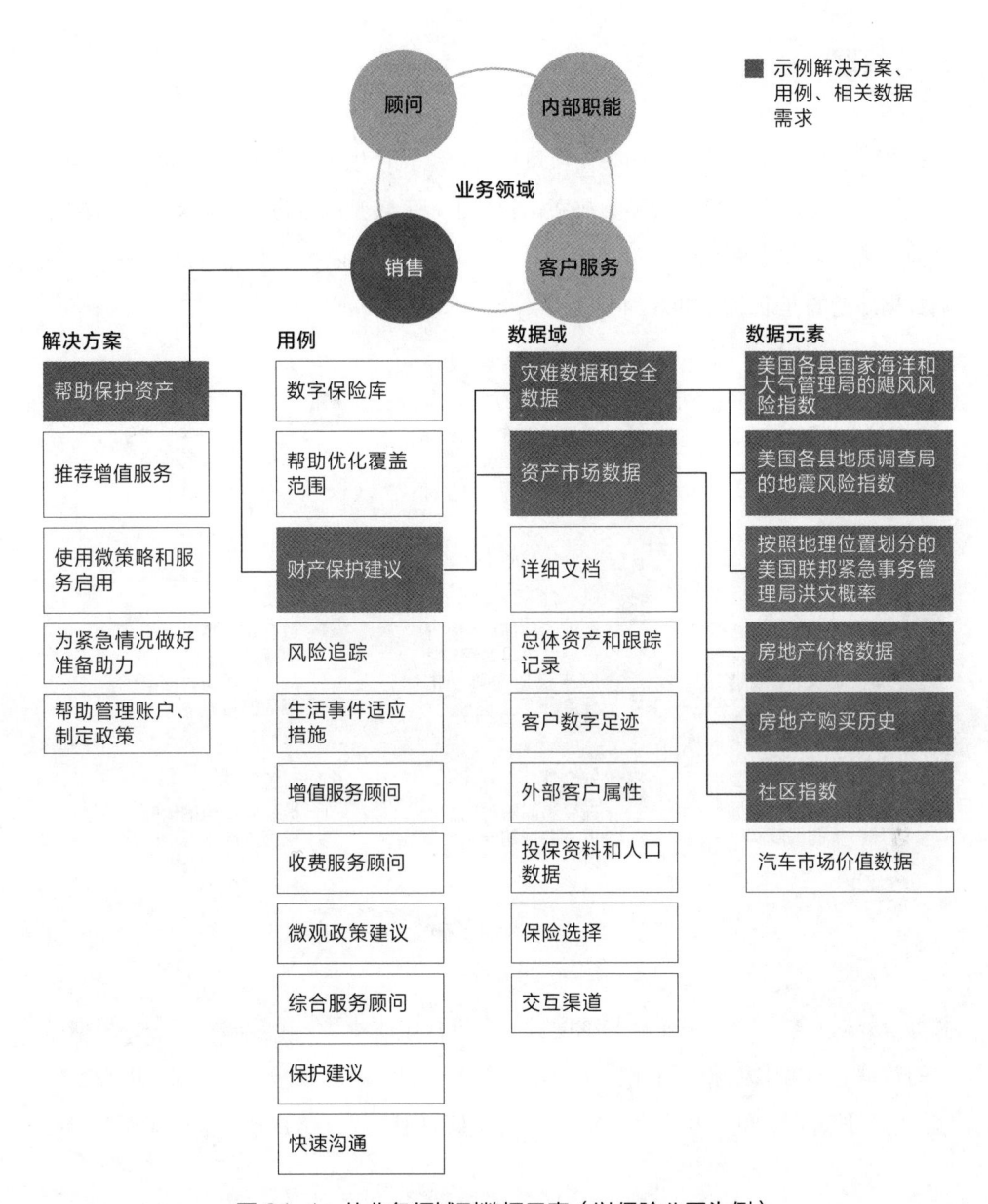

■ 示例解决方案、用例、相关数据需求

业务领域：顾问、内部职能、销售、客户服务

解决方案	用例	数据域	数据元素
帮助保护资产	数字保险库	灾难数据和安全数据	美国各县国家海洋和大气管理局的飓风风险指数
推荐增值服务	帮助优化覆盖范围	资产市场数据	美国各县地质调查局的地震风险指数
使用微策略和服务启用	财产保护建议	详细文档	按照地理位置划分的美国联邦紧急事务管理局洪灾概率
为紧急情况做好准备助力	风险追踪	总体资产和跟踪记录	房地产价格数据
帮助管理账户、制定政策	生活事件适应措施	客户数字足迹	房地产购买历史
	增值服务顾问	外部客户属性	社区指数
	收费服务顾问	投保资料和人口数据	汽车市场价值数据
	微观政策建议	保险选择	
	综合服务顾问	交互渠道	
	保护建议		
	快速沟通		

图 24-1 从业务领域到数据元素（以保险公司为例）

评估数据就绪度

我们经常看到解决方案所需的数据质量低劣,这就产生了典型的"输入垃圾,得到垃圾"问题,即劣质数据会影响数字化和人工智能转型的推进。在修复或清洗数据之前,公司需要彻底评估数据(有时称"质询数据")以找出数据的问题所在。评估数据质量的九个维度如图24–2所示。

① 准确性 数据与商定来源相匹配的程度	**② 时效性** 应该更新数据的频率,以及当数值发生变化时可接受的系统"滞后"	**③ 一致性** 无论在何处存储或显示,相同数据必须等值的程度
④ 完整性 字段必须被填充的程度,以及所需的广度、深度和历史记录的存在情况	**⑤ 唯一性** 数据的存储应仅限于一处,并且对每位客户来说应是唯一的程度	**⑥ 连贯性** 数据定义随时间的推移保持相似的程度,从而使历史数据具有相同的背景
⑦ 可用性 当前数据和历史数据可用于分析的程度	**⑧ 安全性** 在受访问限制的情况下,数据的安全程度以及可恢复性	**⑨ 可解释性** 数据定义明确清晰的程度,易于理解的程度

图 24-2 评估数据质量的九个维度

对每个数据元素来说,根据这些维度对数据进行评估涉及三个步骤:第一,根据已知的数据业务需求和未来可能出现的业务需求,制定一套数据质量规则。以数据元素"客户地址"为例,与许多B2C组织有关的规则就是"客户地址准确无误"。

第二,为每条规则设定一个符合业务需求的目标。例如,"客户地址准确无误"的目标准确率可以是大于95%的。如果一家公司要给客户寄送包裹,较高的准确率尤为重要,但如果这家公司提供的是数字化服务,准确率就不那么重要了。公司要避免对超出范围的目标进行更改,因为这会加重后端数据的治理工作。

第三，根据制定的数据质量规则衡量数据质量并报告其优劣性。大多数公司会根据规则，使用软件包（比如 Talend Open Studio、Ataccama ONE、Informatica Data Quality）来测量优劣性，并扩大扫描范围以发现数据的质量问题。无论是否使用软件，制定数据质量规则和目标这一过程仍然至关重要。

如果做得好，那么公司可以发现一系列问题，例如数据不准确会导致计算错误，不同业务单位里的数据定义不同会导致数据使用不当，数据集成延迟会导致数据交付错过截止日期等。

在这一过程中，公司遇到的最大问题之一便是数据质量评估和清洗工作既耗时，又耗财。尽管我们看到已经有人工智能工具帮助解决这个问题，但这一过程依然非常困难。因此，非常重要的一点是将关注点放在高优先级用例中最重要的数据上。例如，图 24–1 中提到的保险公司，要有三个月以内的最新数据，并且数据要易于使用，同时要满足严格的隐私和保密要求，这些都非常重要，但数据并不需要 100% 准确。或者以一家房地产公司为例，有最新的数据至关重要，但这仅是对纽约和洛杉矶的市场数据而言。

如果有了足够达到临界值的数据量，并且团队也清楚所追求的价值，那么即便使用并不太完美的数据来开发最小可行产品也可以获得成功。此外，公司越来越多地使用 Talend、Trillium Quality、Sypherlink、Syncsort 和 AI4DQ[1] 等机器学习和人工智能工具来对现有数据进行清洗（尽管有些问题还需要一定程度的手动操作，例如调整跨地区的产品层次结构以实现全球范围内的一致性）。

在很多情况下，一个"数据增强"的过程可以改进公司数据资产的质量和类型。公司可以通过多条途径来改进现有数据，例如从外部获取数据或添加新的数据源（例如传感器、网站）。"数据增强"是一个连续的过程。实际上，这意味着业务和职能领导应该定期沟通他们改善数据资产的计划，并进行必要的投资。将这种沟通纳入年度计划不失为一个好办法。

制定数据路线图

一旦充分了解了高优先级的数据集，以及当前的就绪度，那么下一步就是制定数据路线图。本质上，这是对所需工作进行排序，使数据能够支持战略路线图中确定的数字化解决方案。这项工作对确定和分配必要的资源以做好数据准备工作而言是至关重要的。

根据我们的经验，公司需要同时在三个不同层面开展工作：

第一层：侧重建立数据产品小组，其具体工作是确保高优先级的数据元素准备就绪，并构建这些数据元素的消费路径（下一章将对此进行详细介绍）。

第二层：开发数据"管道"和存储架构，服务于高优先级的数据域和后续数据域（见第二十六章）。

第三层：为健康的数据管理奠定基础。我们需要确保未来数据是由正确的途径收集而来的，这样所有关于数据的清洗和调整工作不会白白浪费（详见第二十七章）。

注释

1. AI4DQ 是 QuantumBlack AI by McKinsey 的一款产品。

第二十五章

数据产品——可以扩展的可复用构建块

> 数据是宝贵的东西，比系统本身更持久。
> ——蒂姆·伯纳斯·李（Tim Berners-Lee）

要实现数据投资的短期价值和长期价值，公司就要像管理消费品一样管理数据。数据产品提供高质量的、随时可用的数据集，这些数据集的格式使公司内部的员工和系统可以轻松访问，并可应用于克服不同的业务挑战。例如，数据产品可以提供关于重要实体（比如客户、员工、产品线或分支机构等）的360度视图。将数据产品用作数字孪生的核心是一个新兴领域，可以复制现实世界资产（RWA）的运营模式。

关于数字孪生的更多信息

数字孪生是现实中的物理资产、人员或流程在虚拟世界的映射。在嵌入式传感器和物联网设备产生的大量数据的推动下，在远程信息处理技术的支持下，在不断进行自我训练的人工智能模型的驱动下，数字孪生技术正迅速成为数字化和人工智能转型的重要组成部分。

数字孪生主要由两个部分组成：模拟器和仿真器。模拟器是融合不同数据集来监控现实系统的数据产品。模拟器提供了大规模捕获、存储和重放数据的功能（例如监控网络操作中的中断故障、暴露生产线中的瓶颈等）。仿真器是一种基于现实世界数据的软件应用程序，使公司可以对"假设的"场景进行试验，比如在物流业中通过物流网络重新调整库存流向，在机械制造业中修改发动机设计等。

最成熟的数据驱动型企业已经开始将仿真器和模拟器这两个元素结合在一起，开发出能够进行警示、分析、预测的数字孪生，并且持续进行自我训练。这种方法可以使数据随着时间的推移而不断丰富，推动进一步的数据模拟或用例落地，最终产生一个能够应对诸多业务挑战，带来可观投资回报率的数字孪生方案。

数字孪生应用成果正在不断涌现。数字孪生的一个经典例子是360度客户视图，包括公司业务部门及系统收集的有关客户的所有细节信息，例如客户在线上和线下店内的购买行为、人口统计学信息、付款方式以及与客户服务的互动等。利用数字孪生的人工智能可以生成客户流失倾向模型、对客户后续可能购买的一系列产品进行预测等。

另外，数字孪生也可以复制现实世界资产或生产流程的运行情况（例如整个工厂的生产线或某些关键机械部件的运行情况），并生成一系列信息，包括设备停机的平均时间或完成产品组装的平均时间等。人工智能用例可以涵盖预测性维护、过程自动化及其优化。

为了实现特定的应用目标，数字孪生项目需要专门的多学科敏捷团队协同合作，例如数据科学家、数据工程师、设计师、开发人员和领域专家。[1]

这代表着公司的思维方式以及数据管理方式发生了根本性转变（见图25–1和图25–2）。

通过数字孪生，数据产品便成为规模化的秘密武器。它带来的回报十分丰厚。新业务用例的交付速度可以提高90%。包括技术、开发和维护成本在内的总拥有成本可以降低30%。最后，风险以及数据的治理负担也可以大大降低。

第二十五章 数据产品——可以扩展的可复用构建块

为批量交付和实时交付所设计的数据管道是分散且重复的

每个用例使用不同的技术，这增加了费用和复杂性

数据流 ----→

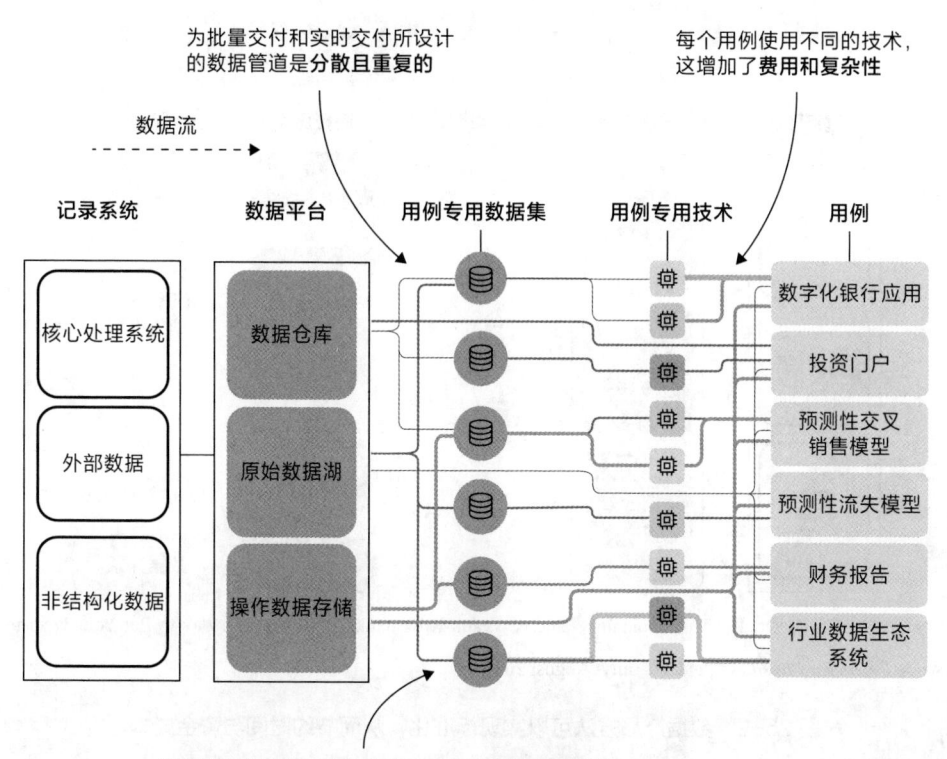

记录系统 | **数据平台** | **用例专用数据集** | **用例专用技术** | **用例**

记录系统：
- 核心处理系统
- 外部数据
- 非结构化数据

数据平台：
- 数据仓库
- 原始数据湖
- 操作数据存储

用例：
- 数字化银行应用
- 投资门户
- 预测性交叉销售模型
- 预测性流失模型
- 财务报告
- 行业数据生态系统

每个领域的数据，比如客户，对每个用例而言都被低效地重新处理；质量、定义和格式各不相同

资料来源：Veeral Desai, Tim Fountaine, and Kayvaun Rowshankish, "A Better Way to Put Your Data to Work," *Harvard Business Review*，July–August 2022。

图 25-1 许多公司中的传统数据设置可能是复杂且低效的

数据产品通过整合不同业务系统（比如数字化应用程序或报告系统）以"消费"数据。每种类型的业务系统对如何存储、处理和管理数据都有自己的一套要求，我们称之为"消费原型"。

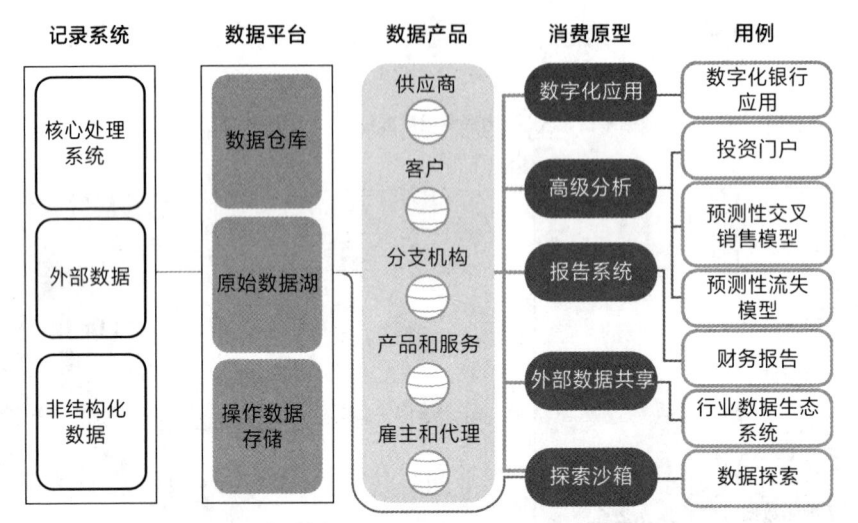

资料来源：Veeral Desai, Tim Fountaine, and Kayvaun Rowshankish, "A Better Way to Put Your Data to Work," *Harvard Business Review*, July–August 2022。

图 25-2　数据产品方法可以实现标准化，从而节约时间与资金成本

数据产品示例

代表电信网络 360 度视图的数据产品可以接收网络传感器数据（例如来自信号塔、家庭或光纤的数据）和描述性数据（例如网络元件规格或消费者和成本数据）并创造出整个网络的数字化表达。该数据产品支持各种操作和消费者体验用例，例如它可以评估网络的给定部分出现故障会对客户体验产生什么影响，并且确定网络改进措施，以减轻影响。

例如，专注于 ESG（环境、社会和治理：Environmental, Social, and Governance）绩效的投资数据产品将汇集碳强度、外部 ESG 评级和投资组合持有数据等详细资产信息，以了解该资产的整体投资敞口。该数据产品可以使资产管理人计算公司当前的投资产品和潜在的未来投资产品对 ESG 的友好程

> 度，并凸显公司为了实现其对外承诺（例如实现净零碳排放）而需要采取的行动。

虽然企业的路线图可能有数百个用例，但其消费数据的方式无非是五种中的一种而已，我们称之为消费原型（见图25-3）。为支持一个或多个消费原型而构建的数据产品可以很轻易地应用于具有类似原型的多个业务应用程序中。

消费原型	要求	用例
数字化应用	以特定格式和频率进行清洗与储存的数据（例如可供实时访问的GPS或传感器数据的事件流）	营销趋势应用程序或车辆定位跟踪应用程序
高级分析系统	以特定的频率清洗和交付的数据，经过设计可以使机器学习和人工智能系统进行处理	模拟和优化引擎
报告系统	经高度治理的、具有清晰定义的数据——对质量、安全和数据变更进行严密管理——在基本层级上聚合，并以通过审计后的形式交付	操作合规或法规合规的仪表盘
探索沙箱	原始数据和聚合数据的组合	用于探索新用例的专项分析
外部数据共享系统	严格遵守关于数据的存放位置、数据的管理和保护流程的有关政策与协议	共享欺诈信息的银行系统

资料来源：Veeral Desai, Tim Fountaine, and Kayvaun Rowshankish, "A Better Way to Put Your Data to Work," *Harvard Business Review*, July–August 2022。

图 25-3　数据产品的消费原型

并非所有数据元素都要打包在数据产品中，只关注那些在不同用例中具有高度的可复用性的数据元素就可以了。例如，客户360度数据产品可能需要将客户所在建筑物的地理位置信息视作评估安全风险的解决方案的一部分，但是这些信息对其他解决方案毫无用处。在这种情况下，直接从数据平台或源系统捕获数据，并使用专门为该需求构建的自定义数据管道效果更佳。

构建数据产品需要大量的投入，因而公司需要做出明智的选择。

识别能产生价值的数据产品

构建数据产品是数字化和人工智能转型的基本要求。虽然公司可以构建各种各样的数据产品，但这样做所耗费的时间成本和经济成本都很高。因此，如前一章所述，对特定的数据需求有一个清晰的认识是至关重要的。在很多情况下，由于对所需数据集的理解不够精准，或者对数字化解决方案的需求的看法并不正确，公司甚至会缩短这一过程。这可能导致公司花钱购买数据集，或者为大型团队投入数百万美元的资金和数月的时间，但实际上没能产生多少价值。

要想了解特定数据产品的业务需求，公司就要对以下问题进行敏锐分析：

● 这个数据产品是独一无二的吗？企业或市场上可能已存在类似的数据。

● 这个数据产品是否与最终使用它的人和系统有关？以房地产业为例，公司可能拥有大量很好的数据，但它们只对特定的市场有用，而营销团队和客户并不关心这些数据。

● 如何定义"好"？公司必须明确最低标准是什么。例如，对于商业房地产数据来说，获得高优先级市场最近一个月的数据可能十分重要，而其他市场可能不需要这种最新的数据。同样，定义数据的精确性也很重要。仍然以房地产业为例，数据需要精确到街区、社区还是邮政编码的级别？

● 这个数据产品可以支持多少用例，以及这些用例的价值是什么？数据产品应该服务于多个用例，从而使资产最大程度发挥作用。对于许多公司来说，这可能就是一个360度客户产品，包括市场、销售、研发等在内的多个团队可以用它来开发自己的产品和解决方案。

这个过程的目标是缩小选择范围，确定具有独特性和共享性、有价值的数据元素。这样公司就可以设定所要实际构建的数据产品目标，制订产品构建计划，并雇用合适类型、合适数量的人员。

建立数据产品小组

开发数据产品需要专门的工作小组和资金投入。每个数据产品都应配备一个数据产品负责人和一个跨职能小组，并获得资金支持，以构建并持续改进产品、开发新的用例。数据产品负责人承担多重职责：设定方向、了解公司和客户的机会与需求、优化投资价值、根据发展路线图进行开发和领导执行、管理依赖关系，以及评估取得的成功。

每个小组由四到八名掌握专门技能的成员组成，这些具体技能将根据底层数据的性质以及产品的使用方式的变化而变化（见图25-4）。最好的做法是让业务人员参与进来，以提供用户视角（包括用户反馈等），从而帮助改进产品并确定新的用例。公司还可以考虑引入法律、合规和风险主题专家，参与开发合规的、对社会负责的数据产品，这也是非常有意义的。

在构建运营模型时，数据小组通常是数据平台的一部分，因为它们提供了一项服务，以供面向用户的小组使用（有关数据平台的更多信息，请参见第十四章）。

首席数据官应该制定标准，并为小组记录数据来源、审计数据使用、衡量数据质量的做法来打造最佳实践。这些标准还应涵盖每种消费原型所需的技术应如何相互融合，以便实现跨数据产品的复用。建立卓越中心通常有助于开发上述实践和模式。

为了使产品能够满足用户的最终需求，并持续改进，数据产品小组应该衡量自己的工作价值。相关指标可能包括特定产品的月度用户数、产品在整个业务中的复用次数、数据用户调查的满意度得分，以及所赋能的用例的投资回报等。

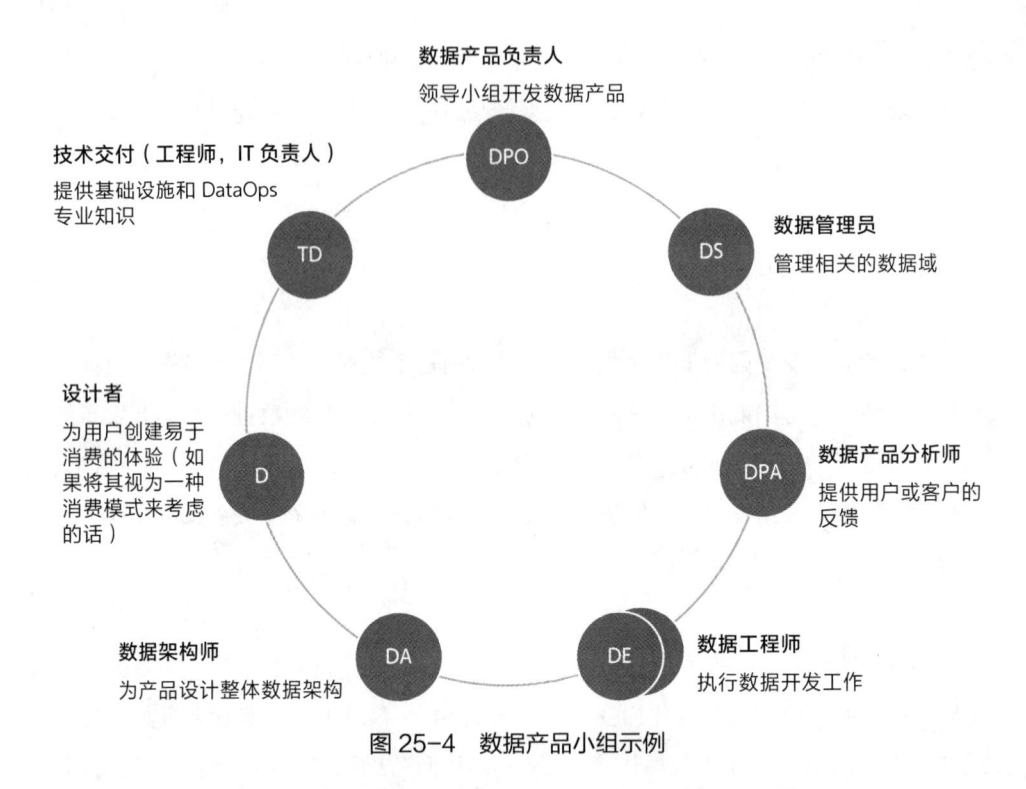

数据产品负责人
领导小组开发数据产品 (DPO)

技术交付（工程师，IT 负责人）
提供基础设施和 DataOps 专业知识 (TD)

数据管理员
管理相关的数据域 (DS)

设计者
为用户创建易于消费的体验（如果将其视为一种消费模式来考虑的话）(D)

数据产品分析师
提供用户或客户的反馈 (DPA)

数据架构师
为产品设计整体数据架构 (DA)

数据工程师
执行数据开发工作 (DE)

图 25-4　数据产品小组示例

质量问题会导致最终用户对产品的信任度降低，进而影响用户对产品的使用，因此数据产品小组会严格管理数据定义（例如，对客户数据的定义是否仅限于活跃的客户，还是以前的客户也包含在内）、可用性和访问控制等，以满足每个用例的治理级别方面的需求。为了确定数据完整性，数据管理小组会与拥有数据源系统的数据管理员密切合作（参见第二十七章）。

开发数据产品

数据产品开发是一个迭代的过程，需要数据产品小组对产品不断地测试和调整，直至产品准备就绪。构建一个数据产品的最小可行产品版本通常需要三到六个月的时间。从这之后，开发团队要根据内部或外部的用户反馈对产品进行迭代。

第二十五章 数据产品——可以扩展的可复用构建块 215

在最高层次上，数据产品小组通过产品迭代过程来定义数据需求，决定使用哪些数据并保持数据的良好状态，然后通过各种潜在的消费原型共享精选数据。例如，数据产品可以提供 API 以实现轻松访问和使用，并提供与关键运营系统的直接集成。它还可以提供一组带有嵌入式分析的动态仪表盘，以支持业务决策。开发数据产品的最佳实践六步法，可以参见图 25-5 和以下示例。

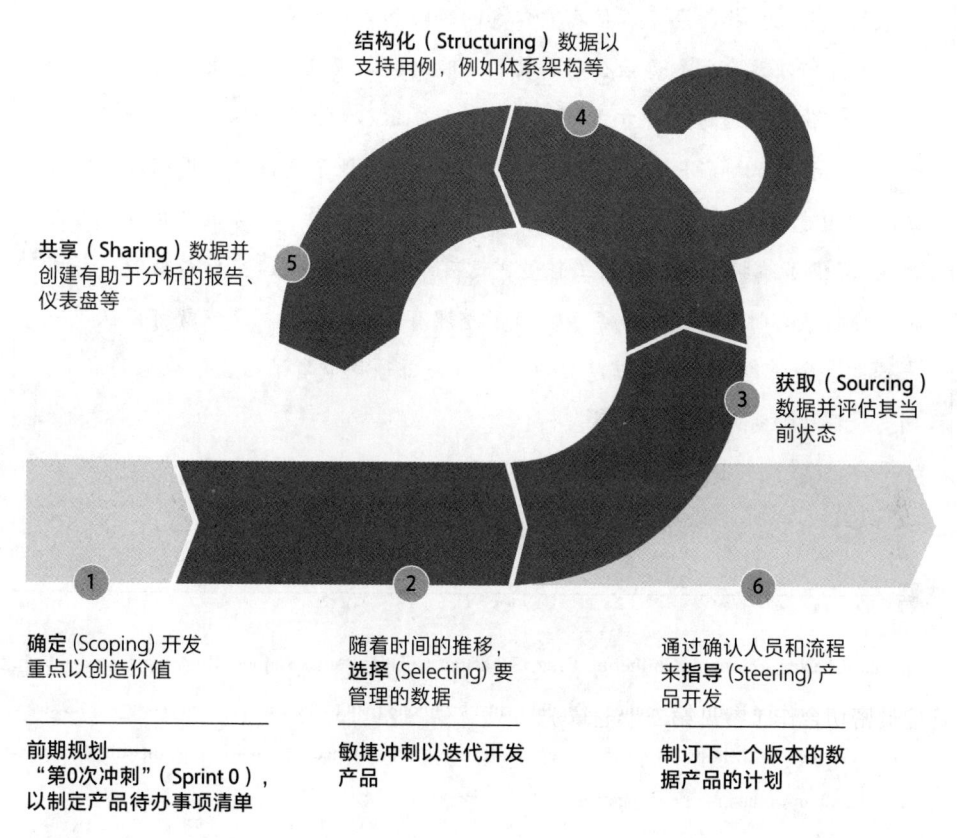

结构化（Structuring） 数据以支持用例，例如体系架构等 ④

共享（Sharing） 数据并创建有助于分析的报告、仪表盘等 ⑤

获取（Sourcing） 数据并评估其当前状态 ③

① **确定**(Scoping) 开发重点以创造价值

前期规划——"第0次冲刺"（Sprint 0），以制定产品待办事项清单

② 随着时间的推移，**选择**(Selecting) 要管理的数据

敏捷冲刺以迭代开发产品

⑥ 通过确认人员和流程来**指导**(Steering) 产品开发

制订下一个版本的数据产品的计划

图 25-5 数据产品开发方法："6S"数据产品配方（示例）

> **案例：一家信用卡公司创建了关于其客户的"单一可信数据源"**
>
> 一家全球性的大型信用卡发行商有近 200 个不同的应用程序，用以管理客户数据。平均下来，每个应用程序每年的维护成本为 30 万美元。更糟糕的是，应用程序数量的激增引发了合规方面的问题。监管机构声称这些应用程序没有一致的"可信数据源"来评估客户信息的风险和其他因素。
>
> 为了解决这个问题，该公司将其用例映射到数据产品上，并为每个用例分配了一个价值。通过这种方式，它确定并开发出八种特定的客户数据产品（例如 Customer 360 和 Merchant 360）。额外好处是发现了支持其应用程序的新方法。它构建了一组共享资产（例如，数据湖、数据目录、共享的分析代码存储库），减少了维护环境所需的工作量，这可以帮助团队快速交付新功能，并减低了保持兼容性所产生的复杂性。有了整理有序的客户数据，它就可以从单一来源向各个业务部门提供信息。最终，该公司每年节省了约 3 亿美元的成本，同时提高了服务质量和合规性。

注释

1. Joshan Cherian Abraham, Guilherme Cruz, Sebastian Cubela, Tomás Lajous, Kayvaun Rowshankish, Sanchit Tiwari, and Rodney Zemmel, "Digital twins: From one twin to the enterprise metaverse," McKinsey.com, October 2022, https://www.mckinsey.com/capabilities/mckinsey-digital/our-insights/digital-twins-from-one-twin-to-the-enterprise-metaverse.

第二十六章

数据架构或数据"管道"系统

> 剧本是电影的蓝图。烂剧本很少能拍出好电影。
> ——托弗·格雷斯（Topher Grace）

如果把数据比作水，那么数据架构就是一个"管道"系统，把水从存储的地方输送到使用的地方。数据架构是用户或应用程序存储、转换、分析以及使用数据的主要管理环境。如果没有完善的数据架构，那么公司会陷入困境，因为数据经常是分散的，并被困在许多数据孤岛上（例如老旧过时的核心系统）。

如果实施得当，数据架构可以更快地构建可复用的高质量数据产品，并且易于团队访问。这可以优化决策结果、提高面向客户的应用的智能程度、便于对数据内部访问和控制。[1]

实践者说：数据平台赋能敏捷模式

对于大多数公司来说，管理 IT 的传统方法是围绕大型应用程序项目提出预算。大多数客户逐渐意识到需要转向一种更敏捷的模式，即应用程序的开发是模块化的、小型化的。可支持不同应用程序的数据平台确实有助于向敏捷模式转变。

一旦公司建立了独立的数据平台，应用程序的开发就会更加敏捷。该平台必须以元数据为基础，以便真正理解并拥有一个真实的数据目录。数据平台不需要存储所有数据，它只是一个将数据处理成正确的应用程序的地方，这样便可构建出一个抽象层。

想象一下来自后端系统和老旧系统的数据供应，其速度有限，而数据消费的变化速度却要快得多。在数据平台创建抽象层，可以使新的应用程序不需要创建点对点连接就能获得更快的数据运行速度。

——安尼奥·查克拉瓦蒂（Anil Chakravarthy），美国 Adobe 公司数字化体验业务总裁

数据架构原型

构建现代数据平台有五种典型的数据架构（见图 26-1）。每种架构都建立在领先的云服务提供商提供的基于云的可扩展存储上，但在此基础上构建的数据库和数据访问技术是不同的。

数据平台必须满足基于人工智能的数字化解决方案的需求，还必须满足商业智能用例的需求，比如创建管理报告和监控运营情况。这种二元性继续体现在公司构建数据平台的方式上，数据湖原型（用于人工智能）和基于云的数据仓库原型（用于商业智能）并存。在过去的十年中，这两种原型一直占据主导地位。21 世纪 20 年代初，出现了一种新的原型——湖仓一体架构（lakehouse），旨在统一数据技术栈，以满足商业智能和人工智能的需求。

第二十六章　数据架构或数据"管道"系统

云原生数据湖（CLOUD-NATIVE DATA LAKE）			
集中式无服务器架构，基于对象存储和计算，可以独立扩展	针对用于SQL（结构化查询语言）分析、现代人工智能和机器学习应用程序的（极）大规模的数据集市进行了优化	基础灵活，易于添加能力（比如数据仓库、实时等），但已开始被视为"过时"架构	

云原生数据仓库（CLOUD-NATIVE DATA WAREHOUSE）			
高度可扩展、敏捷的基于SQL的平台，具有独立的可扩展存储和计算功能	实现由SQL或以用户界面为中心的提取转换加载（ETL）工具（比如dbt、Matillion等）驱动的现代化数据转型	在绝大多数企业的分析工作负载上表现出色	数据用户、分析师和数据专家的工作中常用的工具或者SQL技能语言，对云原生数仓支持度很高

湖仓一体架构			
将数据湖和数据仓库的优势结合到一个集成平台上，用于分析（例如商业智能、SQL）、人工智能和机器学习用例	利用新一代存储技术（比如Delta Lake或Iceberg），支持对象存储上的ACID事务	处理最复杂的批量处理数据作业和大容量流数据（比如物联网）	相关工具尚不太成熟，但技术创新步伐很快

数据网格（DATA MESH）			
新兴的数据架构类型，从根本上脱离了中心化的IT和数据职能	分散式架构方法；侧重于完全由业务领域负责的数据产品	对数据产品进行质量管理、编目，并通过定义明确的数据服务进行访问	数据产品是基于上述定义的任一数据架构类型而创建的

数据编织（DATA FABRIC）			
在企业的数据背景中创建统一的数据环境的一种新兴策略	数据编织指的是将元数据"编织"成的一个安全、统一的数据管理层	旨在解决异构数据源和基础架构的多云（multicloud）场景问题	当前并没有现成的工具可以支持真正意义上的数据编织，并且必须在内部构建

图 26-1　数据架构原型

上图中的后两种数据架构原型是最近出现的，可应对分散数据管理（数据网格）的趋势，并满足大型企业在多云环境中管理数据（数据编织）的需求。

下面我们将介绍每种数据架构原型的最佳适用范围及其局限性。

数据湖是最简单的原型，并且在所有的主流云平台上都有易于理解的参考架构可供使用。这种原型最适合数据科学工作负载，尤其适合处理非结构化数据。

对于刚刚开始涉足高级分析、人工智能和机器学习的企业来说，从数据湖开始不失为一种明智的选择，因此企业需要一个可以根据需求进行扩展的简单架构。

直到最近，数据湖还是以复杂的 Hadoop 平台的形式驻留在本地。云改变了游戏规则，云提供商管理的可拓展的、强大的数据服务替代了 Hadoop 的核心功能，这些服务的形式包括对象存储（比如 S3、ADLS）、大数据分析引擎 Spark[1]（比如 AWS Glue、Azure Synapse Analytics）和分布式查询引擎（比如 Amazon Athena、BigQuery）。

这种架构的缺点是，它不适合典型的 SQL 密集型商业智能分析工作负载。此架构工程量大，并且往往会导致数据集中化，并最终成为企业的瓶颈。

云原生数据仓库（例如 Snowflake、Synapse、BigQuery）已成为创建运营和管理报表以及自定义商业智能报表的主流解决方案。这种数据仓库架构从根本上简化了技术栈，可以快速交付复杂的商业智能和分析功能。这种设计将 SQL 置于数据工程工作的中心，仍然可以使用 DBT（一种数据转换工具）将其编排成经过良好测试的现代数据管道。这种架构对云原生组织和迁移到云的大型组织尤其有吸引力。

该架构的主要缺点是它还不能很好地支持高级分析、人工智能和机器学习开发。对于高复杂度的数据工作流来说，SQL 也并非总是最有效的方法。此外，其易用性也会导致业余用户的激增，如果企业不仔细加以管理，最终可能会减缓创造价值的速度。

---

① Spark 是加利福尼亚州立大学伯克利分校的 AMP 实验室开源的，然后贡献给 Apache。它是一种快速、通用、可扩展的大数据分析引擎。它是不断壮大的大数据分析解决方案家族中备受关注的明星成员，为分布式数据集的处理提供了一个有效框架，并以高效的方式处理分布式数据集。Spark 集批处理、实时流处理、交互式查询、机器学习与图计算于一体，避免了多种运算场景下需要部署不同集群带来的资源浪费。目前，Spark 社区已成为大数据领域和 Apache 软件基金会最活跃的项目之一，其活跃度甚至远超曾经只能望其项背的 Hadoop。——译者注

湖仓一体架构是 Databricks 的一项创新，它将数据湖和数据仓库的功能结合到一个单一的集成平台上。与数据湖相比，湖仓一体架构在功能上向前迈出了重要的一步，尤其是在处理大规模结构化数据时，不会对非结构化数据处理能力（例如 ACID[2] 事务、实时支持、数据版本控制、数据管理、SQL 支持）造成任何损害。

尽管功能集得到了扩展，但对该架构进行开发和管理仍需要大量的工程技术操作，只有这样才能实现成本效益。对于大型数据集（100GB 以上的规模）而言，湖仓一体架构最具经济效益。所有主要的云提供商和新的小众玩家，比如 Tabular（Apache Iceberg）、Onehouse（Apache Hudi）和 Dremio（Arctic），都在推动湖仓一体架构原型的发展，这证实了湖仓一体是一种现代数据架构模式，而不仅仅是单一供应商的专有设计。

数据网格是一种去中心化的数据处理方法，旨在为那些数据能力已经高度成熟并正在努力满足激增的需求的大型企业开启下一阶段的增长。

在数据网格架构中，数据直接归使用 IT 提供数据工具的业务领域（例如营销和销售、区域运营、制造工厂）所有，并作为管理好的、可复用的数据产品进行交付。当多个域构建自己的数据功能并相互获取数据源时，数据网格就出现了。最好是使用数据联合工具作为公共数据服务层，以最大限度地减少不必要的数据移动。各个域对自己的数据负责，也就意味着它们必须自行解决数据的可用性和质量问题，这不仅是为了自己，还是为了通过网格获取数据的其他域。

从数据湖转移至数据网格很容易实现，因为与选择哪种数据技术相比，数据网格与数据运营模式的关系更大。对于大多数企业来说，如果在开始阶段，数据和 IT 能力高度集中化，业务数据成熟度低，所有权少，那么使用数据网格架构可能并不合适。但数据网格并非一个"全有或全无"的选项。大型企业可能会发现在混合模式下运营益处多多，即在最成熟的业务领域使用数据网格模式，拥有自己的数据并构建数据产品以满足自己的需求，而在不太成熟的领域则继续使用集中式数据专业技术。

数据编织是一种现代化的、集中式的数据处理方法，如果说数据网格是"阳"，那么数据编织就是"阴"。数据编织的独特之处在于，它承诺通过虚拟化将数据源链接到数据编织，不需要不必要的数据移动，从而大大提升了集成速度，降低了集成成本。这解决了大型企业在多云环境中运营所面临的挑战。虽然数据编织原型在未来具有巨大的潜力，但在大型复杂组织中自动链接和集成数据所需的功能才刚刚开始出现。截至本文撰写之时，考虑使用数据编织原型或许为时尚早。

架构类型的选择需要考虑公司当前的云计算之旅和数字化路线图。公司如果预计除了基本负载的商业智能应用，还会有许多人工智能密集型应用，那么可以考虑湖仓一体架构。相反，如果公司的数字化路线图指向许多商业智能密集型应用，则应考虑构建基于云的数据仓库。

云计算与本地数据基础设施的对比

利用主流公共云提供商的云基础设施，公司可以快速推进大规模数据功能的成功落实和低成本运营。云原生服务在提高数据团队的工作效率方面具有巨大优势，数据团队不必再被迫管理过于复杂的数据系统，而是可以将时间集中在交付能够推动业务价值增长的用例上。

众多云原生数据技术的出现，为构建基于数字化和人工智能的解决方案提供了便利。实现基于云计算的现代数据能力的过程正变得越来越容易，技术曾经是差异化因素，而如今每家公司都唾手可得。

一些企业选择在内部部署或通过内部部署和云计算混合的方式来构建数据功能。通常有两个问题驱使公司做出这一决策：一是关于将云用于高度敏感数据或关键工作负载的担忧，二是公司相信所设计和构建的现代数据功能可以与云提供商相媲美。

要跟上云提供商的创新步伐和能力十分具有挑战性，因此通常只有拥有成功实现技术创新历史的大型企业才会选择内部部署或混合架构的方式。需要注意的是，想要取得成功必须有尖端的内部工程技术、建设和维护现代化数据中心所需的投资，以及长期维持这些投资的决心。现代云平台所需的投资通常很小，而且能持续提供创新，在这一点上企业很难与之匹敌，尤其是在人工智能工作负载方面，其创新速度尤其快，对基础设施的需求也最为复杂。

数据功能的确定及参考架构的采用

本章介绍的每种架构都包含一系列必要的功能，比如事件流、数据仓库和数据APIs，这些功能可让数据从来源处（图 26–2 的底部）高效地"流动"到使用位置（图 26–2 的顶部）。企业所需的数据功能取决于用例。挑战在于，帮助构建和操作数据架构的数据技术已逾百种。数据技术的激增反映了这一领域的创新速度之快，但也使得对这些数据技术的选择和集成变得更加复杂。

企业通常将其数据架构的实施工作视为一个为期多年的"瀑布式"项目，因此规划了从构建数据湖及数据管道到实施数据消费工具的每个阶段，只有在完成前一个阶段后才开始后续阶段。企业可以在数字化路线图的指导下，采用参考架构来更快地取得成果。参考架构是一组经过了验证的技术，可以很好地进行协同工作，以交付企业所选择的原型。

在这种方法中，首席数据架构师将首先制定所需数据能力的高级目标（见图 26–2），其重点是构建"最小可行数据架构"，以满足优先级别高的数字化解决方案（包括商业智能和人工智能密集型解决方案）的需求。这个数据能力的高级目标路线图将有助于就所需内容达成一致，并在分析当前状态架构时提供一个良好的基准测试框架。虽然首席数据架构师负责这项评估工作,但数据消费者、数据经理或管理员以及数据产品和应用程序所有者也至关重要,他们可以就所需的技术能力发表意见。

数据消费						
分析(商业智能和报告)商业智能与可视化、SQL 分析	高级分析 数据集开发环境 模型生产环境	应用程序(操作系统)内部操作系统 移动和网络应用程序	以稳健、智能的方式调度数据处理	数据治理:目录、数据沿袭、数据质量、可观察性和 DataOps的集中式元数据	高级工具:数据访问控制、数据丢失防护、数据隐私、数据保留等	
数据服务						
数据 API 端点和 API 管理(REST 或 GraphQL)SQL 端点(Java 数据库连接 JDBC 或开放式数据库连接 ODBC)	发布或订阅端点 在分析精炼区或数据集沙箱中分析优化数据(例如 Parquet)	指标储存和特征储存(例如转换、存储、服务、监控和管理商业智能、人工智能的可重用特征)数据联邦和数据虚拟化		机器学习模型治理:用于MLOps的模型目录、模型监控和集中元数据		
数据存储库		**处理**	构建数据管道(Python)	主数据管理(MDM)	数据保护:授权、认证、加密和审计	IaC、DevOps 和自动化、管理、日志、监控
对象存储(结构化及非结构化)数据集沙箱(用于分析或机器学习)精炼区 信任区域 着陆区 在经济、可靠、可"无限"扩展的介质上存储数据	数据库 关系型数据库(比如 SQL Server、Oracle、Postgres)非关系型数据库(比如 KVS、文档数据库、图形数据库)数据仓库(例如结构化存储、集成数据以支持商业智能活动和分析)	人工智能和机器学习 训练和优化机器学习模型(比如分布式训练、优化、GPU 计算)流处理 实时转换和分析数据	使用 SQL 或代码			
数据获取			数据管道授权与管理	数据和模型治理	数据安全	基础设施运营
批量获取 敏感数据处理	事件流处理 从实时数据流(比如变更数据捕获流、传感器、事务事件数据)中获取数据	敏感数据处理 个人身份信息(PII)管理(例如检测、保护和管理敏感数据)	批处理 通常每天一次批量清洗、转换和丰富数据			
数据源						
结构化数据			**非结构化数据**			
事务数据和事件数据	结构化主数据和参考数据	其他第三方结构化数据	机器和传感器数据	声音、图像和视频数据	非结构化文本数据	社交媒体内容数据

数据流 →

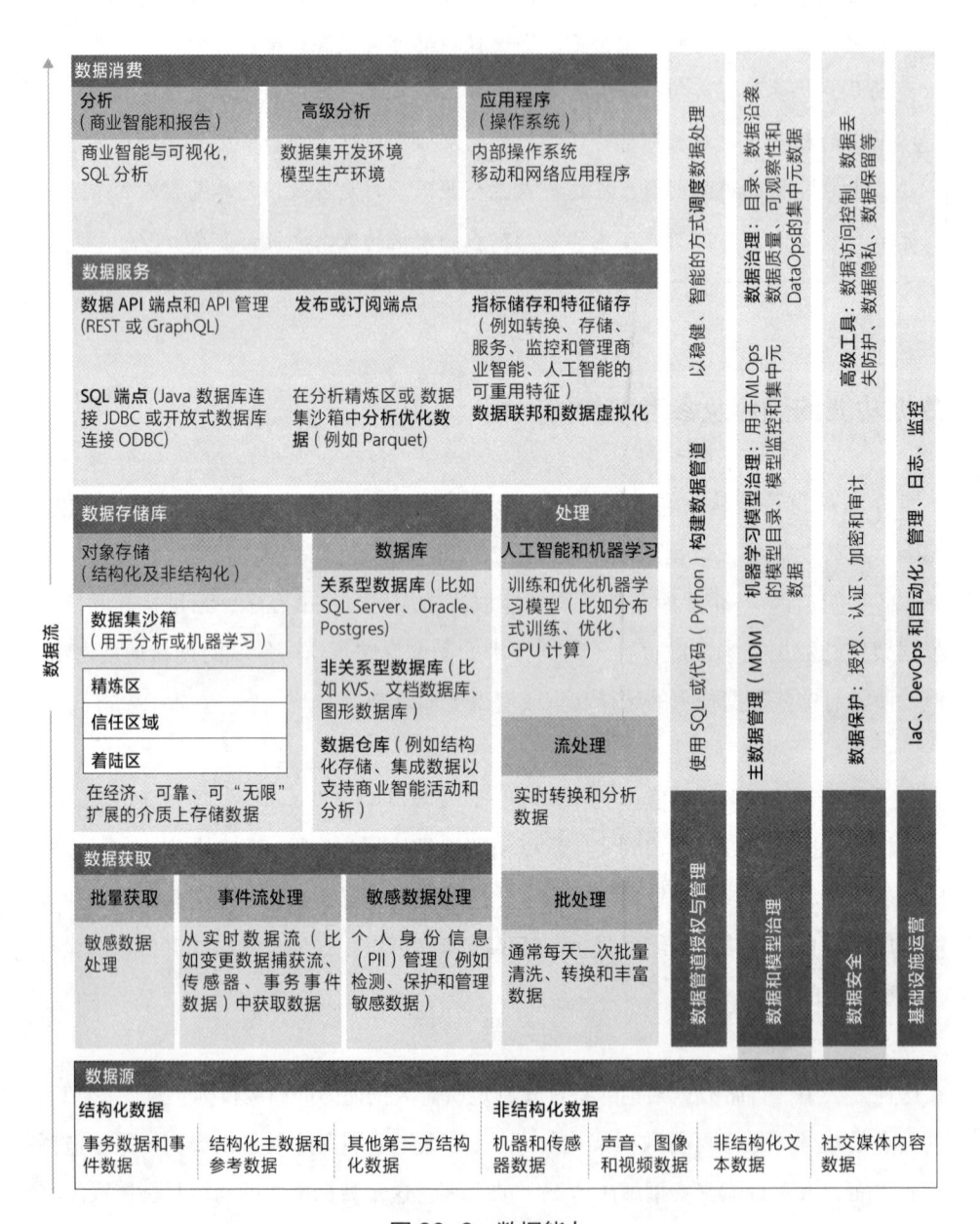

图 26-2　数据能力

第二十六章 数据架构或数据"管道"系统 225

企业一旦选择了所需的数据功能并确定了构建序列，就可以开始选择具体的数据技术了，这就是参考架构起作用的地方。一般来说，核心技术组件将由所选原型和所选云服务提供商决定。图 26-3 显示了使用 Azure 上的 Databricks 构建的湖仓一体架

数据消费			
分析	高级分析	应用	
商业智能和可视化 商业智能工具 Power BI、QlikView、DB Notebooks SQL分析 Databricks Notebooks	数据集实验室建模环境 Azure 机器学习 Azure 机器学习工作室 数据集 Notebooks Kedro 机器学习数据管道	数据驱动和智能应用程序及其他操作系统	
数据服务			
数据 API 端点：AzureAPI 管理、内部 APIs SQL 端点：Databricks SQL	发布或订阅端点：Azure EventHubs 上的 Kafka 主题 分析优化数据：高级数据链路控制（ADLS）上的 Delta 表	指标存储和特征存储：Databricks 特征储存、Tecton 数据联邦或数据虚拟化：Denodo、Trino 或 Starburst、Dremio	
数据储存库		**处理**	
DATABRICKS 数据湖仓一体架构		人工智能和机器学习	
金 银 铜 着陆区	沙箱（用于数据集实验室） Delta湖 （原始数据）	Azure 数据湖 2 代	Databricks 机器学习运行时间 Azure 机器学习
		流处理 Databricks	
数据获取		**批处理**	
批量获取 Azure Data Factory、Airbytes、Fivetran	事件流 Azure Event Hubs（包括 Apache Kafka 的Event Hubs）、Confluent	Databricks (pySpark、Spark SQL)	

数据管道编排：Databricks Jobs、ADF、Airflow
可观测性与可靠性：Monte卡罗数据、数据文件夹
数据管道创建：Python、ADF、DB Notebooks
模型治理：DB mlFlow或Azure 机器学习注册
数据管道授权与管理

数据治理与元数据：Marquez 和 OpenMetadata
数据中心
数据目录：权限、运营支撑系统OSS、Collibra、Alation
数据和模型治理

秘密管理：Azure Vault
身份管理：Azure Active Directory
数据安全

日志记录和监控：Azure monitoring
DevOps：Azure DevOps、Github、GitLab
基础设施即代码：ARM templates、Terraform、Pulumi
基础设施运营

数据流

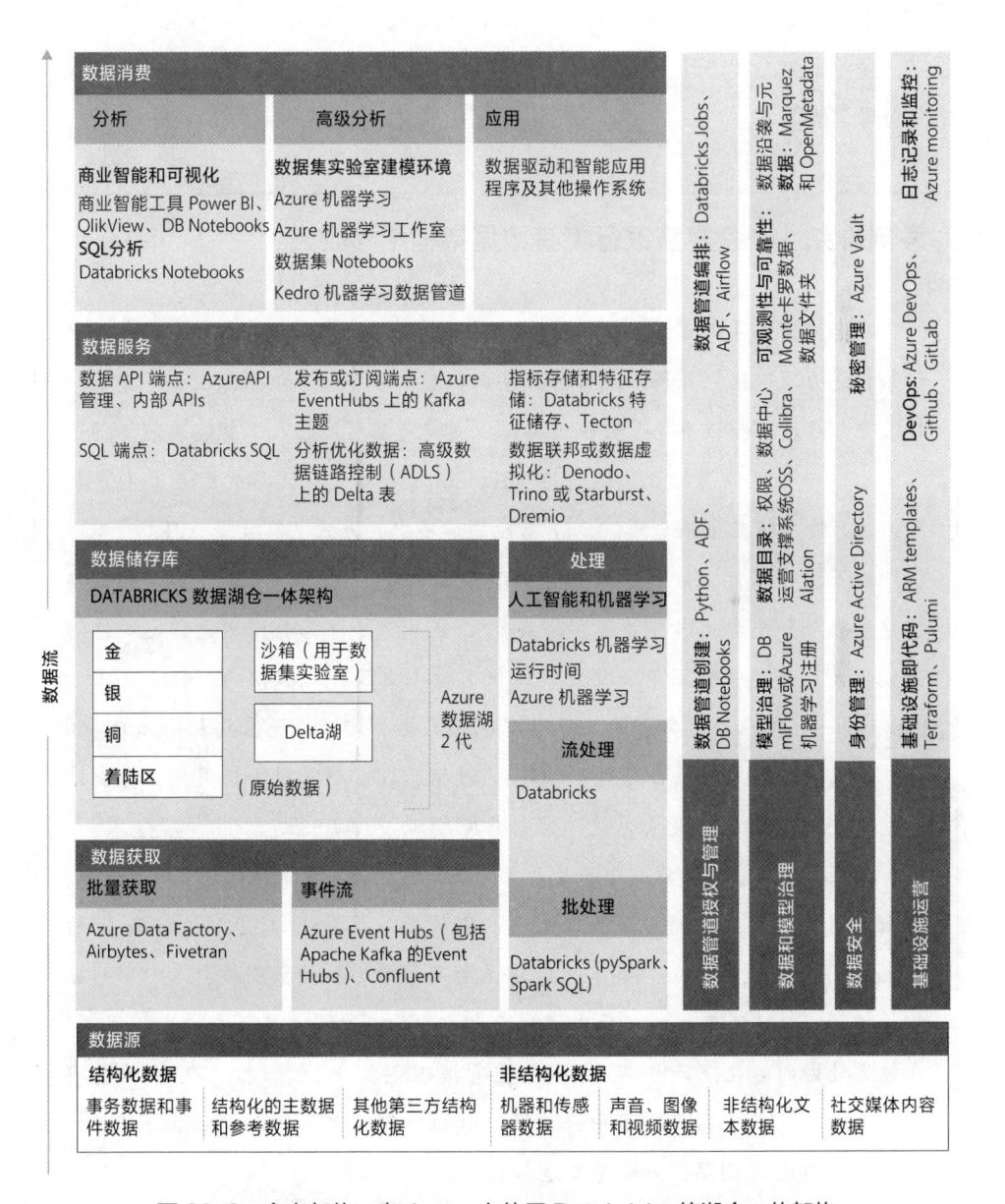

数据源						
结构化数据			非结构化数据			
事务数据和事件数据	结构化的主数据和参考数据	其他第三方结构化数据	机器和传感器数据	声音、图像和视频数据	非结构化文本数据	社交媒体内容数据

图 26-3　参考架构：在 Azure 上使用 Databricks 的湖仓一体架构

构的技术选择。在这个特定实例中,设计最大限度地利用了 Databricks 的特性。另一种设计方案可以最大限度地利用开源软件,以最大限度地减少供应商锁定、降低成本和确保最佳功能。其他云环境也有类似的湖仓一体架构。

总之,企业不要另起炉灶,而要采用经过验证的参考架构,以提高设计速度并将实施风险降至最低。

案例研究:一家零售银行将其数据架构迁移到云上

一家快速发展的亚洲零售银行启动了一项计划,采用云计算来实现其数据和分析能力现代化,并将以此作为数字化转型的一部分。该银行优先考虑了一款客户 360 度"超级市场"数据产品,以支持商业智能和人工智能用例。但是它还有一个内部部署的分布式计算(Hadoop)数据平台,尽管已经开发了数年,但只能支持几个报告用例,IT 功能高度集中,并且没有数据 APIs。

为了遵守银行云计算法规并充分利用云创新的优势,该银行意识到需要构建一个混合平台(内部部署和公共云),使用云中立工具以避免锁定所选的云提供商,并通过利用不需要更改或仅需最小更改即可轻松内部部署(比如 Kubernetes)或在云上部署的工具来实现云原生。该银行还需要利用客户 360 度"超级市场"处理每日超过 100GB 的数据、数百个并发分析用户,并支持通过 APIs 轻松链接到运营系统(比如 B2C 移动应用)。

该银行团队决定构建一个基于开源的混合数据湖,在本地使用 Kubernetes、云上采用云服务提供商,而两者使用相同的云原生 OSS 工具(比如 S3 上的 Python、Spark、Airflow、Parquet)。来自银行运营系统的数据被引入内部的公共着陆区,经过匿名化处理后发送到云上,以构建数据产品并支持分析用例。非匿名数据则留在银行内部,以符合监管报告要求。开发数据 APIs 则为访问客户 360 度数据产品提供了中介服务。数据联盟工具(比如 Dremio、Trino)作为公共 SQL 访问层,可跨越本地和基于云的数据集。

数据平台和客户 360 度数据产品在约 10 个月内构建完成，其用例部署和处理速度得到大幅提高。在一个用例中，这种方法将数据处理速度提高了 50%，并使模型能够提供更多的见解，产生更大的影响（价值超过 10 万美元/天）。

设计数据架构的最佳实践

从小处入手。公司如果有许多数据功能尚不具备，那么最好定义一个最低可行架构来满足最高优先级的需求，并从此开始。公司可以构建和部署一个最小可行架构，为每个所需用例交付提供特定数据组件。例如，一家中型资产管理公司定义了一个基于云的数据平台，并在短短几个月内建立了一个初始版本，公司可以利用该平台构建数据。

提升整个数据生命周期的成熟度，而不是只在数据流的某一个阶段过度投资。架构的强度取决于它最薄弱的部分。例如，企业如果需要实时数据流并进行实时处理，那么仅投资实时数据引入是不够的——数据将快速流入，然后受到数据仓库或其他点的批处理流程的阻碍。

构建数据灵活性。企业为了在探索数据或支持数字化用例时获得更大的灵活性，在设计数据模型时可以减少物理表的使用［通常称"轻模式（schema-light）方法"］。这种方法使浏览数据变得更容易，为存储数据提供了更大的灵活性，并通过简化数据查询降低了复杂性。

使用同类最佳组件构建高度模块化和进化的数据架构。企业可以根据需要用新技术替换这些组件，而不会影响数据架构的其他部分。关注基于数据管道和 API 的接口，可以简化不同工具和平台之间的集成。企业构建一个 API 管理平台（通常称 API 网关）来创建和发布以数据为中心的 APIs，实施使用策略，控制访问，并衡量使用情况及其性能。像 Amazon SageMaker 和 Kubeflow 这样的分析工作台简化了在高度模块化的数据架构中构建端到端解决方案的过程。

构建与业务数据域一致的语义数据层，作为可信单一数据源，并将其作为基础数据产品进行管理。这种方法可以提高数据质量和可靠性，使所有人受益。图形数据库是实现这一目的的理想选择，对于需要具有可扩展性和实时功能的大规模数据应用，以及为人工智能应用程序服务的数据层来说，尤其如此。图数据库能够以强大而灵活的方式为数据内的关系建模。

注释

1. Sven Blumberg, Jorge Machado, Henning Soller, and Asin Tavakoli, "Breaking through data-architecture gridlock to scale AI," McKinsey.com, January 26, 2021,https://www.mckinsey.com/capabilities/mckinsey-digital/our-insights/breaking-through-data-architecture-gridlock-to-scale-ai; Antonio Castro, Jorge Machado, Matthias Roggendorf, and Henning Soller, "How to build a data architecture to drive innovation–today and tomorrow," McKinsey.com, June 3, 2020, https://www.mckinsey.com/capabilities/mckinsey-digital/our-insights/ how-to-build-a-data-architecture-to-drive-innovation-today-and-tomorrow.

2. ACID 指的是事务的属性：原子性、一致性、隔离性和持久性。ACID 交易可以确保数据不会因为仅部分操作完成而陷入不一致的状态，从而保障了最重要数据的可靠性和完整性。

第二十七章

组织有序，充分利用数据

> 混乱中出错无可厚非，秩序中出错贻笑大方。
>
> ——史蒂夫·马丁（Steve Martin）

数据运营模式决定了组织管理数据的总体方法。它由四个主要部分组成：组织、人才与数据驱动的文化、DataOps，以及治理和风险（见图27–1）。

一些公司担心建立这种能力看起来像是在设置另一个官僚机构，或者认为这只是大型银行的事情。但根据我们的经验，若想成为数据密集型企业，打造适配的数据治理和数据运营模型至关重要。公司在只需要处理一两个数据用例时，构建强大的运营模式往往不会引起重视，因为经常用不到它。但如果公司的用例多达数百个甚至数千个，并且没有一个有效且有序的运营模式，那么公司根本不可能从这么多的用例中获得价值。公司要明确领域，避免出现冲突、混乱和延迟等情况，以免影响数据相关工作的开展。[1]

组织

集中化程度
领导架构

治理和风险

治理流程
政策
标准

人才与数据驱动的文化

岗位和职业生涯规划
数据驱动的文化
技能培养（数据学院）

DataOps

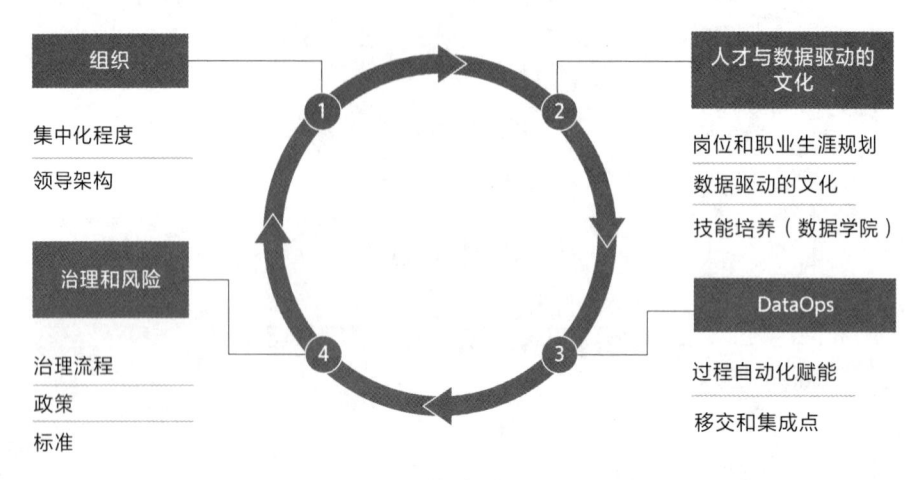

过程自动化赋能
移交和集成点

图 27-1　高效数据模型的组成部分

组织

许多企业都难以对数据进行有效的管理和分析。应该由谁掌管数据？是否应该设立一个专门的数据部门？它应该如何与业务联系起来？如何与 IT 部门协同？谁应该负责数据工程？数据隐私和数据合规是否应该分开？这些问题非常复杂，因为数据存在于企业的各个组成部分。

企业需要做出两个核心设计决策：集中化需要达到何种程度，以及需要什么样的领导架构和管理会议形式。

集中化程度

有些公司主要采用集中化运营模式，数据团队为整个公司提供服务。还有些公司则主要采用分散化运营模式，每个业务单元和职能部门都需要提高各自的能力以满足自身需求。这两种模式在有限的情况下都有效，但通常无法做到快速响应，也无法规模化发展以满足更广泛的业务需求。

领先企业采用的是联合模式，在这种模式下，中央职能部门（通常称为数据管理办公室、首席数据办公室或企业数据办公室）负责制定政策和标准，并提供支持和监督；而业务单元和职能部门则负责日常数据治理、定义和管理数据产品以及构建数据管道来支持数据消费。

在这种联合模式下，两大部门能够在职能层面实现责任平衡。图 27-2 展示了最佳联合模式最佳实践中跨领域数据能力的典型设置。

领导架构和管理会议形式

为了领导数据职能，越来越多的组织设立了首席数据官或类似职位。这一岗位通常直接向首席信息官报告工作。但因组织架构、需求和数据目标的不同，具体的岗位安排也会有所差异，例如有的首席数据官向首席运营官（COO）、首席风控官（CRO）汇报，甚至在有些情况下可以直接向首席执行官汇报。有时，这一岗位会与分析部门的领导岗位合并为首席数据与分析官。这样做通常是为了确保数据工作与分析用例交付和效果的紧密结合。在某些对数据监管相对严苛的行业（例如银行业），这种合并情况不太常见，因为在这些行业，数据治理和数据风险管理的重要性更为显著。

首席数据官的职责有：负责数据战略和数据治理，监督数据产品管理、数据架构、数据运营、数据风险，以及推动数据人才和文化建设。企业中的数据部门的规模各不相同。例如，某些监管审查严格的大型银行大多采用较为集中化的模式，其数据部门员工可能多达数百人。相比之下，中等规模的零售组织的数据和分析部门的建立才刚刚起步，旗下员工可能不足 20 人。

集中化程度[1]	向谁汇报	中心提供什么[2]	联合模式下交付什么
数据战略 >50%~75%	首席数据办公室	企业数据战略、所有业务部门的价值保证	业务部门级别的数据策略、用例、机遇和出现问题的领域
数据产品管理 <25%	首席数据办公室	数据产品标准、工具、操作手册，直接管理某些企业级产品	负责大部分数据产品的管理，由业务部、数据部和技术部组成的跨职能团队负责
数据架构 >75%	首席数据办公室或IT部	企业数据架构、架构护栏和审查	源系统的归属和管理；识别外部数据需求
数据工程 25%~50%	首席数据办公室或IT部	深厚的专业知识储备、用于实现用例的汇集能力	数据工程团队要与业务领域保持一致（随着数据成熟度的提高更要如此）
数据治理 <25%	首席数据办公室	数据治理政策和标准、指标和仪表盘、某些企业域的治理	数据域的日常管理（比如"元数据"的定义、数据质量的衡量与提升）
数据运营 50~75%	首席数据办公室或IT部	数据运营团队负责管理问题和数据请求（比如数据提取、新数据集）	对业务部门特有的或需要深入的业务知识的问题，提供补救方案
数据风险（包括数据隐私）>75%	首席数据办公室或法务/合规部	数据风险分类；法规的解读；风险管理政策、标准和控制措施	业务部门特有的风险和监管问题。就可接受的风险承受水平给出业务部门的意见
数据人才和文化 >75%	首席数据办公室或人力资源部	数据能力建设、人才战略和管理，以及变革管理	目标文化和行为的榜样示范。对资源绩效方面的投入。针对业务部门的能力建设

1. 中心全职员工（FTE）的典型占比。
2. 一般由企业数据办公室掌管，但在有些领域通常由IT、法律、风险和其他部门掌握。

图27-2　联合模式最佳实践中跨领域数据能力的典型设置

在联合组织模式下，很重要的一点是，组织会议以确保各个团队与相关领导做到高效协同。通常会安排两个级别的会议：数据域会议和高管级会议。数据域会议通常由数据治理负责人（直接向首席数据官汇报）主持，所有数据域的负责人都须出席。该会议对数据域的进展情况和当中出现的问题进行监督，并就标准或方向（由首席数据官设定）上的变化协调一致，同时齐心协力解决问题。

高管级会议通常由首席数据官主持，参会人员都是高级领导者（通常包括首席执行官和直接下属），会议旨在制定数据战略，并在计划、人员调动和资金等方面做出关键决策，并解决数据域会议未解决的问题。

人才与数据驱动的文化

在数据和业务交叉领域设立新的岗位，会让数据管理更加得心应手，关键岗包括数据域管理员、数据产品负责人和数据质量分析师（见图27-3）。在某些情况下，公司现任员工在得到充分的培训和支持后，也可以胜任这些岗位。某些技术岗也至关

分类	岗位	职责
数据域的统筹岗位	数据域管理员	推动特定数据域的数据治理工作，努力提高数据的质量和可用性
	数据域所有者（有时也称"数据所有者"）	对域内的数据质量负最终责任。必须"签字"确认数据准确无误；通常由兼职负责，或遵循"先紧后松"的原则，走上正轨后再由全职转为兼职
数据产品统筹岗位	数据产品负责人	确定方向并监督数据产品的开发，即设定数据收集的最低限度，以满足某些业务的需求（通常从多个数据域获取数据）
数据架构统筹岗位	数据平台负责人	确定方向并监督数据平台的发展，包括用于实现数据消费、操作和分析的一系列技术
	数据架构师	制定数据的信息架构战略，并协助数据工程师完成数据引入流程
跨能力的岗位	数据工程师	搭建可复用的数据通路，既能用于将数据引入架构，也能用于将数据对数据域、产品和用例进行结构化
	数据质量分析师	根据业务需求评估数据质量、发现问题、提出解决方案并贯彻执行以提高数据质量

图 27-3 关键数据岗位

重要，例如数据架构师、数据工程师和数据平台负责人（见本书第一部分和第三部分）。

与数据域比较匹配的岗位通常承担兼职职责（特别是数据域所有者），或遵循"先紧后松"模式，即一个全职员工和一个团队负责人在三到六个月内快速建立数据域（例如定义元数据、设置数据质量规则、修复高优先级数据的质量问题）。走上正轨后，再由数据域所有者和转换为兼职的管理员管理数据域。

DataOps 工具

DataOps 是指利用敏捷原则和技术，减少开发新数据资产和更新现有数据资产所耗费的时间，同时提高数据质量。与 DevOps 类似，DataOps 由连续的集成和部署阶段构成，主要用于消除"低价值"和可自动化的活动，例如将数据工程师的新代码自动推送到生产环境中，或自动检查数据质量和监控性能。领先企业仍在探索如何打造一流的 DataOps，而这要求在下列三个方面重塑流程：

- **完全集成**。在解决方案生命周期的开发、测试、部署和监控阶段，将 DataOps 活动完全集成到每个团队中（而不是在流程后期由单独的团队进行处理）。

- **最大程度的自动化**。为了实现部署自动化，以及安全和相关数据隐私在内的数据风险控制自动化，企业要使用专用的 DataOps 管道和脚本。发布管理是完全自动化的。

- **一组强大的工具**。用于自动化测试、端到端的数据谱系和自动化基础设施部署，并配备全面的监控工具。

治理和风险

数据治理本质上是充当一个"关卡"的角色。通过数据治理，公司可以确保数据符合相关风险和监管要求，以及数据可复用，从而有信心加速创新。过去，人们主要从风险的角度看待数据治理，而现代数据治理实践既可以提高速度，也可以扩大规模（为了强调这一事实，一些公司甚至将数据治理命名为"数据赋能"）。数据治理明确了可靠的数据定义，对数据质量进行监控，并逐步提高数据质量。企业可以根据业务需求，将工作的重心放在数据问题最大的地方。除此之外，数据治理还可以确保流入公司的数据（例如来自第三方的数据）和流出公司的数据（例如流向客户的数据）都是可靠的，并提供适当的保护。

数据管理办公室应成立数据治理委员会，由各个数据域主管组成，通常由高管层领导参与。委员会应该与高管层合作，了解后者的需求，指出当前数据工作面临的挑战和限制，解释数据治理的作用，并同公司当前正在开展的业务重点保持一致。

数据管理办公室应明确数据域的边界和责任，并与业务负责人一起提名数据域管理员并最终加以确定。数据域管理员的日常工作是对需要清洗数据的元素进行优先级排序，并建立质量标准。他们应该了解自己在这些岗位上所产生的价值，同时要掌握必要的技能，包括理解相关法规和数据架构的核心要素。

企业要采用切实可行的方法来跟踪进度和价值创造，这一点非常重要。比如，测算数据科学家和商业智能分析师寻找、精选数据，或者为高优先级数字化解决方案提供数据所花费的时间，抑或是估算由于数据质量不佳和相关业务差错将造成多大的损失等。

跟踪此类影响指标有助于确保高层管理者密切关注和持续支持。公司应该把这些指标输入一个简单的仪表盘，以供领导层随时访问。这将有助于精准定位这些数据问题，并迅速加以解决。图 27-4 展示了一家大型银行所使用的仪表盘。

框架		大量跟踪指标				
名称	定义	指标名称	指标结果	趋势	数据担保人	数据主管
数据项目进程	跟踪数据治理项目的实施进度	责任团队（责任人）负责的里程碑中，已经完成的占比	● 96%（47/49）	↑	约翰	杰森
		责任团队（责任人）负责的尚未完成的占比	● 4%（2/49）	↓	约翰	杰森
数据政策和标准合规性	衡量数据治理政策和标准的合规性	启动在"业务照常"的要求下进行数据治理工作所需的**数据治理论坛**	○ 100%（10/10）	—	凯特	凯特
数据质量	从业务流程和数据提供者的角度衡量数据质量	未处理的数据缺陷数量	● 未处理的数据问题 243 of 27,671*	↑	凯特	马文
数据技术和人才	衡量交付数据程序所需的技能和人才状况	优先招聘领导职位和低一级的**数据职位**	● 87%（94/108） 95%（103/108）	↑	凯特	马文
数据风险	跟踪数据用例中的风险降低情况	受调整影响的风险价值（VaR）百分比（3个月滚动平均）	● 69% 原定 45%	↑	约翰	苏珊
		用例1中的总**费用差异**减少情况	○ 减少了 21%（121亿美元）目标减少 29%	↓	约翰	苏珊

图 27-4　数据治理框架和服务于高管层的仪表盘（以一家全球银行为例）

在治理方面，领先企业采取"需求导向"的方法，采用适当其组织的复杂程度，然后根据数据集调整严谨程度。企业的程序设计应跟受监管的实际情况和数据复杂度保持一致。

例如，有些数据只适用于探索场景，而且只可在研发团队规定的范围内运用。关于此种数据的治理措施可相对宽松。企业采用数据屏蔽和严格的内部保密协议（NDAs）就可以保护隐私了。然而，一旦将这些数据用于与客户互动等更广泛的场景，就需要遵循更严格的治理原则。

数据治理工具和平台可以帮助企业持续跟踪其所有数据，提高数据质量，管理主数据等。市场上有各种各样的工具，包括一些较新的平台（例如 Alation、Tamr、data.world、Octopai、erwin）和许多成熟的解决方案（例如 Informatica 和 Collibra）。[2]

数据治理过程中的一个关键因素是，为数据使用设立"护栏"，并与员工、客户和其他利益相关方进行沟通。数据计划不应只是遵循法规来保护客户的隐私和对客户数据的合规使用，还应就以何种方式收集什么数据、如何使用信息，以及这些用例是否合适等相关情况提供透明度。当构建人工智能模型时，情况会更加复杂，公司要特别小心，确保不会无意中将偏见纳入模型。此外，公司还应定期审查数据和数据的使用情况，以确保符合不断变化的法规和法律的要求。

公司还可以成立跨职能的数据伦理委员会，成员来自业务、法规、运营、审计、IT等各个部门和高管层（更多关于数字信任的内容参见第三十一章）。

注释

1. Bryan Petzold, Matthias Roggendorf, Kayvaun Rowshankish, and Christoph Sporleder, "Designing data governance that delivers value," McKinsey.com, June 26, 2022, https://www.mckinsey.com/capabilities/mckinsey-digital/our-insights/designing-data-governance-that-delivers-value.
2. 元数据："元数据是描述信息资产各个方面的信息，可在信息资产的整个生命周期内提高其可用性。"
   Source: Gartner, Data lineage includes the data origin, what happens to it, and where it moves over time.
   数据谱系提供了可见性，同时大大简化了在数据分析流程中追溯错误根源的功能。
   Source: Natalie Hoang, "Data lineage helps drive business value," Trifacta, March 16, 2017.

练习部分

做好准备

以下问题旨在帮助你采取正确的行动：

你是否把数据清洗和处理工作的重心放在能够驱动价值的数据域和数据元素上？

你是否清楚你的企业需要哪些数据产品才能取得成功？

你是否有专门的数据产品团队？

将某些领域的内部数据与外部数据相结合可以给你带来竞争优势，你是否知晓是哪些领域？

你如何让更多的员工更轻松地访问数据、更直接地使用公司的数字化解决方案？

你是否衡量数据的消费情况？

你是否搭建了数据管理的运营模式，让所有重要的利益相关者都清楚自己的岗位和目标？

谁是公司的数据管理员？他们发挥了怎样的作用？

第六部分

解锁解决方案采用及推广的关键：

如何让用户采纳你的数字化解决方案，
又如何将这些方案在企业内部推广

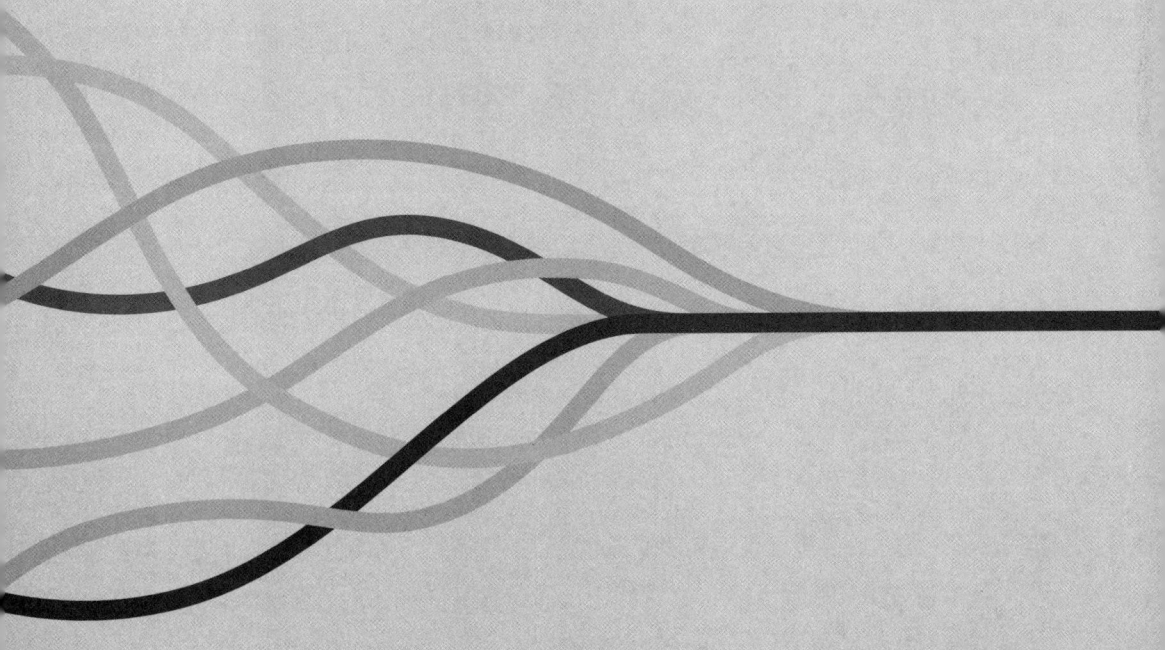

开发一个有效的数字化解决方案是非常复杂且困难的。尽管需要付出很多努力且持续专注于此,但这仅仅是第一步。除此之外,你还需要让客户或业务用户将方案应用到日常事务中,并将其推广到客户群、市场或组织部门。此外,每个企业、部门都有自己的特点,这才是最大的挑战。

通常,数字化解决方案的开发比推广及采用更容易获得投资。但是,只有方案得到采用才能让你的数字化投资有所回报。正如经验法则所说,在研发数字化解决方案上每花一美元,都需要计划至少再花一美元(有时候会更多,这主要取决于你的方案),以确保方案能得到广泛采用及推广。额外花费的一美元用于实施流程变更、用户培训、制定变革管理协议,如果涉及生产力的提高,甚至有可能需要支付遣散费。[1]

我们如何在足够细化的层面解决技术、流程和人力问题,以使优秀的解决方案充分发挥全部价值,这是采用数字化解决方案并加以推广的核心挑战。

本部分着重介绍数字化和人工智能转型过程中遇到的某些具体的变革管理难点(我们在此不讨论沟通等一般的变革管理主题)。尽管我们是在本书的结尾讨论数字化解决方案的采用及推广,但是公司需要在转型之初就考虑这些挑战。

第二十八章:推动用户采用解决方案并驱动底层业务模式变革。要想获取价值,你就不能只满足客户需求,还要改变底层业务模式,这一点至关重要,却屡遭忽视。

第二十九章:设计易于复制、可复用的解决方案。设计一种复制能力,可以让不同客户群、市场和企业部门都能轻松地共享和复用数字化解决方案。

第三十章:通过跟踪重要事项来确保影响力。高效的跟踪需要严密的绩效管理体系的支持,将OKRs同运营KPIs联系起来,同时需要一套强大的阶段性跟踪流程,并辅以工具支持。

第三十一章：管理风险和建立数字信任。企业应警惕数字化和人工智能转型带来的新风险，如网络安全、数字隐私和人工智能偏见。企业应在开发过程中嵌入控制功能以达到管理风险的目的。

第三十二章：文化之路在何方？企业应关注排名前 300 的员工的"数字化"领导特质，并对全员的技能培训进行投资。

注释

1. Michael Chui and Bryce Hall, "How high-performing companies develop and scale AI," *Harvard Business Review*, March 19, 2020, https://hbr.org/2020/03/how-high-performing-companies-develop-and-scale-ai.

第二十八章

推动用户采用解决方案并驱动底层业务模式变革

> 技术只要足够先进,就能与魔法相媲美。
>
> ——阿瑟·C.克拉克(Arthur C. Clarke)

我们经常听到一些公司的领导者说这样泄气的话:"我们似乎一直困在试点的炼狱中。"或:"我们有太多惯性和变革阻力。"抑或是:"敏捷小组给出了一个很好的方案,但是业务部门却不愿采纳。"这些抱怨是典型的所谓"最后一英里"难题。当企业想要实施其开发的解决方案,却发现用户并不需要或不想要这么做,或者这一方案未达到预期效果时,就会出现这种情况。

采用和推广的定义

采用:员工或客户对数字化解决方案的使用。

推广:数字化解决方案在客户群、市场或组织部门中实施时,能够让其全部价值得到充分的发挥。

解决这些问题需要坚定的决心和持续的努力,但最重要的是"承诺"——对数字化解决方案从开发到采用的全过程管理。

以全球性矿业公司自由港 – 麦克墨兰铜金公司为例，这家公司开发了一系列解决方案，用于优化生产过程中铜选矿厂的设定点。开发团队并不只是简单地交付解决方案，而是在解决方案推出的初期，同一线的工作人员一起工作了八个月。他们创造了一周七天，一天二十四个小时，每隔三小时提交一次工作进展报告的制度。这一制度将操作员、工程师和冶金工聚集起来，共同讨论高阶分析模型给出的设定点建议，并进行实时操作调整。

这可以确保一线团队知晓解决方案的操作流程，让他们相信这个解决方案并对其进行改进，成为这个方案的真正倡导者。如此重视整个端到端流程是值得的。仅一个季度，其中一处矿山的日吞吐量就超过了 8.5 万吨，较上个季度增长了 10%。同时，铜矿的回收利用率上涨了 1%，整个运营流程也更为稳定（请在第三十三章阅读更多关于这个案例的内容）。

如果从以下两个方面考虑采用的问题，可能会有所帮助。第一，企业要从客户和用户的角度考虑解决方案的采用，因为他们是解决方案的目标受益人。这么做主要是为了确保数字化解决方案本身能按预期推行，确保人们相信并愿意用它。第二，了解实施该解决方案对其他业务因素带来的影响，并根据需要适当调整这些因素。

双管齐下的用户采用

促成客户采用或用户采用不仅是用户体验方面的挑战，还是管理变革方面的挑战。如果数字化解决方案的设计不符合用户需求，或者无法自然地融入客户的工作流程，那么这套数字化方案就会失败，而且无论进行多少次变革管理也无法修复。这是一个反复迭代的过程，需要以数据为基础，进行频繁的测试和学习循环，这些数据主要与最终用户和解决方案的互动方式有关（更多内容请参阅第十六章）。

如果解决方案改善了用户体验，你可能仍需驱动变革管理程序，以确保该方案得到采纳。变革管理就是通过一系列特定的干预来影响最终用户。这样的话，用户就能实实在在地采用这一方案。企业可以将这些变革干预因素收录在一个影响模型中。这个影响[1]模型是围绕四个要素建立、完善的，而且行之有效（见图28–1）。

示例：推动一家航空公司的250名货运销售代表采用货运业务收益管理解决方案

领导的参与和示范作用	令人信服的变革故事并在内部宣传
让货运业务主管参与解决方案开发的关键阶段 在年度销售会议上展示解决方案	在公司新闻简报中宣传新的收益管理解决方案带给客户、航空公司和员工的价值
基于岗位的培训和技能培养	衡量和绩效
在全球培训250名货运销售代表，训练他们如何使用新程序 在解决方案提出的前三个月，要提供随叫随到的支持服务	根据应用程序的使用频率，来衡量解决方案的采用情况 将解决方案采用的数量纳入对高级销售主管的绩效考核

图 28-1 有效的影响模型

1. 领导及其同僚通过参与和示范，以彰显领导层对新方案施行的支持、热情和鼓励。

2. 讲述一个令人信服的变革故事，解释为什么解决方案对最终用户、客户和整个公司都很重要。

3. 制定衡量标准和绩效标准（包括领先绩效指标和滞后绩效指标），以跟踪预期的行为和结果，并以适当的激励措施给予相应的奖励。

4. 开展基于岗位的培训和技能训练，通过训练确保用户掌握正确的知识和技能，以成功地实施方案。

在设计变革时，将所有相关的解决方案整合为一个单独的变革干预计划，一起呈现给最终用户（而不是频繁地找到最终用户，每次都提供一个不同的解决方案），这是最需要考虑的一点。比如，如果航空公司的货运销售人员需要了解如何使用三个解决方案，第一个用于评估可用货运能力，第二个用于精确可用货运能力的定价，第三个用于向客户收费，那么该公司最好将这三个解决方案整合为一个单独的变革干预程序。这也是如果公司一次性完成整个领域的数字化和人工智能转型，比实施单个解决方案或用例要更高效的原因所在。

业务模式调整

许多公司将数字化解决方案视为食谱中所增加的一味调料，期望菜肴能因此更美味。但更准确的比喻是，实施一个解决方案就像在房上盖房。除非房子的地基、墙壁、电气和管道系统也随之加固、强化，来支撑加盖的房屋，否则建造这样的房子没有任何意义。这远远超出了培训员工使用新工具的范畴。它需要公司分解与解决方案相关的所有依存关系，并确定未来业务模式的运作方式。

人们对系统创新的理解越来越深入，在实施以人工智能为基础的决策背景下尤为如此。[2] 图28–2举例说明了我们工作中常见的业务模式转变。

例如，一家保险公司开发了一款分析解决方案，用来帮助代理人向客户推销保险单。然而，只有对定价算法、现场人员激励机制、分销模式、顾客参与模式以及衡量标准和绩效标准做出改变，这一方案才能发挥作用。要想完成这些变革，就要搭建一个未来状态下的业务模型，更新所有相关的业务流程，这样才能使解决方案发挥其全部价值。

本质上，要想使数字化解决方案发挥全部价值，我们不仅要与整个企业相关的上、下游职能部门（分销、供应链、营销、销售等）合作，还要确定在哪些领域进行关键变革，才能发挥数字化解决方案的全部价值，例如流程、绩效管理、组织和技能。这种广泛的跨职能影响是数字化和人工智能转型的本质，也是数字化和人工智能转型区别于其他类型转型的最大特点。这是需要首席执行官或部门主管的参与来推动跨职能协调的原因（更多内容请参见第七章）。

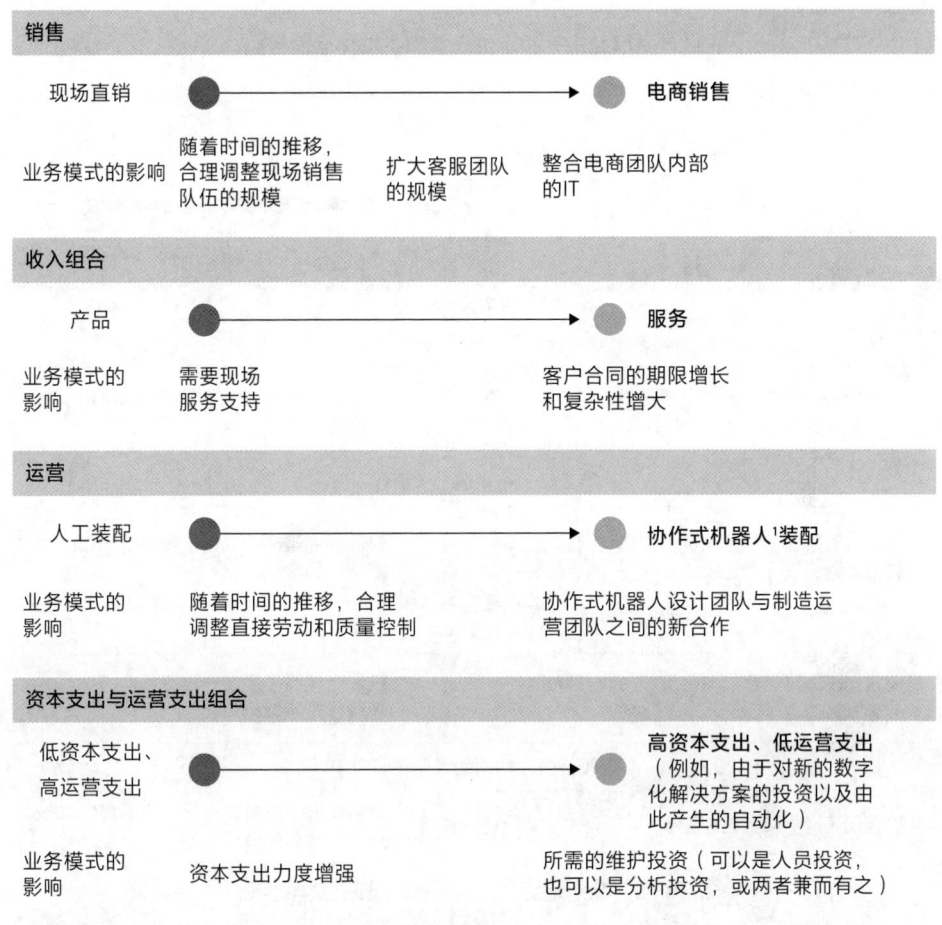

第二十八章 推动用户采用解决方案并驱动底层业务模式变革

销售		
现场直销 ●	──────────────────▶	● 电商销售
业务模式的影响	随着时间的推移，合理调整现场销售队伍的规模	扩大客服团队的规模　整合电商团队内部的IT

收入组合		
产品 ●	──────────────────▶	● 服务
业务模式的影响	需要现场服务支持	客户合同的期限增长和复杂性增大

运营		
人工装配 ●	──────────────────▶	● 协作式机器人[1]装配
业务模式的影响	随着时间的推移，合理调整直接劳动和质量控制	协作式机器人设计团队与制造运营团队之间的新合作

资本支出与运营支出组合		
低资本支出、高运营支出 ●	──────────────────▶	● 高资本支出、低运营支出（例如，由于对新的数字化解决方案的投资以及由此产生的自动化）
业务模式的影响	资本支出力度增强	所需的维护投资（可以是人员投资，也可以是分析投资，或两者兼而有之）

1.协作式机器人：是一种能够学习多项操作，从而为人类提供帮助的机器人。而自主机器人则被硬编码为重复执行一项任务、独立工作，然后保持静止不动。

图 28-2　引入新的数字化解决方案带来业务模式的转变（示例）

图 28-3 给出了一个例子，说明一家商业航空公司在其客运航班的货运业务上实施新的销售额管理解决方案时，是如何捕捉一系列上游和下游问题的。

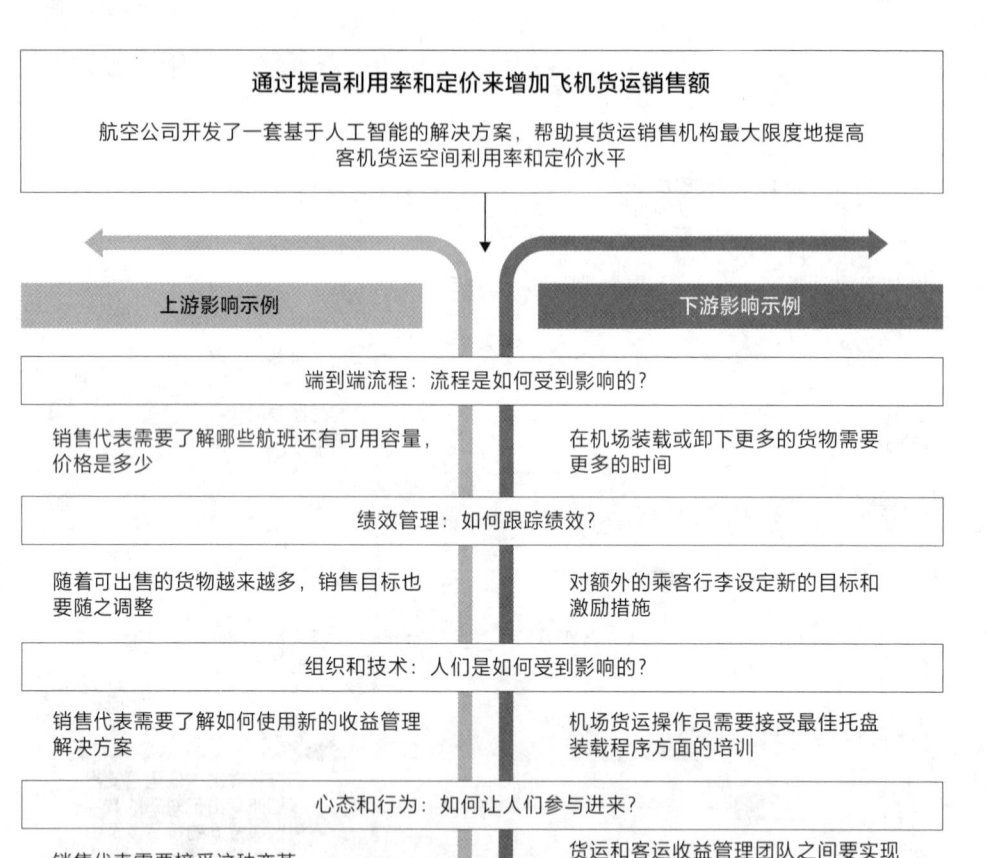

通过提高利用率和定价来增加飞机货运销售额

航空公司开发了一套基于人工智能的解决方案，帮助其货运销售机构最大限度地提高客机货运空间利用率和定价水平

上游影响示例	下游影响示例
端到端流程：流程是如何受到影响的？	
销售代表需要了解哪些航班还有可用容量，价格是多少	在机场装载或卸下更多的货物需要更多的时间
绩效管理：如何跟踪绩效？	
随着可出售的货物越来越多，销售目标也要随之调整	对额外的乘客行李设定新的目标和激励措施
组织和技术：人们是如何受到影响的？	
销售代表需要了解如何使用新的收益管理解决方案	机场货运操作员需要接受最佳托盘装载程序方面的培训
心态和行为：如何让人们参与进来？	
销售代表需要接受这种变革	货运和客运收益管理团队之间要实现更好的跨职能合作

图 28-3　端到端流程影响评估（航空公司示例）

我们的目标是尽可能多地预测这些问题，但事实上，确定所有上、下游相关的瓶颈并不容易。一旦解决方案投入使用，人们能看到它具体如何运作的时候，就会不可避免地出现一些问题。因此，采用的过程是迭代的，需要不断地进行审查和完善。

组建一个负责方案采用的团队

解决方案的复杂程度、最终用户群的规模和地域分布，以及业务模式的变动程度，会导致方案采用工作需配备相应的支持力量。一般来说，领域的负责人要对解决方案的成功实施负责。他们有责任调动合适的资源来支持方案的采用工作。

如果方案的采用工作格外复杂，需要长期支持，那么公司可以考虑组建一个负责采用工作的团队。这个团队由掌握各种技能的人员组成，这些技能包括变革管理和沟通。该团队以敏捷方式开展工作，并在方案开发的早期阶段就参与其中，这使公司能够及时发现采用阶段出现的问题，并评估对相应支持的需求程度。

明确了这些需求之后，团队就能够确定相关的目标、工具集和技术——其中有些可以用于别的项目，因此可以复用；而另一些则是为了支持解决方案的启动和全面采用而重新创建的。

案例：保险公司组建采用团队

一家领先保险公司采用的投资组合方案由超过 15 种数字化和分析解决方案组成，并在 2 300 多名代理、150 多名现场领导者和 300 多名代表组成的全国现场团队中推广使用，从而在采用的前 24 个月内产生了超过 2.5 亿美元的收入。

这家公司投资成立了一个专门的采用团队，该团队从整个公司挑选领域负责人和所需的全部技能集，比如沟通、变革管理、法律和合规性以及培训等技能。

该团队整合了一套连贯的数字化和分析解决方案，随时可以引入业务。采用计划的基础在于影响模型，该模型能确保新方案的采用过程是顺利的（通过培训达到这一效果）、令人信服的（通过现场领头人的帮助、领导的示范作用以及有效的沟通来实现），并且可以衡量（通过记录成功指标和收集反馈得以实现）。

注释

1. Scott Keller and Colin Price, *Beyond Performance* (Hoboken, NJ: Wiley, 2011).
2. Ajay Agrawal, Joshua Gans, and Avi Goldfarb, *Power and Prediction* (Boston: Harvard Business Review Press, 2022).

第二十九章

设计易于复制、可复用的解决方案

> 通常,无路可走意味着新的起点。
> ——弗雷德·罗杰斯(Fred Rogers)

方案的应用推广是指在不同的环境中复制解决方案,以实现在全公司范围内的推广。需要复制解决方案的典型场景包括生产设施网络、不同地域的市场、不同客户群体或不同组织部门。在本章我们将需要复制解决方案的目标场景简称为"单元"。

在每个单元推广解决方案时,企业需要设计最有效的复制方法,并且需要创建高效的方法,以便根据不同单元的具体情况来复用数字化解决方案,并做出调整。

设计一种有效的复制方法

首先,我们要界定推广哪些解决方案、在哪儿进行推广。这通常需要不同单元的负责人就其特定单元的价值达成共识,了解公司对他们的期望是什么,调配适当的财务和人力资源,并就预期效益所需要承担的责任达成一致意见。接下来,我们需要确定在该单元部署解决方案的顺序。在排序设计时,通常有三个需着重考虑的因素:价值达成的时间、方案实施的难易程度以及单元的准备情况。图29–1展示了一家采矿公司是如何利用这些需要考虑的因素,对推广方案所产生的工作进行排序的。

采矿业示例

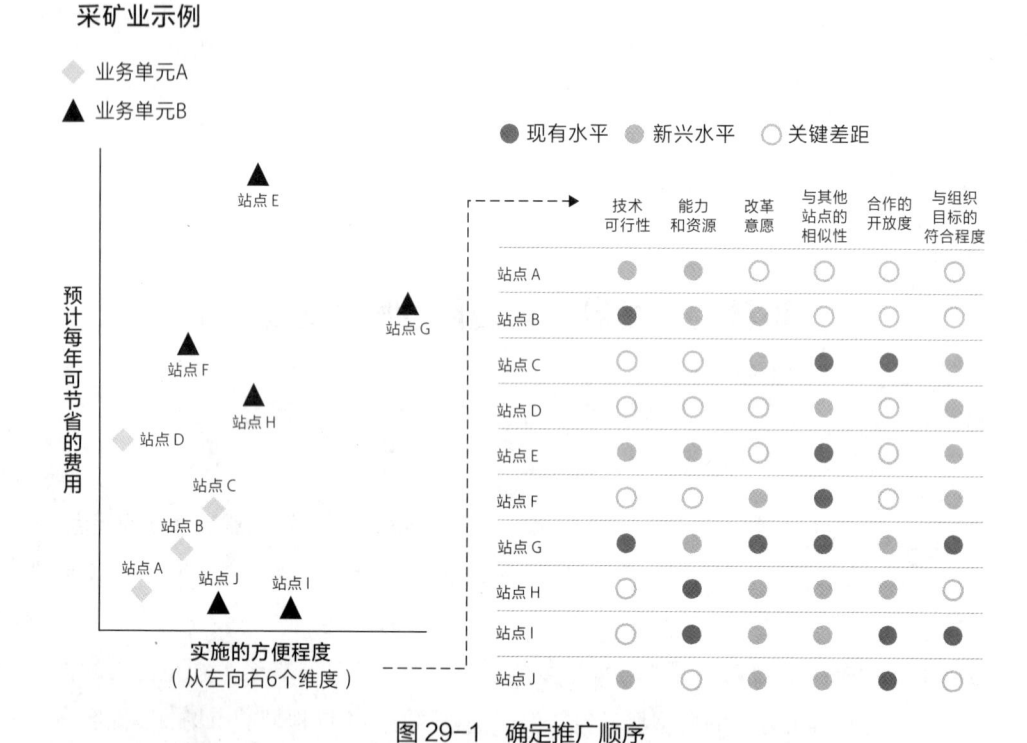

图 29-1 确定推广顺序

接下来我们就应该选择一个推广原型了。选择合适的原型取决于以下三个方面：解决方案的整体复杂程度、公司迎接变革所做准备的情况，以及对整个公司进行变革的紧迫程度。不同的解决方案可以采用不同的原型（见图 29-2），主要有以下三个选项：

1. **线性推广计划**。这种方法需按照顺序从一个单元扩展到下一个单元，由一个中心团队在每个新单元中建立起数字化能力。虽然这种方法扩展的速度较慢，但是它能够稳步推进，确保在推进到下一个单元之前，每个单元都能获得价值。这种方法最适合数量少、价值高的单元，如矿山或炼油厂。

示例类型	确定要推广哪个解决方案、在哪儿推广	确定推广单元的顺序	选择推广原型	方法
采矿业 某矿业公司为其选矿厂开发了一种设定点优化方案	设定点优化器在所有12个选矿厂推广	按潜在影响力、IT成熟度和传感器数据可用性对选矿厂排序	线性推广计划	逐点实施 在每个站点进行数据评估、定制解决方案、开展培训 为站点1构建自定义解决方案，并在站点2和站点3共享数据模型，以便在站点3上更快地开展工作
汽车业 汽车公司为不同的产品（系统和组件）开发了一系列质量控制解决方案	推广解决方案包在不同汽车平台推广	按照平台的潜在影响力和相似程度对工厂排序	指数式推广计划	在生产相同产品的工厂中，首先从一个占据主导地位的工厂开始推广，然后以2、4、8的指数式推广计划进行规模化推广 为一个产品平台构建出定制解决方案，这样可以为平台2和3提供标准化的方法，为推广做好准备
航空业 一家航空公司开发了一个收益管理解决方案，帮助其全球250名货运销售代表最大限度地提高其商业航空网络的货运收入	收益管理解决方案 全部1 200条网络航线上进行推广	所有航线的优先级相同	爆炸式推广计划	培训所有货运销售代表 为所有航线开发生产版本的解决方案 将解决方案集成到后端货物系统计划中，实现切换

图29-2　推广路径的不同种类

2. 指数式推广计划。这种方法是按逐步扩大的批次计划进行推广的。第一批可能有两个单元，第二批有四个单元，第三批有八个单元，依次类推。通常需要使用"培训—培训师"（train-the-trainer）模式。① 例如，推出计划的那个单元的负责人

---

① "培训—培训师"模式是一种培训方法，其中特定的专业人员首先受训并获得特定知识、技能和教学资源，然后由他们充当培训师的角色，传授所学知识给其他人员。——译者注

可能会参与前两个单元的推广实施工作，这样他们就可以学习并为即将到来的实施工作做好准备。指数式推广计划更快产生影响，但实施的成效往往难以保证。这种方法最适合数量庞大、价值较低的单元。

3. 爆炸式推广计划。这种方法是指同时在整个企业范围内部署解决方案。例如，航空公司的航线调度解决方案，可以同时部署到各个地方。这种方法要求同时为所有关键岗位构建起相应的能力，需要有一个协调实施工作的团队在整个组织中进行统筹部署。这种方法最适用于网络型企业。

创建解决方案复用方法——资产化的概念

如果一家公司没有任何的标准化或一致的零件、流程和质量保证协议，并且每一个订单都需要从零开始构建产品的每个组件，那会是一种什么情况？任何一位高管都会将这种做法视为一个重大危险信号，认为它会阻碍规模经济的发展、引入无法接受的风险，因此会立即寻求办法来解决这样的问题。

不幸的是，在推广数字化和人工智能解决方案的过程中，公司经常发现自己需要重新做很多工作。这是规模拓展过程中存在的最大问题。要想推广工作有效地进行，就要在整个公司部署解决方案时尽可能多地复用解决方案。

为了获得方案复用的好处，数字化和人工智能解决方案必须打包为一组模块或资产（因此称为资产化）。这可以使解决方案更容易适应各个单位之间不可避免的条件差异。例如，一家矿业公司中的不同选矿厂可能采用不同的矿石加工技术。虽然提高产量的数字化解决方案可能有一个通用的机器学习引擎，但从矿石处理设备中获取数据的数据管道却是针对每个工厂各自情况而设计的。

要想开发解决方案复用的方法，公司首先要认识到数字化解决方案的可复用性各不相同。某些方案的定制化程度较高且非常具体，几乎无法复用；另一些则完全标准化，可以打包到软件应用程序中，直接应用于其他领域；还有一些介于两者之间，其中 60%～90% 的解决方案可以被复用（见图 29-3）。公司开发的大多数专有数字化和分析解决方案都属于第三类。

	定制解决方案	资产化	标准化软件产品
描述	定制解决方案是一种解决特定问题的解决方案，有时也会重用代码片段，但通常情况下都是从头开始构建的	这是解决多个单元（例如工厂、市场或业务单元）中的常见问题的解决方案，但需要针对特定单元进行定制。核心代码库、用户界面和交付指南要在整个企业层面得到利用和维护	独立的企业软件应用程序可为多个最终用户提供服务，几乎不需要定制
示例	具体分析、调查设备老化的根本原因	一个基于人工智能的咨询系统，以提高工厂的产量	统计分析工具套件
标准化程度	10%	60%~90%	> 90%
系统组件	数据（通常为离线数据） 模型（通常在笔记本电脑中开发，很少投入生产）	数据（通常为在线数据） 核心代码库、建模框架、用户界面 交付指南和主题专家深度支持 用户培训和采用支持 企业产品管理 MLOps 和持续绩效管理	数据（经常为在线数据） 标准软件包 企业推广与用户培训 "帮助台"支持 企业产品管理（内部产品和第三方产品管理）

图 29-3　基于标准化程度的数字化和人工智能解决方案类型

有效资产化的核心原则是可复用性，可以实现高效、快速的部署。有效的资产化需要管理以下三个要素（见图 29-4）：

过程	技术	人员
诊断指南 用分步指南来指导你识别并确定部署机会的规模和优先级,包括影响评估的标准方法	**代码构建模块** 模块化和可重用组件(可能适用于许多用例)	**交付或推广专家** 主题专家、数据科学家、业务转译
操作和支持指南 分步说明如何运营资产、如何维护资产、如何划分岗位和职责、如何升级协议	**分析管道** 针对特定用例预构建的、易于配置的端到端代码	**能力建设项目** 岗位和职责的确定、培养或加强能力的培训计划
交付指南 逐步部署资产的方法细则,包括标准组件和定制组件的使用	**代码构建和协作的标准** 规定开发分析应用程序使用的跨程序标准和协作指南的文档	**维护人员或创新人员** 产品负责人、机器学习工程师、企业产品负责人
	领域知识的文档编制 用例的描述,价值所在,关于建模和过程的学习(例如过程描述、运营 KPIs、问题树)	**组织结构** 组织治理、团队如何组建、岗位如何互动,以及与其他组织单位的关系维护
	MLOps 的基础设施 用于应用程序部署、监控和性能管理的技术栈	

未穷尽

图 29-4 有效资产化的方法

1. **实施过程的步骤**。这些步骤是团队使用数字化解决方案时需要的逐步交付指南和操作指南。从本质上看,这是一种标准化的方法,用于培训人们如何使用解决方案、如何管理解决方案,包括针对特定单元的特定需求要额外使用的特定模块。

2. **模块化技术组件**。此处主要是指代码块的使用,它们不仅可以通过 APIs 进行套用,还便于替换,并且不会影响解决方案的其余部分,进而提高了推广时随机应变的速度。以图 29-5 中的这家矿业公司为例,尽管各个矿厂的技术和数据环境千差万别,但是该公司通过分层式的模块架构,实现了代码的最大化复用。

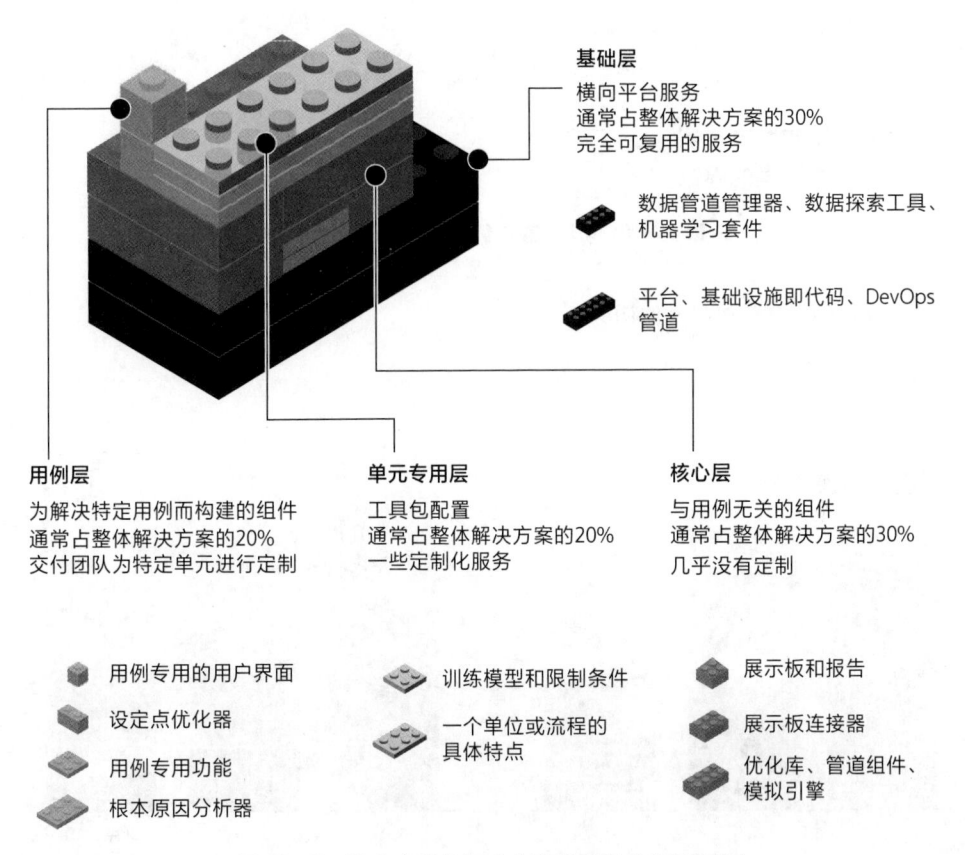

基础层
横向平台服务
通常占整体解决方案的30%
完全可复用的服务

数据管道管理器、数据探索工具、机器学习套件

平台、基础设施即代码、DevOps管道

用例层
为解决特定用例而构建的组件
通常占整体解决方案的20%
交付团队为特定单元进行定制

单元专用层
工具包配置
通常占整体解决方案的20%
一些定制化服务

核心层
与用例无关的组件
通常占整体解决方案的30%
几乎没有定制

用例专用的用户界面
设定点优化器
用例专用功能
根本原因分析器

训练模型和限制条件
一个单位或流程的具体特点

展示板和报告
展示板连接器
优化库、管道组件、模拟引擎

图 29-5　设定点优化解决方案的模块化架构示例

3. **解决方案支持人员**。你需要一个主题专家团队（例如机器学习工程师、企业产品负责人等）来了解如何部署解决方案并使其适应不同的环境。这些人应该知道如何培训用户并实施组织变革。

资产化方法如果经过了深思熟虑、反复推敲，就可以大大提高部署的速度和效率。图 29-6 展示了在两种不同的工业环境中部署设定点优化器，并通过有效的资产化提升部署速度的情况。设备的标准化程度越高，收益就越大，这一点在图 29-6 中有所体现，其中发电机组从资产化中获得的收益甚至更大，因为大部分解决方案在各工厂都是通用的（矿物的加工操作则不同，它往往对具体地点和矿石有更强的针对性要求)。

矿物加工和发电示例
部署解决方案的周数

■ 加强阶段　■ 发展阶段　■ 概念验证阶段　■ 准备阶段

设定点优化在选矿作业中的应用

站点1	站点2	站点3
36	28	22
12	8	8
19	12	10
5	6	3
2		1

−39%

发电机组的设定点优化应用

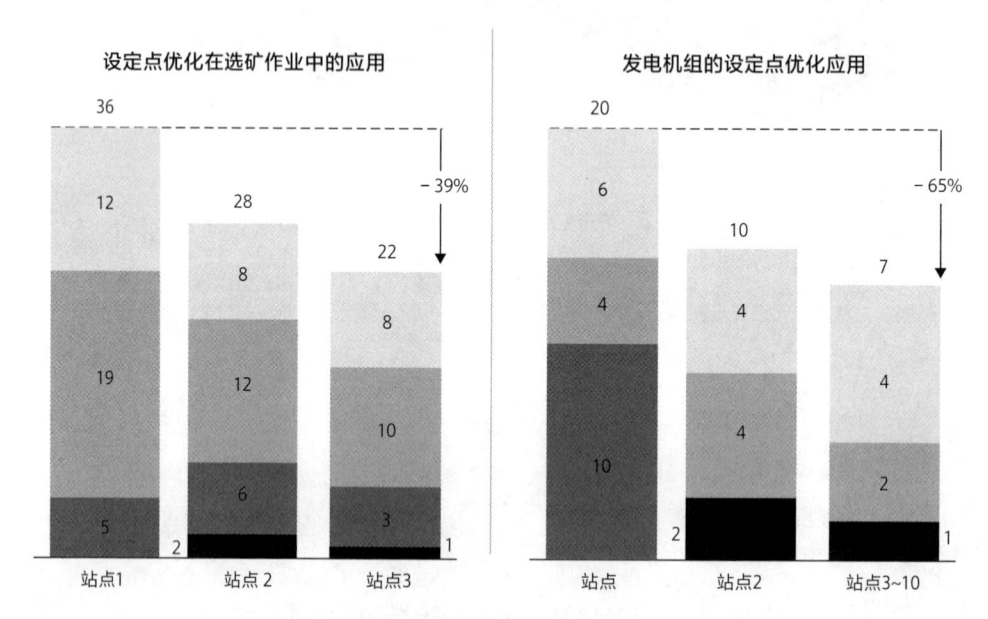

站点	站点2	站点3~10
20	10	7
6	4	4
4	4	2
10	2	1

−65%

图 29-6　通过资产化减少部署时间

企业如果要确保解决方案复用成为企业整体推广策略的一部分，那么可以考虑创建一个鼓励复用的融资模式和激励结构。这通常意味着需要：在解决方案通过最小可行产品阶段后，为将其资产化而明确预算投资；建立中央资金和资源划拨以支持部署；衡量各单位采纳情况，并据此激励各单位负责人。

案例：推动 400 个人工智能模型的采用和推广

瑞致达（Vistra）是一家全球领先的能源公司，它投资了一种快速扩展人工智能解决方案的方法，该解决方案是为优化其发电厂机组而开发的。这些解决方案由 400 个人工智能模型组成，用于优化发电厂运营的不同部分。

设计师自开发解决方案伊始，就与操作员一起工作，了解后者的日常活动。人工智能工具应该让操作员的工作更加轻松。举个例子，设计员将显示人工智能解决方案和建议的屏幕，整合到了操作员现在使用的界面中，这使得他们无须再监控其他屏幕；此外，显示器本身也设计得易于阅读。如果工厂处于最佳运行状态，那么解决方案会显示绿色信号，如果不是最佳状态的话，则会显示红色信号，并提供相应的操作建议，其中包括执行该建议的附加值。

当一个解决方案在试点站展示出了它的价值并获准推广时，软件和机器学习工程师团队就会立即接手，对代码进行重构、模块化和容器化。这使得每次部署都有一个"核心"软件包可以在此基础上进行更新和改进。每个工厂都有自己独特的特点，因此总是需要一些定制服务。

由数据科学家、工程师、操作员和发电专家组成的专门定制团队与各个工厂进行合作，根据工厂的独特条件定制相应的解决方案。该团队构建了一个 MLOps 基础设施，将瑞致达每个动力单元的实时数据汇集到一个数据库中（更多关于 MLOps 的信息，请参阅第二十三章）。团队使用 GitLab 软件来管理代码的版本控制，并将代码容器化，使其可以轻松地部署到任何环境中。该团队还创建了仪表盘来监控模型的性能和使用情况，并对每个模型的持续改进进行管理。

最后，该项工作涉及三个层面的培训：一线人员要学习如何使用模型；技术团队要学习如何开发和维护人工智能模型；领导团队要了解如何使用人工智能模型来转变业务运营的方式。

第三十章

通过跟踪重要事项来确保影响力

> 不要错把行动当成就。
> ——约翰·伍登（John Wooden）

很多首席执行官并不清楚所在公司的数字化和人工智能转型是如何进行的，人数之多令人惊讶。[1] 我们正在朝着更加数字化的商业模式迈进吗？我们是否像自己所说的那样建立了数字化能力？数字化在客户体验和利润影响方面产生回报了吗？

没有人会质疑衡量转型进展的必要性。但问题在于需要衡量什么以及如何衡量。如果设计不当，没有正确的辅助工具，那么绩效跟踪可能会不堪重负而迅速崩溃。

高质量的绩效基础架构包括：设计正确的绩效管理 KPIs；借助阶段关卡流程，以及配套的工作流工具进行跟踪；建立高效的转型办公室。

绩效管理架构与 KPIs

确定可以衡量的绩效指标是成功的一半。在数字化和人工智能转型过程中，KPIs 往往分为三类：价值创造指标、敏捷小组的健康指标，以及变革管理指标（见图 30–1）。

	价值创造	团队健康	变革管理
目标	衡量数字化解决方案对核心业务和运营 KPIs 的影响	衡量团队的健康情况与成熟度	衡量在建设新能力和动员组织方面的进展
指标	运营 KPIs	团队成熟度 KPIs	能力建设和变革管理 KPI
示例	客户采用率（%） 在线销售率（占销售额的%） 过程收益率（%） 交叉销售率（%）	团队人员配备充足性 OKR 达成情况 敏捷方式或 DevOps 成熟度 发布频率	动员起来的团队数量 员工参与度 人才招聘和技术提升 里程碑达成情况
分析对象	解决方案和领域	敏捷小组	专项能力、领导力、员工参与度
相关方	高层管理者、领域负责人	领域负责人与敏捷小组负责人	高层管理者和转型负责人

图 30-1　数字化和人工智能转型绩效管理架构

通过业务或运营 KPIs 追踪价值创造的情况

数字化解决方案通常以一项或几项业务、运营 KPIs 为指标，这些指标通常可以转化为资产或客户利益。这些指标对领域领导者和企业高管来说非常重要，还可以为投资者提供令人信服的证据，来证明数字化转型取得的进展。

图 30-2 展示一家国际银行的情况。该银行每季度向投资者报告关键的数字化转型指标，即客户的移动应用程序采用情况、数字化销售额、从分支网络向外迁移的交易量，以及分支机构的裁员情况。

价值驱动树是一种有用的工具，可用于确定数字化和人工智能解决方案在哪些方面有望改善核心运营 KPIs。价值驱动树还可用于将负责该解决方案的各个团队和 OKRs 联系起来，从而对如何实现改进形成统一的表述。

一家顶级国际银行2016—2020年的投资者报告示例

客户们在使用我的应用程序吗？
使用数字化服务的客户百分比

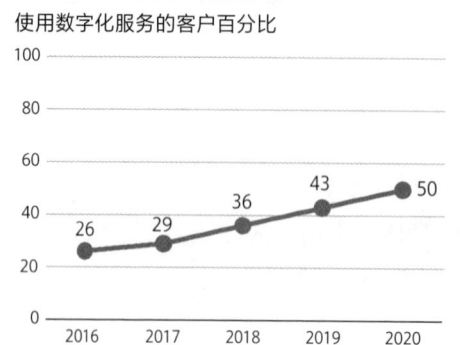

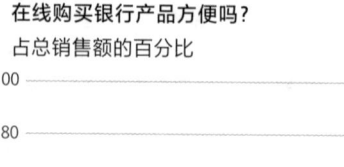

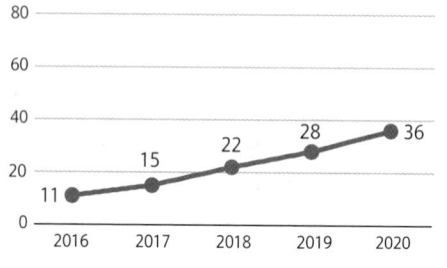

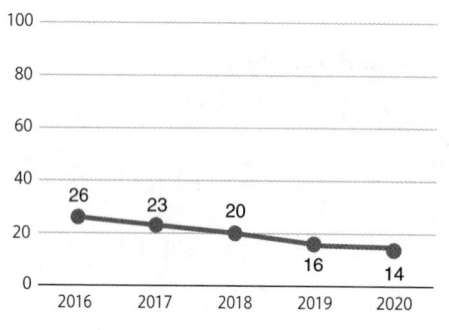

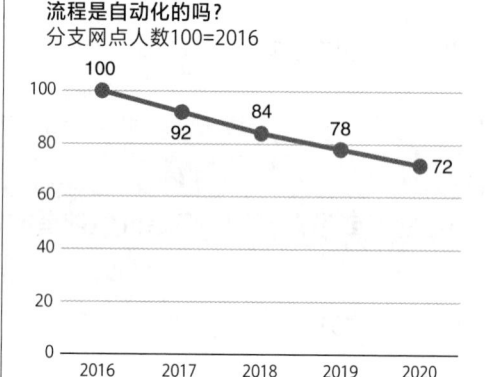

- 2016: 26
- 2017: 29
- 2018: 36
- 2019: 43
- 2020: 50

在线购买银行产品方便吗？
占总销售额的百分比

- 2016: 11
- 2017: 15
- 2018: 22
- 2019: 28
- 2020: 36

交易是否来自分支网络？
占分支机构总交易量的百分比

- 2016: 26
- 2017: 23
- 2018: 20
- 2019: 16
- 2020: 14

流程是自动化的吗？
分支网点人数100=2016

- 2016: 100
- 2017: 92
- 2018: 84
- 2019: 78
- 2020: 72

图30-2　银行业在数字化转型中跟踪的经典业务运营KPIs

图30–3展示了一个办理退休保险的保险公司的例子。此类企业的收入取决于多个因素，包括签订退休计划合同的公司数量、参与每个计划的平均员工数量以及每个参与者的平均收入。

随着价值驱动树的逐一分解，业务的运营KPIs变得更加具体，例如向潜在客户提出建议的数量及其成功率等。通常情况下，数字化解决方案会在这个层面对业务绩效产生影响。在这个例子中，商业领域的领导者决定开发三种数字化解决方案，如图30–3所示。其中，解决方案2侧重于简化参与者的注册流程。有两个敏捷小组负责这个解决方案，第一个小组致力于简化应用程序，而第二个小组将开发一个 API 来预填员工信息。

退休保险公司实例

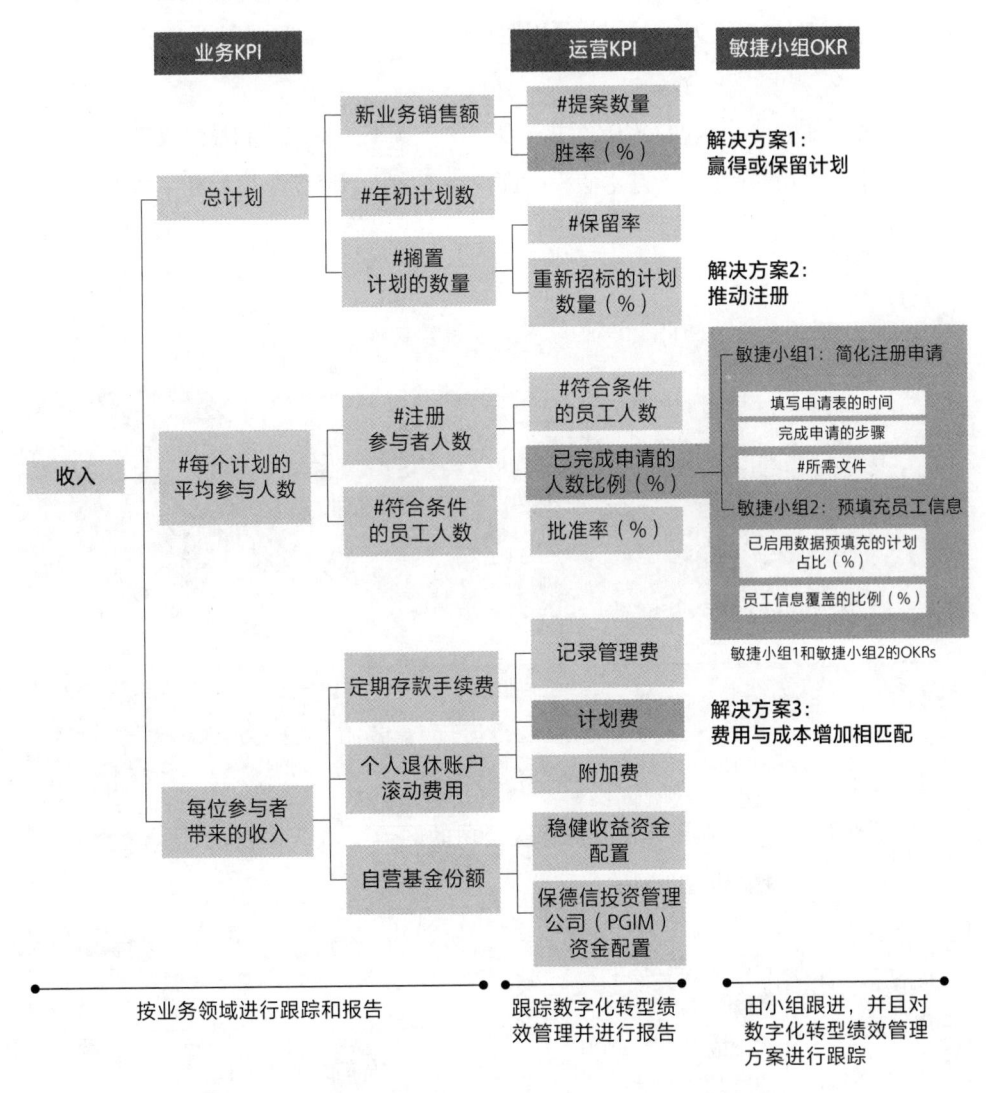

业务KPI	运营KPI	敏捷小组OKR
新业务销售额	#提案数量 胜率（%）	**解决方案1：** 赢得或保留计划
#年初计划数		
#搁置计划的数量	#保留率 重新招标的计划数量（%）	**解决方案2：** 推动注册
#注册参与者人数	#符合条件的员工人数 已完成申请的人数比例（%） 批准率（%）	敏捷小组1：简化注册申请 · 填写申请表的时间 · 完成申请的步骤 · #所需文件 敏捷小组2：预填充员工信息 · 已启用数据预填充的计划占比（%） · 员工信息覆盖的比例（%） 敏捷小组1和敏捷小组2的OKRs
#符合条件的员工人数		
定期存款手续费	记录管理费 计划费 附加费	**解决方案3：** 费用与成本增加相匹配
个人退休账户滚动费用		
自营基金份额	稳健收益资金配置 保德信投资管理公司（PGIM）资金配置	

- **收入** → **总计划** / **#每个计划的平均参与人数** / **每位参与者带来的收入**

按业务领域进行跟踪和报告　｜　跟踪数字化转型绩效管理并进行报告　｜　由小组跟进，并且对数字化转型绩效管理方案进行跟踪

图 30-3　确定数字化解决方案在何处影响 KPI 的价值驱动树

商业领域的领导者应该在运营 KPI 层面跟踪进度。对于解决方案 2 而言，这包括已完成申请的人数百分比和用户满意度（未在价值驱动树上显示）。此外，小组负责人应该跟踪那些团队直接可控的关键结果，以及最多可以在几周或几个月内出现进展的关键结果。在这种情况下，减少完成应用程序所需的步骤就是一个很好的例子，而这通常只要几个月的时间就可以实现。

图 30-4 展示了每个小组的 OKRs，并呈现了关于预期关键成果和最终改进目标的分阶段计划。它还展示了一个基本假设，即解决方案可以降低申请放弃率并推动注册数量的增长。

案例：OKR 映射——推动退休保险注册
解决方案业务实例

| 去年有 40 万人放弃申请，投保客户净推荐值为 10 | 该解决方案将申请放弃率从 20% 降至 5%，从而增加 30 万个申请，净推荐值达到 50 的业界领先水平 | 有三分之二完成申请的人会进行注册，从而增加 20 万名新注册人 | 每个参与者的平均保证金为 500 美元 | 息税折旧及摊销前利润为 1 亿美元，净推荐值为 50 |

目标	关键成果	版本 1—第一年	版本 2—第二年	全程目标版本 3—第三年
敏捷小组 1 将填写申请表的时间缩短 60%	关键成果 1.1：减少所需文件数	8　5	5　2	2
	关键成果 1.2：减少申请步骤	40　30	30　20	10
敏捷小组 2 为 50% 的计划启用员工数据预填功能	关键成果 2.1：与人力资源系统建立 API 链接的计划百分比	0　30	30　50	50
	关键成果 2.2：预填的员工信息类型	员工的基本信息	先前的计划信息	配偶与受抚养人信息

图 30-4　与小组 OKRs 相关联的业务或运行 KPIs

制定这些假设可能很具挑战性，因为我们很难预知简化申请流程、预先填写员工数据这样的措施能在多大程度上降低放弃率，这需要主观判断。因此，将关键成果分阶段落实，并观察第一版解决方案对放弃率的影响，是非常重要的。这可以坚定信心，让大家继续为第二版和最终的第三版努力，或将小组的方法转向更有成效的路径。

设计这个驱动树，并跟踪相应的 KPIs，是数字化转型取得全面成功的基础。这一方法不仅让我们明确目标，确保自身专注于价值创造，还建立了明确的问责制。

评估敏捷小组的健康状况

敏捷小组是数字化和人工智能转型中的"战斗单元"。没有健康、成熟的敏捷小组，企业的数字化转型就无法取得成功。

许多数字化转型项目由于敏捷小组配置不当（例如为兼职小组成员、技能不足等）、未采用现代化的工作方式（例如敏捷开发和 DevOps）或缺乏关键的能力（例如产品管理、用户体验设计），进展要比最初计划的慢。根据我们的经验，低绩效团队与高绩效团队之间的生产力差距可能达到 5 倍或者更多。因此，衡量和管理敏捷小组的健康状况至关重要。

敏捷小组的健康评估是从三个方面开展的：

1. **敏捷小组的配置指标。**这涉及一个简单的问题：敏捷小组的人员配置是否合适？这个问题看似很好回答，但每家公司的资源都是有限的，而且在没有适当资源的情况下可能会长时间运行。你真正需要了解的核心问题有两个：敏捷小组的资源是专用的吗？每个岗位是否都由掌握适当技能的人员担任？评估工作最好由敏捷小组负责人和领域负责人完成。作为 QBR 报告的一部分，QBR 是评估这一点的绝佳机会。

2. **敏捷小组的绩效指标**。这涉及小组的职能。这些指标通常是从 Jira、Azure DevOps、Digital.ai 等待办事项管理工具中提取的，因此持续培训小组成员使用这些工具非常重要。虽然业内对最佳跟踪指标存在争议，但我们建议跟踪以下指标。前四个指标被称为标准 DORA（DevOps 研究与评估）指标（见图 30-5）。

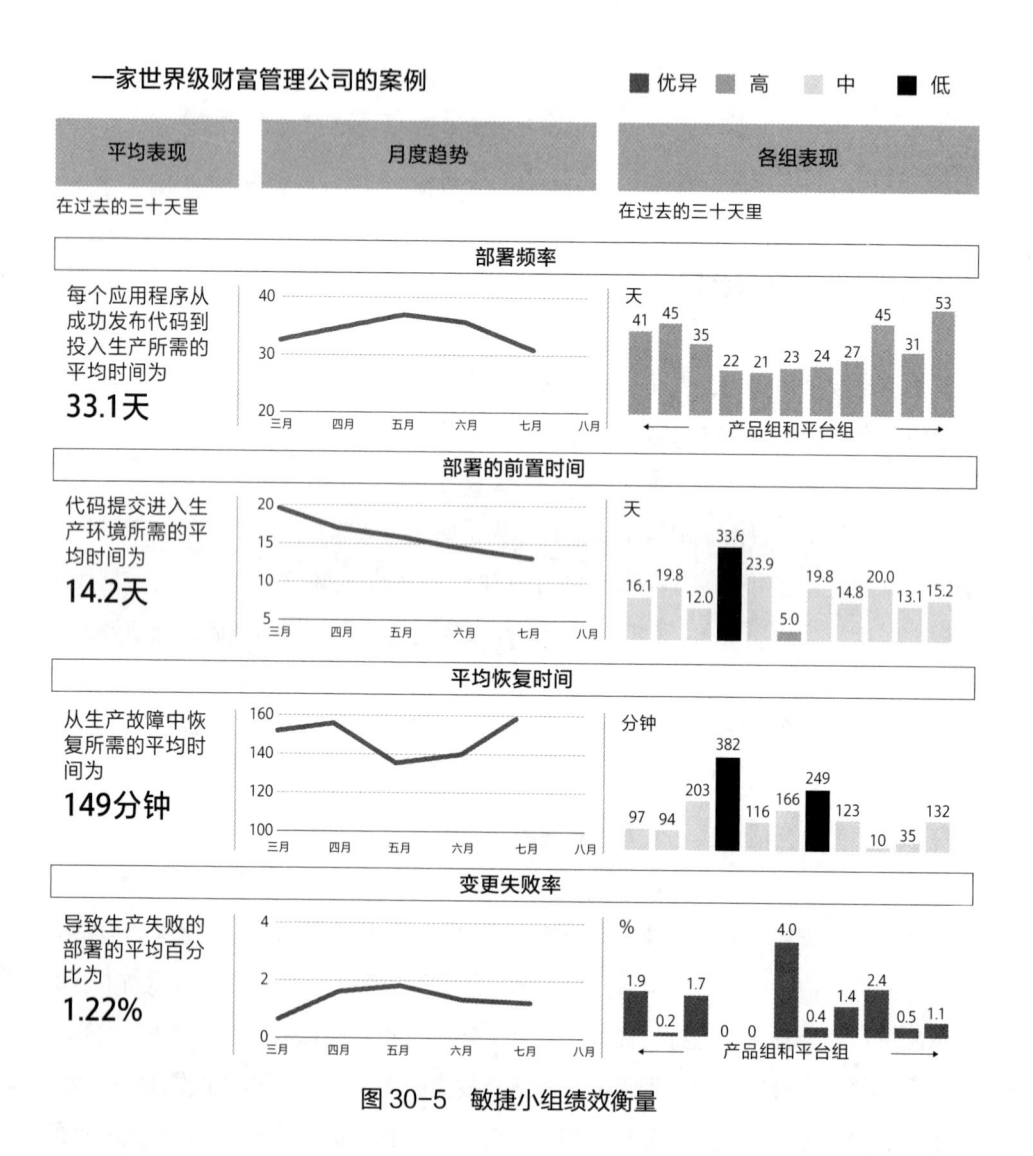

一家世界级财富管理公司的案例 ■优异 ■高 □中 ■低

平均表现	月度趋势	各组表现
在过去的三十天里		在过去的三十天里

部署频率

每个应用程序从成功发布代码到投入生产所需的平均时间为 **33.1天**

月度趋势：三月 32，四月 35，五月 37，六月 35，七月 30

各组表现（天）：41、45、35、22、21、23、24、27、45、31、53
← 产品组和平台组 →

部署的前置时间

代码提交进入生产环境所需的平均时间为 **14.2天**

月度趋势：三月 20，四月 18，五月 16，六月 14，七月 12

各组表现（天）：16.1、19.8、12.0、33.6、23.9、5.0、19.8、14.8、20.0、13.1、15.2

平均恢复时间

从生产故障中恢复所需的平均时间为 **149分钟**

月度趋势：三月 150，四月 155，五月 135，六月 140，七月 155

各组表现（分钟）：97、94、203、116、166、382、123、249、10、35、132

变更失败率

导致生产失败的部署的平均百分比为 **1.22%**

月度趋势：稍有上升后回落

各组表现（%）：1.9、0.2、1.7、0、4.0、0.4、1.4、2.4、0.5、1.1
← 产品组和平台组 →

图 30-5　敏捷小组绩效衡量

- **部署频率**，用于衡量每个应用程序从成功发布代码到投入生产所需的平均时间。如果发布受到业务因素的限制，则可以使用用户验收测试（UAT）的部署频率作为一个代替的测量要素。

- **变更的准备时间**，用于衡量从开发周期结束到部署，再到生产的时间。这一指标显示了从团队检入代码到集成、测试和部署新解决方案这一过程的效率（和自动化程度）有多高。

- **平均恢复时间**（MTTR）是指从产品或系统故障中恢复所需的平均时间。它表明系统架构是否具有弹性，以及解决停机事件，使系统恢复正常运行的速度有多快。

- **变更失败率**，用于衡量在生产中部署失败的比重。变更失败率将一段时间内的所有工作流汇总起来，计算出失败或需要修复（例如需要热修复、回滚、向前修复、补丁）的工作的比重。

- **速度**，用于计算在一个特定冲刺阶段完成用户故事所需的时间。速度可以用来衡量在每次迭代中可以完成多少工作，并帮助预测未来的冲刺阶段或整个项目需要花费多长时间才能完成。

- **代码变动**，也称为返工，表示编辑特定代码段（例如文件、类、函数等）的频率。例如，你可以衡量代码在首次合并后三周内被重写的概率。

3. **敏捷小组的成熟度指标**。这涉及提升小组的绩效和整体效率的基本做法。市场上已经出现了不同的衡量工具用于衡量敏捷小组的成熟度。调查表由小组成员或敏捷教练填写，后者的观点通常更独立，能更好地进行校准。图 30-6 是一系列敏捷小组的产出过程示例。

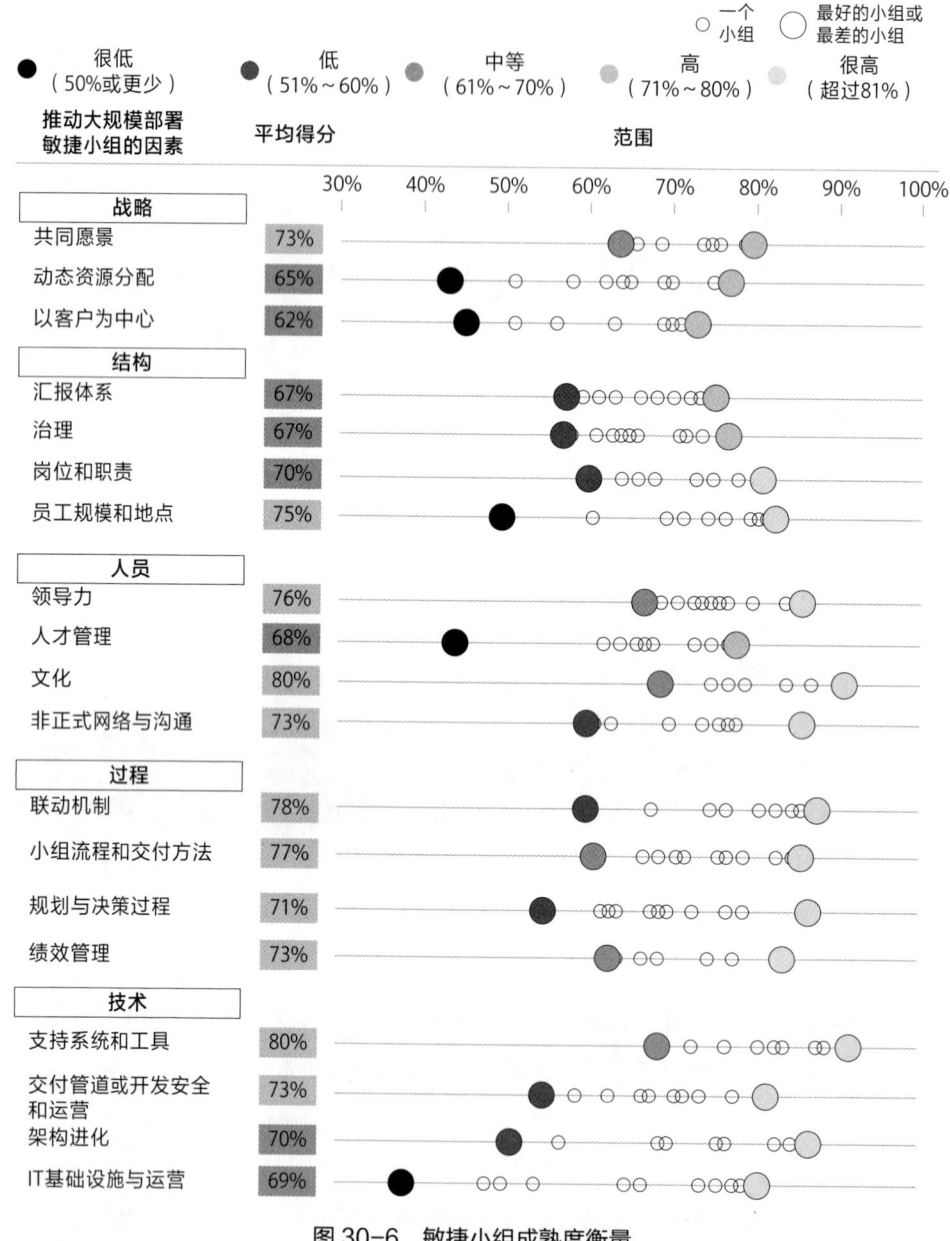

推动大规模部署敏捷小组的因素	平均得分	范围
战略		
共同愿景	73%	
动态资源分配	65%	
以客户为中心	62%	
结构		
汇报体系	67%	
治理	67%	
岗位和职责	70%	
员工规模和地点	75%	
人员		
领导力	76%	
人才管理	68%	
文化	80%	
非正式网络与沟通	73%	
过程		
联动机制	78%	
小组流程和交付方法	77%	
规划与决策过程	71%	
绩效管理	73%	
技术		
支持系统和工具	80%	
交付管道或开发安全和运营	73%	
架构进化	70%	
IT基础设施与运营	69%	

图 30-6 敏捷小组成熟度衡量

理想情况下，这些不同的衡量标准会在小组的工作流程中自动执行，但需要一些时间来实现，而且只有在敏捷小组达到一定规模（超过 20 个小组）时才有意义。

变革管理进展

这些指标衡量了新能力的建设情况以及转型本身的健康状况。我们是否按计划给团队做了动员？人员是否都参与其中？我们在培养能力和人才方面是否取得了进展？根据我们的经验，在确定变革管理指标时，过于追求"完美"会阻碍"工作取得进展"和"完成工作"。我们要从基础工作做起，并在此基础上不断建设：

1. **领导层的动员**。公司要定期对公司的高级管理层（约200~300名高管）进行调查，了解数字化对其管理议程的重要性、他们对数字化取得进展的感受以及在引领变革方面的有效性自我评估。此外，公司可以通过面谈来补充调查数据。

2. **能力建设方面的进展**。我们已经发现了一些核心指标，它们可以很好地反映第五部分讨论的四个交付能力的建设进展。在人才方面，你是否在建立数字化团队（通过招聘或技能提升）方面取得了进展？你是否能够留住最优秀的技术人员？在运营模式方面，你是否按计划提高了敏捷小组的动员速度？这些小组的产品负责人表现如何？在技术方面，有多少个小组能够将代码发布到生产环境，它们的发布周期是多长？另外，在数据方面，有多少个解决方案小组因受到数据约束而无法取得进展？又有多少个小组正在使用数据产品消费数据？

3. **员工参与度**。年度员工参与度调查是衡量团队整体工作兴奋度、员工技能发展和个人成长的好机会。对于那些更直接受到转型影响的群体来说，将调查分段开展是一个不错的选择，例如那些敏捷小组成员或者那些从新开发的解决方案中受益的用户。

通过阶段关卡流程进行跟踪

稳健的转型计划可确保解决方案的阶段性。我们发现，通过五道关卡运行每个解决

方案是非常有帮助的。这五道关卡与麦肯锡在普通的转型中取得成功所使用的流程完全相同。五道关卡如图 30-7 所述。

领域再构想阶段

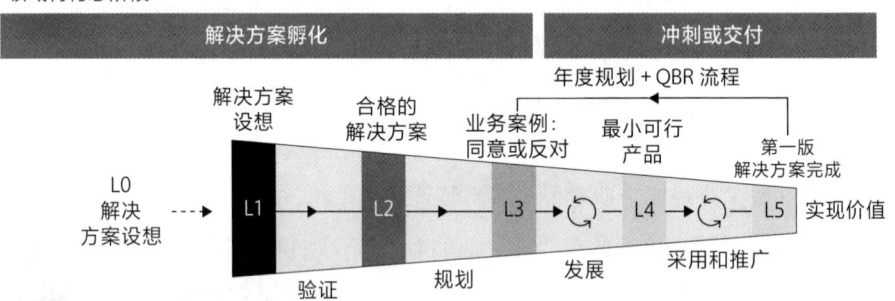

从L0 到L1	明确要解决的业务问题 解决方案的想法作为领域重构路线图的一部分浮出水面
从L1 到L2	构建业务价值驱动树 解决方案的价值以及对其影响大小的关键假设 估计L3和L4的日期 可行性定性评估（如技术、数据、变更管理等）
从L2 到L3	最终确定对价值树操作KPIs改进的假设 变革的可行性和技术需求（技术堆栈、数据、变革管理以推动采用、进行推广） 确定团队组成，包括下游成本 业务案例（细化到财务价值和投资；确定OKR曲线） 确定关键里程碑任务，告知发布预期（例如冲刺周期、最小可行产品发布日期） 最终确定团队的OKR，并确定路线图
从L3 到L4	通过冲刺周期进行交付 团队使用Jira管理执行情况，而领域负责人或解决方案负责人则定期（如每月）使用Wave（转型追踪工具）分享KPIs和KRs的进展情况 完成最小可行产品解决方案 证明客户或用户采用了解决方案
从L4 到L5	每季度结束时进行QBR 跟踪KPI或获得财务影响 在组织的更大范围内进行拓展和推广 根据需要进一步开发产品路线图并扩大规模

第一版解决方案完成——开始第二版的新循环阶段

图 30-7 通过关卡流程进行转型跟踪

L1 至 L3 阶段实质上是解决方案的孵化阶段，也是领域重构工作的一部分。解决方案通过正式的入门关卡审查后，业务案例和交付要求变得更加精确。L3 阶段是方案能否通过的关键，因此公司要对交付小组进行全面动员。

L4 阶段通常与解决方案的最小可行产品的交付相匹配。L5 阶段是关于解决方案的采用或推广阶段，此时第一版解决方案已被客户或用户采用，而且提供了有意义的价值。通过年度计划（或 QBR 计划），确定第二版解决方案，并开始进入另一个周期循环。该解决方案不断发展、改进，并提供更多价值。解决方案可能会在某个时刻走向成熟。然后，企业就可以减少开发团队的成员，只留下一个核心支持团队。

企业不要低估这种关卡流程的规范性。因为随着数字化和人工智能转型扩展到更多领域，这个流程统一了语言及投资规则，并且能够通过年度计划或 QBR 进行管理。随着逐步了解哪些工作是有效的、哪些是无效的，不断构建自身能力，找到新的价值来源，企业就可以动态地更新数字化路线图、业务案例和资源需求。

大规模的数字化转型要涉及数百个敏捷小组，交付数百个数字化解决方案。虽然企业最初可以使用电子表格和幻灯片进行跟踪和报告，但这种方式很快就无法满足需求了。

在麦肯锡自己的工作中，经常使用两款软件包来进行转型跟踪和报告。第一个工具（WAVE）是一款多功能的通用转型跟踪工具，它跟踪解决方案的阶段控制、底层用例以及核心 KPIs。从本质上看，它可以记录数字化解决方案所产生的投资和创造的价值。我们喜欢使用 WAVE[2]，但市场上还有其他可用的工具。第二个工具（LINK）旨在跟踪各个小组的运行健康状况，并支持敏捷会议，包括管理跨小组的相互依赖关系。

转型办公室

为了持续管理所有的数字化举措，转型办公室是必不可少的。转型办公室是一个伞形团队，负责监督业务领域中更广泛的数字化和人工智能转型工作——从保证高质量的领域规划图，到报告转型的绩效和健康状况。

根据转型的规模大小，转型办公室通常由财务、人力资源、宣传、IT以及主题专家（例如法律、采购等）等领域的专业人员组成。其主要职责包括：启动转型计划；支持数字化路线图的开发和制定；跟踪实际获得目标价值的情况；及早发现潜在价值流失的迹象；消除障碍；根据进展情况来审查和更新路线图；确保能力建设取得进展；自始至终地管理变革。

转型办公室被授权做出重要的决策（例如关卡审批、团队和预算分配），它要提出棘手的问题并追究相关人员的责任，以推动转型工作。

转型办公室比传统的项目管理办公室（PMO）更加注重前瞻性。它负责预判瓶颈问题的出现并主动加以解决。它专注于解决问题、追究责任并保证项目稳步推进。

图30-8展示了一个典型的转型治理架构，其中包括转型办公室的设置。

转型官需要充分了解业务，受到大家尊重，愿意带动大家一起努力，也愿意"花费"自己的关系资源来推动转型。鉴于此，首席转型官通常由公司高管担任。

随着数字化和人工智能转型趋于成熟，以及业务的正常开展，对转型办公室的需求会越来越少，最终被解散。此时，数字化工作将被整合到新的运营模式中，成为其中的一个部分（参见第三部分）。

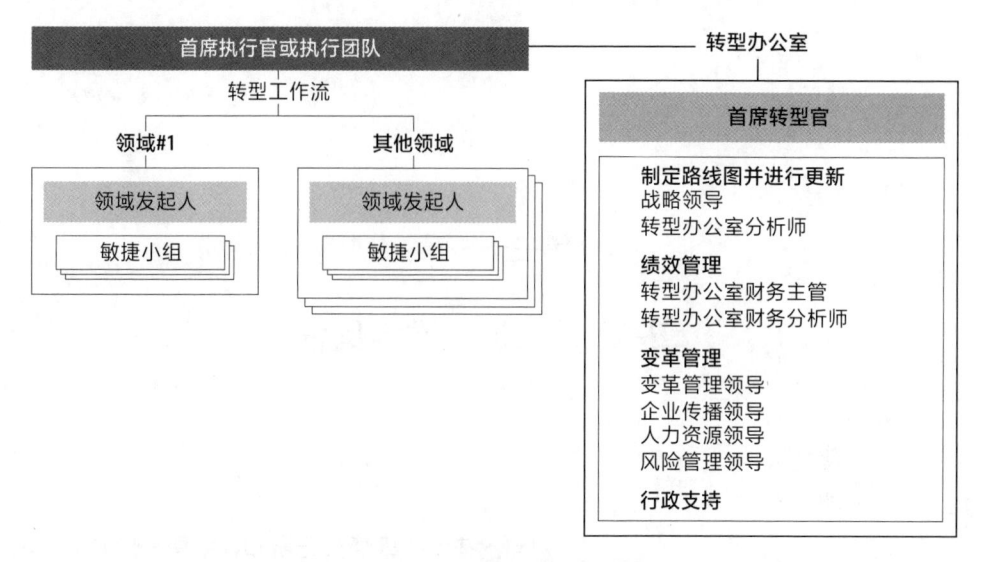

图 30-8　转型办公室的设置

注释

1. Matt Fitzpatrick and Kurt Strovink, "How do you measure success in digital? Five metrics for CEOs," McKinsey.com, January 29, 2021, https://www.mckinsey.com/capabilities/mckinsey-digital/our-insights/how-do-you-measure-success-in-digital-five-metrics-for-ceos.
2. 有关 WAVE 的更多信息，请访问 mckinsey.com/capabilities/transformation/how-we-help-clients/wave/overview。

第三十一章

管理风险和建立数字信任

> 对自己在做的事情一无所知,就是风险的源头。
>
> ——沃伦·巴菲特(Warren Buffett)

风险不可避免。数字化和人工智能转型带来了一系列全新的、复杂的、相互关联的风险。在数字化和人工智能飞速发展的同时,监管、审查也日益严格。消费者、监管机构和商业领袖越发担心网络安全、数据隐私以及人工智能系统的漏洞等问题。

无论是非人为因素(例如算法的隐性偏见),还是自动驾驶汽车的悲剧性事故,抑或是个人信息泄露,面对这些人工智能带来的风险,任何企业、行业或政府都难言安全。

正是由于这些问题,消费者和监管机构才希望企业建立并实施强有力的数字信任行动方案。数字信任是相信一家企业能够保护消费者数据,制定有效的网络安全措施,提供值得信赖的人工智能产品和服务,并保持人工智能和数据使用的透明度。

如果企业建立起了强大的数字信任,那么领导者不太可能因为数据和人工智能负面事件的影响,而让企业面临风险;此外,从统计数据来看,这些领导者更有可能表现得非常出色。[1] 许多消费者,尤其是那些精通数字化技术的消费者,认为可信度和数据保护几乎与价格和交付时间一样重要。

从本书的写作目的出发，我们将重点关注四种数字信任能力，因为它们以最直接的方式支持数字化转型，具体内容如下。

风险分类

这与一般的经典风险分类工作十分类似，是企业风险管理工作中的一环。但是，此处关注的重点是数字化和人工智能转型路线图中的数字化解决方案、模型和数据资产。在评估这些风险的过程中，你能够识别风险，根据风险分类法对它们进行分类，并根据风险出现时产生的影响对其"评分"。监管机构已经要求企业针对数据处理影响评估（APIAs）和越来越多的算法影响评估（AIAs）所带来的影响评估考量。

结果便是形成了一个易于理解的风险热图。这个评分会引发新的问题，提示最需要风险专家和法律专家关注的地方，这将有助于你确定需要审查的相关政策的轻重缓急。

审查政策

完善的数字信任政策可以解决数据、分析和技术的使用问题，并为公司指明方向。这些政策必须比传统的数据隐私政策涵盖面更广，不仅要涵盖个人数据的使用和处理、技术使用的限制、基于代码的模型的公平性，还要包含软件、物联网系统、云解决方案、设计原型等主题的政策。

我们建议企业在制定审查政策时着重考虑以下方面：

- **数据**：简洁明了的敏感数据收集政策、清晰定义的数据保留政策、对第三方人员

和 / 或供应商进行尽职调查，以及持续进行的审计。

- **技术和云**：制定优先处理 IT 风险的策略，为所有人员持续提供网络安全培训，并制订事故应对方案。

- **人工智能和机器学习以及分析**：针对人工智能的风险，包括透明度和可解释性、自动化人工智能模型监控系统，以及人工智能模型的偏见和公平性等方面，要制定明确的标准和阈值。

例如，如果一个解决方案对不同的人口统计数据或参与度实行差别定价，那么企业就要制定特定的协议并强制执行，以消除偏见，这些应该在人工智能政策中得到体现。

审查应对这些新风险的一系列政策并非一日之功。你可以请风险管理或法律团队制定一个结构化的方法，争取在一到两年内完成审查。

实施风险政策

如果团队无法快速、始终如一地检查和实施数字信任实践方案，那么世界上最好的政策也只是纸上谈兵。有太多的数据源、数字化和人工智能系统需要进行测试和验证。

公司应着力打造三种运营能力：

1. **嵌入式控制功能**。我们看到有许多开发团队花费大量时间和金钱去创建和部署新的解决方案。但是，他们在遇到风险（例如未经客户同意使用他们的数据）时，却不得不重新制订方案，更糟糕的是工作会被永久搁置。一般来说，此类问题的根源就是传统的运营模式。在这种模式下，法律、治理、质量保证和其他风险专家各自为政，只在开发过程中针对特定"领域"提供意见，而且许多意见还是在解决方案执行完成后才给出的。

要想解决这个问题，你就要绘制一张风险分类清单，让敏捷小组在风险专业人员的指导下，以它为参照进行检查，以发现风险，而这些风险可能需要法律、网络安全、数据、隐私、合规，以及公司其他管控部门中的专业人员处理。一旦评估和缓解措施达成一致，敏捷小组就会将这些措施纳入其工作清单。例如，他们可能会提出要求——在构建机器学习模型之前，需要对客户数据中有关人口统计的数据字段进行盲化处理。

这一过程包含风险分类、专家评估和执行缓解措施，并且通常建立在一个易于追溯和扩展的数字化工作流程中（详见第十四章）。

2. **专业人才**。这是一个高度专业化的领域，是监管、道德和技术的交叉领域。为了建立数字信任，你应该考虑委任一名高管全权负责建立和管理企业的数字信任能力。一些公司甚至设立了首席数字信任官（chief trust officer）这一职位。

专业人才通常需要深入学习"隐私工程"方面的专业知识，具备擅长管理和维护数据隐私应用程序，开发安全、合规的自动化测试以及按合规要求重构应用程序等能力。

3. **风险控制自动化**。信任自动化，就是指将信任策略转化为代码（"策略即代码"）的过程，代码包括合规性要求（"合规即代码"）以及风险标准（"安全即代码"）等方面。只要有人提交新代码，自动化的风险控制功能就会被激活。这种方法从根本上加快了开发和部署的过程，同时减少了风险。但对于人工智能系统而言，这一方法可能要包含需要自动遵守新法规的 MLOps 工具。

提高认知和模式识别

建立数字信任是企业每一位员工的责任,这一点已然成为领先企业的信条。而要想打造一种人人负责的文化,可靠的信息一定要由高层领导发布。领导者必须是首要责任人,启动和示范数字信任实践,比如:开展以数字信任为重点的培训项目;围绕数据、数字化和人工智能技术的使用,推广核心价值观,并将数字信任指标纳入绩效评估等。

要想让客户信任公司有能力保护其数据,公司就必须让客户了解相关举措和政策。有时,监管机构也要求进行此类沟通。例如,纽约州有一项规定,要求公司在网站上公布它们的审计流程,以确认人工智能驱动下的就业系统和招聘系统的公平性,包括数据科学家使用哪些工具来识别人工智能中的偏见。数字化领域的负责人还要定期主动地与市场沟通,以此来建立竞争优势并改变消费者的预期。

最后,有一点很重要,那就是公司要与相关监管机构分享自己在数字化风险管理工作方面所做的努力,以帮助它们了解新的工作方式和相关利益。通过这种方式,公司可以让监管机构相信,为确保合规性已经采取了积极的措施,并收集反馈意见,以为下一步举措提供参考。

实践者说:平衡用户价值和数字信任

如今,人工智能几乎无处不在,它能做很多事,给人们带来很多乐趣。例如,我喜欢 YouTube 或 Spotify 推荐一些我从未想过的东西,或我的手机会猜出我想做什么并给出提示。不过,在急于创造用户价值,并将这些产品推向市场的过程中,这些工具可能产生的副作用并未引起公司足够的重视。

这种情况与汽车行业刚开始考虑汽车的安全性能时的情况类似。汽车制造商的想法是:"好吧,安全带在 20% 的时间里是起作用的。我们最终总会解决问题。"但客户和其他人的反应却是："不行！现在就得想办法解决问题！"技术领域也是如此，公司知道如何以所需的方式进行创新，但必须在这些领域投资，并加倍努力才行。

——马克·苏尔曼（Mark Surman），Mozilla 基金会总裁兼执行董事

注释

1. Jim Boehm, Liz Grennan, Alex Singla, and Kate Smaje, "Why digital trust truly matters," McKinsey.com, September 12, 2022, https://www.mckinsey.com/capabilities/quantumblack/our-insights/why-digital-trust-truly-matters.

第三十二章

文化之路在何方

> 彰显能力的前提,是拥有能力。
>
> ——西蒙娜·德·波伏瓦(Simone de Beauvoir)

我们总是被问到这样一个问题:文化之路在何方?

对于商界领导者而言,文化的重要性不言而喻。但是,他们往往不知道建立数字化文化需要什么,也就是不了解支撑和加速数字化进程与人工智能转型需要具备什么样的心态、行为。根据我们的经验,这往往是因为人们看待文化时较为粗浅,只是将其视为一种心态和行为,而不清楚如何以及为什么要建立它。

事实上,文化是由一系列行动、激励、新技能及领导力催生的结果。

本书的全部内容加在一起,就是构建数字化文化所需的行动:让公司高管认可数字化和人工智能带来的可能性,招聘新型技术人才,将 IT 与业务整合,学习新型工作方式,使技术和数据易于使用以促进整个公司的创新,培养产品负责人等。

虽然数字化文化是以上所有努力的结果,但是要想发展数字化文化,首先要明确你期望领导者具备何种领导力,并根据这些属性跟踪进展(见图 32-1)。[1]

以客户为中心 所有活动以客户为中心进行，不遗余力地提供非凡的体验	**测试、学习、成长** 能够承担测试新的创新带来的风险，并将错误视为学习的源泉
合力协作 让跨职能部门和业务部门进行良好协作，为客户和企业带来利益	**以数据为导向** 在实时决策中嵌入数据
紧迫感 行动和反应迅速，对每种情况的需求都很敏感	**权力下放** 授权员工做决策，并为之创造环境
以外部为导向 不断向其他公司、合作伙伴和客户学习	**不断提供价值** 优先考虑向客户快速提供价值，不断改进产品和解决方案

图 32-1 数字化企业的领导力特质

在数字化和人工智能转型过程中，直面并解决公司的组织文化问题，有助于强化对心态和行为的转变的关注，这些转变对转型的长期成功至关重要。通过文化调查建立基准并定期测量，是了解高优先级文化特征变化进展情况的有效途径。

相比任何其他类型的转型，数字化和人工智能转型需要更多的技能建设变革。这是因为变革的范围和速度给整个公司带来了巨大压力。如果在培训和培养新晋人才方面没有良好的结构和持续的投资，那么组织原有的阻力就会形成真正的变革阻碍。

成功的公司都会专注于三项基础建设：领导力提升、广泛开展变革管理项目和关键员工的大规模再培训。

首先投资领导团队

数字化公司的运营方式往往是多种多样的，需要领导层以不同的方式领导公司。数字化企业的领导层无比重视客户，他们了解数字化技术（至少是基础的数字化技术），了解开发数字化解决方案的过程，熟悉敏捷方式，知道如何在敏捷过程中发挥自己的作用。他们展现了协作式领导力，体现了"我能做"的态度。

实践者说：评估领导者的新能力

> 近期，我们修改了管理评估标准，新增了一组能力。以前，我们会根据以下三个特质来挑选管理团队成员：思考力、执行力，以及团队领导力。这些都是"硬"能力。2022年，我们增加了六项"软"能力。这一点非常重要，尤其是在平安保险这样锐意进取的环境中。
>
> 我们现在关注的是一个人的逆商和开放思维，以及接受新事物的能力。我们首先用它来评估150名高级管理人员，最终在公司的其他部门推行。这一转变必须进行，因为大量的技术创新是跨学科的，需要不同的团队合作，与他人合作变得越来越重要。
>
> 这听起来很简单，但其实是一个巨大的变化，因为这些软因素很难衡量。
>
> ——陈心颖（Jessica Tan），前中国平安联席首席执行官

许多知名大公司的领导者都不具备这些特质。但领导者可以通过有意识、有纪律的计划来加以培养。根据我们的经验，下列三种具体做法是最有帮助的。

1. **访问学习**。在早期投资阶段，最有力的可行方案就是带领领导层（甚至是董事会）对相关公司进行两到三天的访问。一般来说，我们应拜访一些大型科技公司（数字原生企业）、一些正在进行数字化和人工智能转型的传统公司，以及一些业内的初创企业。目的是学习数字化优先型公司的运营方式。

2. **数字101**。高管团队至少要了解数字化技术的基础知识和新的工作方式，才能成为数字化时代卓有成效的领导者。大多数高管团队都会接受至少10个小时的数

字化基础培训，无论是传统的课堂模式，还是在线自助培训形式都可以。这样他们就可以根据自己的需求定制学习计划。本书的内容指明了管理人员应知应会的方向。随着时间的推移，我们应该考虑制订一项计划，以便持续培养领导层的技术敏锐性。

3. **数字化时代的领导力**。一旦开始数字化转型，许多公司都会投资一个项目，好让高管们探索各自的领导风格，并了解一个数字化企业需要如何演进。我们要把重点放在接受无所不学的文化（而不是之前的"无所不知"）、更具协作性的文化（而不是之前的只关注"自己的资源和损益"）和真正以客户为中心的文化（而不是之前口头上的以客户为中心）。这一项目通常是 10～15 人一组，4～6 个半天课程，然后是个人辅导学习。

通常，领导力培训项目会侧重公司中的第二级和第三级领导。

> **案例：罗氏制药公司对数字化领导者进行的投资**
>
> 　　为了打造敏捷文化，并将其作为数字化转型计划的一部分，罗氏制药公司（Roche）对高层领导者启动了一个密集的变革流程培训。1 000 多名领导者受邀参加为期四天的沉浸式课程，学习一种全新的、更敏捷的领导方法，即领导敏捷组织所需的心态和能力。
>
> 　　在之前为期六个月的高级领导者项目中，许多参与者已经在各自的领导团队和组织单位中启动了敏捷试验，让成千上万名员工以共创的创新方式将敏捷方式融入公司。我们最初预测只有 5%~10% 的参与者会与其团队接受后续的培训，但是实际上有 95% 的参与者选择这样做。[2]

尽管企业在提升领导团队技能方面进行了所有这些投资，但是现实情况依旧严峻，许多高管还没有做好准备。例如，回顾银行业和零售业已完成的数字化转型，我们发现一个普遍现象：在前 300 名高管中，约有 30% 的人需要调整其担任的领导职务，由领导能力更强的高管来担任，这是很常见的情况。

最后，如果你不对这 300 名高管的管理激励和晋升标准做出大刀阔斧的改革，那么提升领导层技能的项目会推进得艰辛而漫长。我们看到，公司只提拔那些对客户需求和痛点有深刻理解，并始终专注于衡量和提高客户满意度的高管。还有一些公司则非常重视通过同事 360 度反馈，来评估跨职能协作的重要性。

制订广泛的、可推广的学习计划

为了让大部分员工能够自我提升，许多公司制订了可推广的、专门的培训计划。这些公司经常会投资建立一所企业"学院"，作为引擎来开发课程、提供课程，推进员工学习之旅，以便在整个公司中培养其所需的员工意识、技能和行为。

例如，新加坡的跨国银行星展银行在创立之初设定的目标是打造强大的试验文化，现已成为一家员工达到 30 000 人的初创企业。该银行斥巨资开发了一个学习基地，以便在整个企业中培育数据优先的文化，其中学习项目众多，比如：为员工提供数据转译技能的课程（企业中擅长数据和分析方面工作的员工，可以概念化那些新的高价值数字化解决方案，并将其付诸实践）；设立了一个创新中心，组织了 300 多场"黑客马拉松"和研讨会；制订了一项名为"黑进来，做员工"的黑客招聘计划，他们通过该计划雇用了 200 多名员工。除此之外，该银行还制订了一项培育点对点学习文化的"重回课堂"计划（你可以在第三十四章阅读更多关于这个案例的信息）。

通过这些项目，该银行成功培训了 5 000 多名员工，使其具备了各种数字化和分析能力。其中，1 000 多名员工提升了自身技能水平，并在数字化转型中扮演了更为关键的角色。员工敬业度提高了 6%，员工留存率提高了 40%。

案例：为 40 000 名员工开办一所"学校"

总部位于中东的房地产及零售企业集团马吉德·富泰姆集团（Majid al Futtaim）开办了一所专注于分析和技术的"学校"，来培养企业 40 000 名员工的能力，以支持公司的分析转型。[3] 该集团详细列出了需要优先学习的五类员工：高级管理人员、技术专家和业务员、中层管理人员、一线员工，以及初级从业者。然后，为实现这些培养目标，该集团开发了相应的学习课程，规划了学习时长（见图 32-2）。

以马吉德·富泰姆集团为例

分析与技术简介	理解和应用分析的使用案例	技术的力量
了解分析和技术的重要性及其益处	引导学员更彻底地使用分析和技术	了解技术是如何改进我们做事的方式的，了解最新的技术趋势和相应的威胁

"学校"鼓励员工……

| 采用灵活的、全新的工作方式 | 要求数据驱动的假设支持 | 挑战分析方式，并进行分析 | 推广分析和技术的应用 | 在应用分析和技术的最新趋势方面突破极限 |

图 32-2 分析与技术学校

为确保学校课程始终以关键业务需求为导向，该集团优先培训从事分析工作和开发人工智能解决方案的高级管理人员、技术人员以及中层管理人员等。学校的领导者参与到跨职能的学习小组中，以快速设计、构建、测试、部署并优化学习课程。学校还从公司内部调来技术专家，让他们用相关经验来补充课程内容。培训项目将模拟和游戏两种方式合理结合，把工作技能融入现实场景，并对每一位学员开放访问。

包括学员体验、个人知识拓展，以及项目完成后一个月的应用情况在内的各项指标，都显示出正向的结果。经过观察，该集团发现在项目完成的六个月后，在持续性的技能及行为变化（以全方位反馈为基础）方面也出现了积极变化，而且交付了业务成果（例如成功交付了用例）。

我们从这个受众广泛的学习项目中得到的最重要的经验就是，要让学习计划之间具有相关性，并易于推广、应用。我们经常看到，公司一开始规划时雄心勃勃，但后来却因为执行起来太过复杂而放弃了。

对关键业务岗进行再培训

企业要把培训的重心放在关键业务员工身上，对他们进行大量的再培训。只有这些员工彻底转变，企业才能获取数字化和人工智能转型带来的价值。针对特定员工开展的再培训项目需要大量的时间，一般在三到九个月之间，而且往往是针对特定行业的，比如零售业的商家、保险业的承保人、银行业的产品营销人员、农业的农学专家、运输和物流行业的网络规划师等。随着数据的嵌入和人工智能的使用，这些职业正在发生巨大的变化。

例如，美国的一家大型食品杂货商，不得不对其400名有着20多年营销经验的商家进行再培训，从而极大地改变了这些商家在分类、定价和促销决策方面的认识。然而，在数据和人工智能主导的世界里，这些人还需要掌握新的技能。经过为期六个月的培训，这些人能够使用新的集成工作流程工具完成广告规划、供应商入驻、供应商资金支持和促销活动执行。他们还学会了使用并信任新的促销活动推荐引擎，以优化促销活动。最后，他们学会通过实时供应商门户进行全国品类规划，作为本地规划的起点，从而最大化网络协作。

提升技能水平并非不存在挑战，并不是每位商家都能做得到，这导致两年内20%至30%的商家流失。话虽如此，该公司还发现，使用新工具并培训员工，更容易吸引新的商家。事实上，借助自动化、新工具、重新设计的流程（及新数据），公司将表现最差的商家提升到表现排名前25%的行列中。换言之，这项新技术可以将任何商家的表现提高到等同于拥有20多年经验的最佳商家水平。

注释

1. George Westerman, Deborah L. Soule, and Anand Eswaran, "Building digital-ready culture in traditional organizations," *MIT Sloan Management Review*, May 21, 2019, https://sloanreview.mit.edu/article/building-digital-ready-culture-in-traditional organizations/; Rose Hollister, Kathryn Tecosky, Michael Watkins, and Cindy Wolpert, "Why every executive should be focusing on culture change now," *MIT Sloan Management Review*, August 10, 2021, https://sloanreview.mit.edu/article/why-every-executive-should-be-focusing-on-culture-change-now/; Julie Goran, Laura LaBerge, and Ramesh Srinivasan, "Culture for a digital age," *McKinsey Quarterly*, July 20, 2017, https://www.mckinsey.com/capabilities/mckinsey-digital/our-insights/culture-for-a-digital-age.
2. Larry Emond, "How Roche helps leaders achieve the power of an agile mindset," Gallup, April 29, 2019, https://www.gallup.com/workplace/248714/roche-helps-leaders-achieve-power-agile-mindset.aspx.
3. Gemma D'Auria, Natasha Walia, Hamza Khan, "Majid Al Futtaim's new growth formula: Innovate fast, stay ahead, work the ecosystem,"McKinsey.com, April 20, 2021, https://www.mckinsey.com/capabilities/growth-marketing-and-sales/our-insights/majid-al-futtaims-new-growth-formula-innovate-fast-stay-ahead-work-the-ecosystem.

练习部分

做好准备

以下这组问题旨在帮助你采取正确的行动：

数字化和人工智能转型创造了你所期望的价值吗？如果没有，你知道问题所在吗？

你在应用及推广解决方案上花费的时间、资源或投资，至少和在开发解决方案上所花费的一样多吗？

谁负责解决方案的应用事宜？企业领导人是否对此负责？

有多大比例的已开发数字化解决方案能够在企业中得到持续应用？有多大比例的解决方案推广失败？

你是否为数字化转型制定了一套指标和目标，做到像传统的成本、销售和转型一样清晰？

你的投资者或董事会的陈词，是否能反映出他们对数字化和人工智能为客户、运营带来的影响有足够深刻的理解？

你的高层团队能否清楚地说明你的十大数字化解决方案所取得的进展、所创造的价值？

数字化和人工智能带来了哪些新的风险和数字信任问题？你是否在管理这些风险、解决这些问题，以提高客户信任度？

你希望在三年后拥有什么样的数字化文化？你如何知晓什么时候可以实现这一目标？

第七部分

转型路上的故事：

三家公司如何成功推动数字化和人工智能转型

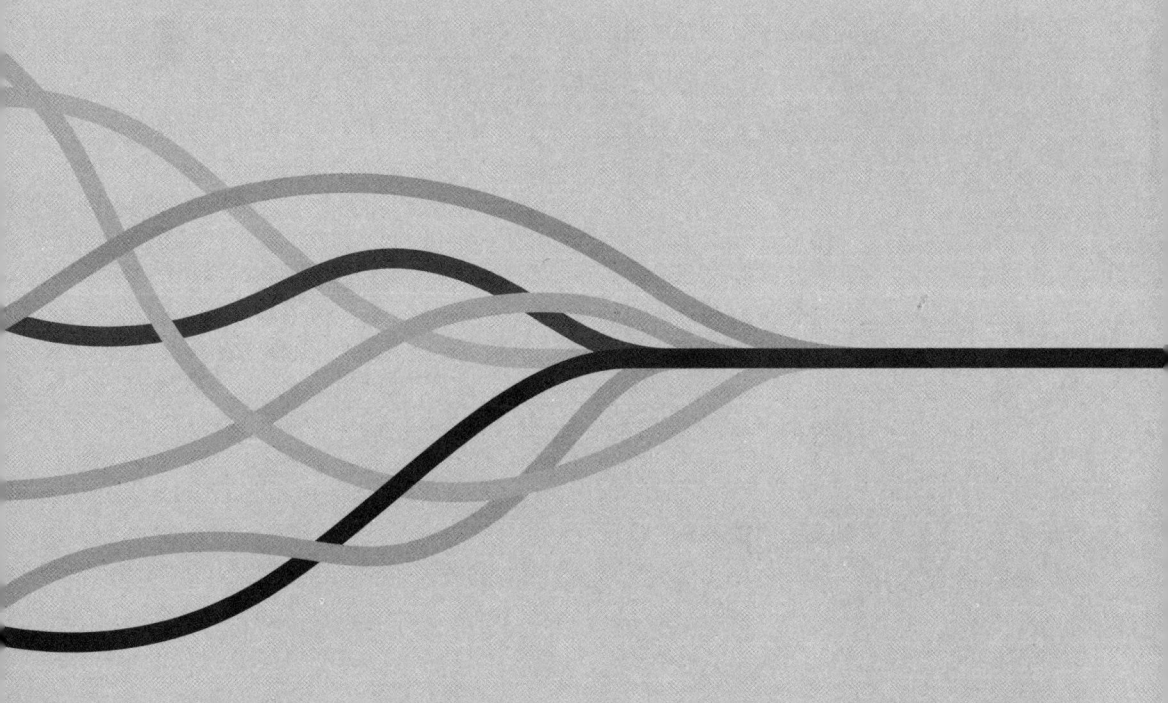

本书旨在深入挖掘、揭示从规划到实施数字化和人工智能转型整个历程中最重要的细节。然而，在我们详细说明企业应如何打造六大核心因素（路线图开发、人才、运营模式、技术、数据，以及应用和推广）时，读者可能会由于过于关注某一个因素而忽略了整体性。

从整体性出发，重要的是关注两个关键方面。首先是转型各个要素的必要整合——如果运营模式不能给顶尖数字化人才提供足够的自主权和灵活性，那么企业就不要指望他们能高效工作；同样，如果数字化解决方案没有得到采用和推广，企业就无法指望数字化解决方案能带来价值。其次是你需要具备的基础能力。例如，如果一家企业在一些方面表现很强，而在其他方面却表现很差，那么数字化努力注定将付诸东流。

这种整合和构建卓越能力的故事通过公司自身的发展历程来进行讲述是最好不过的了。因此，本书的最后一部分将展示三家公司是如何驾驭自己的数字化和人工智能转型历程的。这些公司都是各自行业的领军者，也是数字化领域的领军者。每家公司都在数字化转型这条路上走了数年，甚至数十年——但是没有一家公司敢说它已经完成了转型。相反，这些公司在数字化转型上取得的进步越大，这些进步带来的机会就越多。

第三十三章：自由港－麦克墨兰铜金公司变数据为价值。

第三十四章：星展银行——一家跨国银行的数字化转型之旅。

第三十五章：乐高集团引领未来的玩乐。

第三十三章

自由港－麦克墨兰铜金公司变数据为价值

铜矿巨头的人工智能转型之旅

在采矿行业，大家一致认为自由港－麦克墨兰铜金公司在运营方面十分精明。由于该公司在美洲运营的一系列铜矿规模较大且进入成熟期，所以该公司业绩受全球铜价的影响很大：铜价高时，收入可观；而当铜价跌至谷底时，一些矿山甚至难以实现盈亏平衡。

该公司希望实现蓬勃发展，但这需要巨额的资金投入以及漫长的周期来获得批准和进行建设。自由港－麦克墨兰铜金公司选择了另一种做法，即转向人工智能，寻求从现有资产中挖掘更大价值。

历经五年，该公司成功设计并实施了其"美洲选矿厂"计划。通过使用大数据、人工智能和敏捷方法，该公司每年铜矿增产量可与一整座加工处理设施的产量相当，而这一切无须投入新的资本。

关于自由港－麦克墨兰铜金公司

- 公司简介：作为一家金属和矿产公司，自由港－麦克墨兰铜金公司成立于1987年，主要生产铜、金和钼等金属。

- 员工和合同工规模：超过 60 000 人。

- 市值：600 亿美元。

- 收入：2022 年为 220 亿美元。

- 地理分布：该公司的资产组合包括印度尼西亚的格拉斯伯格（Grasberg）矿山、北美和南美的采矿业务，比如亚利桑那州的 Morenci 大矿场和秘鲁的 Cerro Verde 矿山。

该公司能够按计划成功完成人工智能转型，领导团队功不可没，关键因素包括：

1. 一位富有远见的北美运营负责人。负责北美地区运营的领导者深信公司需要不断进化才能生存下来并繁荣发展，同时该领导者希望公司从其他行业的先进实践中汲取经验。

2. 一位锐意进取的持续改进型领导者。该领导者极具好奇心、自驱力且专业知识深厚，能够带领团队不断探索更多可能性，并迅速加以落实。

3. 一位目光长远的信息和创新主管。该领导者建立了一个通用的数据基础设施和架构，同时支持所有处理操作，并在各地迅速部署定制的人工智能工具且仅需适当调整。这使得区域层面可以将大部分精力专注于敏捷实践、培训、能力建设和变革管理。

4. 一位思维开放的总经理。转型试点区域的总经理创造力强，乐观自信，愿意尝试新事物并从中学习。

5. 首席执行官和首席财务官全力支持。他们在外部宣传中全力支持该转型计划，给跨学科团队以极大的激励和鼓舞。

在初步测试中，该公司选择了一个处于成熟期的矿山，矿山总经理对人工智能转型计划抱有强烈的兴趣。在亚利桑那州的巴格达矿场，该公司看到了人工智能的价值后，尝试进一步了解机器学习和人工智能将如何增强已有的算法分析和高级过程控制（APC）系统。在完成一系列改进后，领导层发现所需的资金竟比原计划减少了一半以上。

在接下来的六个月里，一个由冶金学家、现场操作员和工程师组成的小团队开发和训练了一套人工智能模型，在保证安全的前提下通过调整设置参数提高磨机的处理速度。几个月后，铜产量增加了 5%，一个季度内，巴格达矿区日产量超过了 85 000 吨，比上个季度多了 10%，不仅其铜回收率提高了一个百分点，公司运营也更加稳定。在冶金加工中，同时提高产量和回收率是最难实现的，而该公司却在一座已运营 50 余年且十分成熟的矿场达成这一目标。

该公司领导层表示，若在其美洲各矿山推广机器学习和人工智能，全系统日产量将上涨 125 000 吨，铜矿年产量达 2 亿磅，税息折旧及摊销前利润将达到 3.5 亿至 5 亿美元[1]，相当于新建一个选矿厂，但却不需要花费 20 亿美元的建设成本，也不用经历 8~10 年的周期（此类大型投资项目一般情况下所需的投入和建设周期）。

领导层商讨后达成共识，启动"美洲选矿厂"计划，将人工智能推广到各矿场。此过程中最具挑战性的是，把在巴格达矿场开发的能力加以工业化处理，从而实现规模化应用。

该公司在刚刚完成的运营绩效基准的基础上积累了丰富的知识，能够了解哪些方面需要重点关注。另外，该公司在数据领域领先业内其他公司，因为之前它就对矿山绩效衡量和报告数据进行过标准化处理，并且已经在公司的卡车、铲车和固定设备上安装额外的网络设备和性能传感器，进一步丰富了相关数据。自由港还建立了中央**数据仓库**，用来存储数据，帮助公司实时捕捉每秒性能读数并关联数据。

在建立了运营绩效基准和坚实的数据基础之后，该公司开始着重提高分析和工程开发技能水平。在16名顶尖数据科学家的帮助下，公司的分析和工程能力得到了很大提升。这些人来自公司各个部门，都具备工艺工程或冶金学背景，还得到了外部合作伙伴的数据工程专家的大力支持。吸引顶级的敏捷教练、产品负责人以及数据和分析工程师并不容易，因此该公司采用了"买"（雇用）、"培"（技能提升）、"借"（签约）的人才战略，建立起自己的**人才储备库**，一方面当遇到问题时能快速行动，另一方面能通过发展自己的核心技能，保持长期竞争优势。

为吸引且留住人才，该公司采取了一种做法，那就是确保数据科学家和工程师做的工作是管理层认为最重要的事，而这在大型科技公司通常并不容易实现。例如，一位一年前加入公司的初级冶金学家在亚利桑那州一个矿区工作，她在大学期间学习过计算机编程并且对学习新技能兴致勃勃，在不到三个月的时间里，她就向业务总裁展示了她对选矿厂进行建模和优化的工作成果。

这种关于人才的新思考方式也延伸到了运营模式，再加上人工智能的快速发展，这些都需要公司改变工作方式。一直以来，该公司的规划与开发建立在一整套安全保障措施之上，这样的文化在过去确实有效，但也有缺点，最主要的就是不够敏捷。巴格达矿场的人工智能试点项目测试了新的**运营模式**，即强调敏捷、持续改进、快速且不影响安全性的低风险测试。这一转型取得重大成功的关键是组建了一个包括矿场专家和中央数据科学专家在内的跨职能团队，专职负责评估和执行转型举措。

为迅速启动团队，培养相关技能，该公司聘用教练对团队进行敏捷方法培训，从具体如何构建待办事项清单到构建"最小可行产品"。"最小可行产品"强调从恰好可用的产品原型开始迭代，而非在产品推出前殚精竭虑地追求完美。很快，团队学会了如何在两周的冲刺周期内工作，包括开发数据建模功能、开发运营变更，以及对其进行测试、学习，并将更新加入待办事项清单。

该公司领导者做出了重要决策，将每个矿区的冶金学家和工厂操作员也纳入开发团队。在测试阶段，每次提出新的建议，团队中的人工智能开发人员、操作员和冶金学家都会对这些建议展开讨论：为什么提出？是否合理？是否会起作用？在讨论过程中，团队会发现不足，然后人工智能开发人员迅速加以修正，这也反过来帮助整个敏捷团队更快学习。通过这样的不断迭代，人工智能工具逐步训练成熟，而冶金学家和操作员对人工智能工具的信任也随之提高，这样他们在工作中更愿意应用这些工具。

新的人工智能模型帮助操作员和冶金学家之间的对话更加深入，双方对彼此的工作也更加了解。人工智能模型用于评估在三小时内可能实现什么，而不是全天以单一设置运行工厂来处理平均接收的材料。

最初的团队开发了一个机器学习模型，称为 TROI（Throughput-Recovery-Optimization-Intelligence，即产出—回收—优化—智能）。该模型能够预测处理工厂的加工过程以及在各种情况下铜的回收量。该优化算法也称为遗传算法，指的是利用自然选择的原理对设置进行迭代进化，实现在特定矿石种类下达到最大铜产量，并随着操作的进行，每隔一到三小时重新推荐设置。

然而，为了使 TROI 能够在其他厂区运行，该公司必须将 TROI "**资产化**"，即对其进行重构、打包，以便更轻易地适应其他工厂。因为 TROI 是以模块化形式构建的，所以其 60% 的核心代码可以轻松重复使用，而剩余的 40% 代码则必须根据新厂区重新定制，例如使用厂区特定数据对模型重新训练。为了进一步简化 TROI 的本地化工作，公司投资开发了一个中央代码库，以供厂区特定的模块直接拉取代码，而不需要重新创建代码。

多亏该公司已经将其**数据架构**迁移到云上，才使得高效运行和拓展这些人工智能模型成为可能。该公司采用了基于明确标准的 **DevOps**、**MLOps** 和 **CI/CD** 工具，经过实践后，实现了以可控的方式快速开发和部署。该公司还将许多过程自动化来进一步利用云产生价值，例如开发了自动化的数据流水线，替代了过去需要从数十张手动更新的数据表格中提取数据的烦琐的手动操作。

随着敏捷小组数量的不断增多，整个流程管理也需要优化。例如，当多个敏捷小组同时并行运行时，获取资源就会变得困难。为了解决这个问题，该公司任命一位资深**产品负责人**负责协调，优化资源分配。公司同时任命一位财务总监负责管理所有领域的影响追踪和报告，帮助各厂区管理各自的资金需求并衡量进度。最后，该公司还引入了一套季度总体规划（类似 **QBRs**）系统，高层领导一起设定 **OKRs**，并将资源集中投入高优先级领域。

在转型方案成功通过实践的检验后，"美洲选矿厂"计划的大部分愿景得以实现。随后，该公司将目光转向其他可以应用人工智能的业务领域，确定了多个候选业务领域，如资本项目执行和维护以及浸出操作领域。在这些候选业务领域，该公司正在对之前促成"美洲选矿厂"计划成功转型指南做进一步完善。

注释

1. 基于 4 美元每磅的铜价和低于 2 美元每磅的单位成本。

第三十四章

星展银行—— 一家跨国银行的数字化转型之旅

跨国银行的数字化和人工智能转型之旅

在日新月异的数字化时代,星展银行的领导层深知,只有成为真正的数字化银行,才能满足新一代精通技术的客户的需求。星展银行的首席执行官言简意赅地指出如何解决该银行面临的挑战:不再作为一家传统银行,而要像科技公司那样思考与行事。

为此,星展银行管理层不再向其他银行及金融机构取经,而是转向科技巨头以寻求灵感。星展银行首席执行官及其高层领导在**参观访问**全球顶级科技公司后,将所学、所思、所获运用到"未来星展银行"的构建中。通过此次学习,星展银行设定了清晰、明确的**愿景**——"打造令人愉悦的银行体验"。这一愿景代表了星展银行的新目标:使客户满意,使银行业务轻松化,使星展银行"隐形化"。星展银行明确表示不再与其他银行进行对标,而是与全球顶级科技公司进行对标。

关于星展银行

- **公司简介**:星展集团控股有限公司是东南亚资产规模最大的银行集团,主要在亚洲提供零售业务、中小企业业务、公司业务和投资银行业务。该公司成立于1968年,总部位于新加坡。

- 员工规模：36 000 人。

- 市值：910 亿新加坡元（约合 690 亿美元）。

- 收入：2022 年为 165 亿新加坡元（约合 125 亿美元）。

- 地理分布：在 19 个市场运营，包括新加坡、中国大陆、中国香港、中国台湾、印度、印度尼西亚、马来西亚、阿联酋和日本等。

星展银行团队将从世界顶尖科技公司学到的知识牢记于心，并加以应用，誓将自身打造为科技领军企业。这一愿景体现在"GANDALF"这个缩略词中。GANDALF 代表着：G——Google（谷歌）；A——Amazon（亚马逊）；N——Netflix（奈飞）；A——Apple（苹果）；L——LinkedIn（领英）；F——Facebook（脸书）；而中间的 D 则代表星展银行，表明星展银行对加入顶尖科技公司行列的坚定决心。GANDALF 原是电影《指环王》中的一个角色，现已成为星展银行雄心勃勃的数字化转型口号。

为实现愿景，星展银行的领导层在**数字化转型路线图**的制定过程中，首先把精力聚焦在影响最大或者说痛点最明显的客户旅程上，比如开设活期账户、缩短 ATM 的等待时间等。这些"标志性旅程"帮助星展银行在学习和能力方面做好准备，为迅速进入第二阶段奠定了基础。在第二阶段，星展银行在业务的各个领域确定了 100 项旅程，包括财务、员工体验以及其他相关的旅程，每项旅程都由组织中最高级别的一位领导者负责。

为确保所有旅程始终关注客户，星展银行成立了指导委员会，称为"客户体验理事会"（由首席执行官和业务部门负责人等关键领导者组成），用以跟踪流程进展和**管理绩效**。委员会成员每季度会面一次，审核所有旅程的进展情况，尤其关注客户体验指标和 EATE（早期参与、获取、交易和深化参与）指标。

为实现能力提升，星展银行在通用的产品和平台运营模式的基础上，设计了一套以**平台为核心**的运营模式。星展银行创建了 33 个平台，每个平台分别与业务部门和产品相匹配，能够"容纳"100 个客户或用户旅程，并且都采用了"2 合 1"的领导模式，即每个平台都由一个业务领导者和一个 IT 领导者共同负责。这种平台模式消除了业务领域和技术功能领域之间日积月累的鸿沟，帮助星展银行更有效地提高能力，而只有在业务和技术的鸿沟消失之后，真正的跨职能敏捷团队才开始出现。

许多平台负责人是内部聘用的，具有相应领域的专业知识，并且和技术负责人共同负责平台目标的实现，如拓展平台、增加收入、完善客户体验。每个流程团队都配备一个流程经理（类似**产品负责人**），负责管理**敏捷**团队。敏捷团队通常由 8~10 人组成，他们编制流程说明书，内容包含目标、设定的价值和实现目标的时间框架。星展银行各个团队的所有工作都围绕着优化**客户体验设计**，例如银行领导层推动流程变革以优化客户体验，带来的一个结果是发放信用卡所需的时间从 21 天缩短至仅仅 4 天。

高管层意识到，若希望敏捷团队能够长期且高效率地工作，公司需要建立更深层次的**人才储备**。为此，星展银行做出重大战略决策，将 70% 的技术人才转为正式员工（之前仅有 20%），而非兼职或外包员工。星展银行引入人才的做法有别于传统方式，如通过"黑客马拉松"发现人才。在星展银行早期转型过程中，"黑客马拉松"是一个不可或缺的部分。星展银行还利用"黑客马拉松"培训高管人员，帮助他们熟悉前沿技术和人本设计等方法论。为吸引不同地方的人才，星展银行建立了三个技术中心。通过种种努力，星展银行可以自豪地宣称拥有超过 10 000 名技术人才，约占其员工总数的 1/3，是银行家人数的 2 倍。

随着技术人才招聘力度的不断加大，以及平台运营模式的持续推行，星展银行决心建立以实干家为特征的**工程师文化**，使员工可以自由探索并实践前沿技术。实现这一目标的核心是转向**云系统**、加大对自动化的投入，并开发微服务以支持平台运营模式。到 2021 年，其 90% 的技术服务是自主开发的（2015 年仅为 15%），而如今，

99%的应用程序都基于云，自动化不断普及，运营得到显著优化，一位系统管理员能够运行1 200台虚拟机器。

这一技术基础更加坚定了星展银行转变为一个**数据驱动型组织**的决心，因此星展银行启动了一系列全面的数据举措，如数据治理现代化、引入新的数据平台（SWLWTE）以及在整个组织中推动文化变革。星展银行不再使用幻灯片，而是改用仪表盘来驱动基于数据的决策制定、绩效跟踪和影响评估。星展银行在数据管理方式上的深刻变革，从根本上改变了服务客户的方式。例如，消费银行采用人工智能向客户提供"智能银行"服务，每天向其客户提供超过50 000条个性化日常提醒。在人力资源方面，人工智能和机器学习解决方案有助于精准预测员工考虑离职的时间，以便人力资源部门及时干预（此举产生的结果是星展银行平均人员流失率为新加坡银行业最低，为10%，而该行业平均水平为15%~20%）。[1]

通过云迁移，星展银行得以跨多个领域使用人工智能和机器学习来发掘**数据**价值，例如：在营销方面，根据具体情况提供个性化解决方案；在人力资源方面，更精准地预测员工什么时候考虑离职；在合规和反欺诈团队中，使用人工智能和分析技术开发了一套全面的端到端监控流程，用于反洗钱，并更好地打击用于恐怖主义活动的融资，并且该举措采用了多种模型，结合规则、网络链分析和机器学习，以及一系列内部和外部的数据源，以更快速、更精准地监测到洗钱风险。

据估计，由于实施了一系列人工智能措施，星展银行在上一年里创造了1.5亿新加坡元的额外收入，还有2 500万新加坡元来自损失预防和生产力提高。现如今，星展银行拥有超过1 000名数据专家致力于持续创新。

通过投资制度化的**学习计划**，星展银行掌握了一系列所需技能，将数字化和人工智能解决方案创造的价值**放大**。该银行组建了一个60~70人的转型团队，开发了"DigiFy"，DigiFy是一条模块化的学习路径。在DigiFy的帮助下，员工能够了解和应用敏捷工作方法、大数据、流程思维以及数字化技术等概念。作为一个"实时"

课程，DigiFy 不断进行更新，不仅为整个组织提供了基本的数字化技能，还使银行能够跟上快速演进的数字化环境。

转型团队负责管理各种支持性工具，以便组织内的个人和团队可以开展敏捷工作。为满足 10 000 多名技术人才的技术培训需求，星展银行技术学院应运而生。该学院为技术人员提供内部开发的技术课程，侧重于站点可靠性工程、网络安全和机器学习等领域的学习。一方面，DigiFy 为所有星展银行员工提供了基本的数字化知识课程；另一方面，星展银行技术学院负责提供深层次的工程专业知识课程。双管齐下，可以帮助星展银行在数字化转型道路上行稳致远。

数字化转型的坚定信念使得星展银行全力推进资产的标准化管理和打包工作，这些资产包括从学习模块到培训计划，从流程映射方法论再到产品分析。唯有通过这些努力，星展银行才能构建起"人工智能产业化"的能力，例如通过数字化工作流程（如一套端到端的人工智能项目管理体系，包括标准模板和最佳实践指南）进行一系列最佳实践来指导分析交付：创建分析仓库，帮助团队轻松访问可复用的代码；开发数据或功能市场，用来存储可用于其他分析开发的通用功能。通过这些正式的培训、规模化举措以及更多非正式培训，星展银行建立了数字化**文化**，如重新设计办公场所以促进人员协作和创新、保证高频率的同行评审以及分享成功和失败故事（如总结经验和教训）。

星展银行的种种努力对自身发展影响深远，约 65% 的星展银行客户使用数字化工具和服务。在过去的 7 年里，新加坡和中国香港两地的个人及中小企业用户中，数字化客户的比例上升了 27%，在 2022 年达到 60%。由于数字化客户持有更多样化的产品组合，进行更多的交易，数字化客户为星展银行带来的平均收入始终是传统客户的两倍以上，而数字化客户的成本收入比是传统客户的一半。另外，数字化客户的 ROE（净资产收益率）为 39%，比传统客户高 15%。此外，星展银行连续五年（2018 年至 2022 年）获得了多个全球顶级奖项。[2]

这段旅程没有结束，星展银行继续通过提高技术能力寻找新的业务机会，如对跨境金融活动进行创新、建立若干基于区块链的业务等。星展银行的所有举措都是为了创造新的价值，兑现其为客户打造令人愉悦的银行体验的承诺。

注释

1. "DBS: Purpose-driven transformation," Harvard Business School, July 29, 2022, https://www.hbs.edu/faculty/Pages/item.aspx?num=62948.
2. "DBS named World's Best Bank for fifth year running," DBS.com, August 25, 2022, https://www.dbs.com/newsroom/DBS_named_Worlds_Best_Bank_for_fifth_year_running#:~:text=Piyush%20Gupta%2C%20DBS%20CEO%2C%20said,customers%2C%20employees%20and%20the%20community.

第三十五章

乐高集团引领未来的玩乐

一家全球玩具品牌的数字化转型

乐高集团的数字化转型旅程始于一个根本问题：在数字化时代，如何保证乐高依然是全球最受喜爱的品牌之一？

如今，孩子越来越喜欢电子设备，购物行为越来越数字化，物流也越来越依靠技术的支持。在这种情况下，乐高集团制定了公司愿景：引领未来玩乐，而该愿景的实现需要将数字化作为核心并成为科技领导者。

乐高转型旅程的第一阶段侧重于技术发展。首先是升级 IT 系统，以统领技术协同工作，助力技术团队实施敏捷项目，并开始将工作负载迁移到云上。但首席执行官和高层团队知道，虽然技术至关重要，但单靠技术无法实现愿景，需要进行更激进、更彻底的变革，需要利用技术重新塑造每一阶段的工作，包括从客户体验到全球供应链管理等方方面面。这个目标极其宏大，要求乐高集团改变公司架构、运营模式、人才配置，同时提高技术、分析能力，并成为科技领导者。

关于乐高集团

- 公司简介：乐高集团是一家玩具制造公司，总部设于丹麦比伦市，生产乐高品牌玩具，主要是相互拼接的塑料积木。乐高集团还在世界各地建造了多个名为 LEGOLAND 的游乐园，并经营着众多零售店。

- 员工规模：25 000 人以上。

- 市值：不适用（私营公司）。

- 收入：2022 年为 646 亿丹麦克朗（约合 93 亿美元）。

- 地理分布：欧洲、北美、南美、亚太、中东和非洲。

很重要的一点是，乐高集团一开始就认识到，这项根本性愿景既不能作为一个项目委托外包，也不能交给某个高管就算完事。乐高集团的**领导层**从一开始就决定共同负责数字化转型。在经过一段时间的紧张工作后，将近 100 位业务领导者和整个管理团队制定了五年愿景：成为真正的数字化消费品公司。

为将这一愿景转化为路线图，领导层明确了那些要依赖技术、数据和分析的业务能力。乐高集团为此投资超过 90 个相关举措。对于每一项举措，他们都评估了其潜在影响，明确了如何衡量影响，以及实现这一影响所需的投资。

为更好地把握机会，乐高的领导层根据业务相关性，将所有业务能力分为 10 个领域（例如与消费者体验相关的能力归为消费者领域），并且领导层为每个领域规划基础解决方案，明确相应的技术、数据和人才需求。

对业务能力进行分类有很多好处，例如：使得领导层对现有机会和实现愿景的要求达成**共识**；让领导层激发动力和**坚定信念**，以探索更多的可能性。

团队确定了创建卓越数字化体验的四个优先领域：消费者领域（将乐高产品作为玩

具的人群，主要是儿童）；购物者领域（直接从乐高购买产品的人群）；零售商领域（销售乐高产品的人群，即零售伙伴）；同事领域（在乐高工作的人群）。团队为这些领域绘制了全面**路线图**，对每组用户或领域优先级别进行排序，提供关键数字化解决方案，包括为每个解决方案确定技术、数据和团队资源需求，以及预估的投资和所需的回报。公司董事会同意在五年内大量投资，以构建必要的数字化解决方案，来培养技术和分析能力。

领导层深知，执行该计划需要一位深刻理解数字化转型复杂性的**领导者**。因此，他们聘请了阿图尔·巴德瓦吉担任首席数字和技术官（CDTO）。阿图尔曾在乐购和MediaMarktSaturn领导数字化转型工作。他做过一项最重要的决定，即采用一种新**运营模式**（产品和平台模式的一种变体）。在该模式中，指定不同的团队对不同产品负责，提供各自的解决方案。例如，一些产品团队专注于提供用户界面解决方案，开发底层应用程序和工作流程，如优化网站体验；另一些团队为开发团队提供数据和技术系统，如将应用程序迁移到云上以提高其开发速度；其他的产品团队则专注于开发跨领域共享的数据产品，如客户数据、身份数据以及产品主数据。

该运营模式有一个重要特点——责任分明。每个领域都有一位高管团队的担保人、一位业务领导者、一位IT领导者。业务领导者和IT领导者负责各自领域的产品交付。担保人则与他们协作，共同制定路线图，并就解决方案的优先级排序和设计达成共识。在产品团队或小组中，一位业务领导者扮演产品负责人的角色，并与一位工程师紧密协作，共同负责管理并对待办事项进行优先级排序，以完成相关领域的KPIs。将业务整合到**产品管理**架构中，对确保产品团队制订的解决方案得到采纳至关重要。

业务方面的产品经理与总工程师以及一个包括工程师、敏捷教练、技术项目经理、数据科学家、设计师、分析专家在内的大约8到10人的团队组成跨职能团队。这个跨职能团队的最终目标是消除"业务"和"技术"之间的壁垒。团队所有成员共享KPIs和激励措施，但技术人员最终向首席数字和技术官汇报，由首席数字和技术官负责团队成员的职业发展、培训和提升。

为管理这种以产品为导向的运营模式，首席执行官、首席数字和技术官以及各领域的"担保人"以年为单位对预算和资源进行分配，而领域负责人以月为单位审核产品团队的进展，后来改为以季度为单位（即 **QBRs**）。审核的重点是跟踪结果、确定推动结果的 KPIs，例如技术赋能产生的改变（例如每个子领域或产品团队实施的现代 APIs 的占比）以及迁移到云上的应用程序的占比。

这些产品团队还掌握了首席数字和技术官所说的数字化转型的精髓——数据。这是因为在提供卓越用户体验、改进运营模式并降低单位成本方面，数据起到关键作用。每个领域都拥有自己的数据，各领域对数据的维护使数据易于为其他领域获取和使用，并对此负有责任。通过这种方式，企业能够避免数据混乱，确保每个**数据产品**都是唯一真实的数据来源。得益于这种管理方法，乐高集团能够构建自己的数据平台。该平台既容纳了所有数据，也通过自助服务模式将数据提供给其他团队使用，包括让数据科学家团队可以对数据进行高级分析，以及使用人工智能处理。

路线图中规定的数字化解决方案的交付时间十分紧张，若要按时交付，乐高集团需要引入**工程师人才**。这项任务尤为紧迫，因为乐高员工中的工程师不到 30%，使用的代码约 70% 由外部开发。总监或高级总监级别中缺少高级工程师，这也给乐高集团带来了挑战。为了吸引人才，乐高集团参加了开发者大会，并启动社交媒体宣传活动，重点展示开发者使用的最新技术和正在解决的深层技术问题。乐高集团还在上海和哥本哈根开设了数字化工作室。上海数字化工作室的数字化和分析专家从一开始的 7 人增长至 75 人，而哥本哈根数字化工作室新增了 200 名数字化和分析专家。在短时间内，系统和软件工程师数量增长了 2.5 倍，其中大部分都掌握云技术。

工程师人才的注入满足了乐高集团的两个具体需求：一是通过努力推进应用和系统的现代化，构建更加灵活、快速的自助服务能力，包括偿还技术债务能力、基础设施运营自动化的能力，如处理流水线能力、将多达 80% 的关键工作负载迁移到云上的能力以及开发平台即服务和软件即服务的能力，以彻底减少庞大应用程序的使用；二是**先进工程实践**的整合，例如 DevSecOps 从一开始就将安全性整合到开发过程中（通过美国国家标准与技术研究所的评分不断进行衡量），整合 CI/CD 实践以加速提高编码质量，以及整合 MLOps 以开发和管理人工智能模型。

确保用户**采用**团队开发的解决方案，并确保产品能够**推广**是转型的核心工作。因此，乐高集团制定了一项政策，即所有技术解决方案从一开始就**设计为全球所使用**，也就是使用规定的 API 标准和特定的全公司范围的数据分类法，其中包括明确的数据域和对象定义、清晰的关系映射与文档以及数据领域的明确责任。如果这项政策没有得到有效实施，首席数字和技术官有权对"本地"做法行使否决权。这项政策让不同团队得以并行工作，而不会因回归测试和团队沟通而陷入困境或减慢速度。

这一阶段的数字化转型开展几年后，乐高集团见证了所取得的进展，相信这是一条正确的转型之路。乐高集团认为，强大的电子商务和全渠道零售商伙伴关系是其业绩的重要贡献因素。乐高集团的财报显示，收入同比增长 17%，运营利润同比增长 5%。此外，财报还指出，加速数字化转型投资带来许多好处，如改善购物者和合作伙伴的在线体验以及为消费者提供更丰富的搭建体验。[1] 为适应规模的不断扩大，乐高重建了网站，LEGO Builder 应用程序的下载量比 2021 年增长了 42%。

新开发的企业级数字化能力帮助乐高打开新的增长空间，乐高集团拓展了业务领域，其中包括与 Epic Games 的合作、探索数字化领域和元宇宙玩乐的未来。乐高的游戏雄心与围绕消费者创造良性接触点的意愿相辅相成，从实体店内体验延伸到在儿童日益活跃的多个社交平台上积极开展互动，乐高集团正投资开发包括游戏工程和游戏设计在内的一系列新能力。

注释

1. "The LEGO Group delivers strong growth in 2022 and invests in the future," LEGO.com, March 7, 2023.

致谢

作者寄语

此书彰显了我们客户的创新、勤勉和务实的精神。它们已经接受了建立新的企业能力的想法，以在数字化和人工智能时代脱颖而出。能够与我们的客户一起走过这段不可思议的旅程可谓是莫大荣幸，本书就像一面镜子，映照了它们的真实经历。

我们要特别感谢三家公司：自由港－麦克墨兰铜金公司、星展银行和乐高集团。它们的旅程为本书提供了灵感来源及方向。它们的故事提醒着我们，转型之旅还在继续。

本书得益于麦肯锡同事和200多个客户服务团队的支持，有了他们的指导和真知灼见，本书才得以完成。六年多以来，我们的同事辛勤工作数千个小时，我们以此为基础总结了经验与教训。此外，同事们发表了数百篇文章，涉及数字化和人工智能转型历程的各个方面，这些文章不仅赋予我们敏锐的洞察力，还帮助我们形成对本书的构想。我们非常感谢他们，感谢他们的全力支持。

我们三人都来自麦肯锡数字化业务团队。这是一个了不起的团队，包括5 000多名顶尖工程师、技术专家和设计师，软件开发、人工智能、云计算、敏捷、产品管理、用户体验设计和其他专业领域的世界级专家，以及能力过硬的业务转型领导者。感谢团队让我们踏上了探索数字化变革的神奇旅程。

我们要特别感谢我们的同事巴尔·塞茨，他在本书的编辑过程中发挥了重要作用，他以读者的视角审视整个过程，使我们的思维更加敏锐。没有他，就不可能有本书的问世。

我们还要感谢比尔·法隆和出版商 Wiley，让我们认识到我们对数字化和人工智能转型思考的价值。正是在他们的鼓励之下，我们将思考转化成此书。

埃里克的寄语

感谢我的妻子玛丽·莱丝，她对本书充满好奇，并引发了我们之间许多有趣的对话。我还要感谢我的两个女儿：安妮·玛丽和克莱尔。她们以自己的才华，用自己的方式激励着我。在此，我要感谢她们的支持，赋予我自由的时间来完成这一著作。

凯特的寄语

献给我生命中三个了不起的男孩：本、哈里和扎克。他们每天都让我开怀大笑、保持乐观、脚踏实地。虽然他们不会看到这段文字，但我依然要说我真的非常爱他们。

罗德尼的寄语

献给我的妻子劳拉，我的孩子扎卡里、阿舍和达丽亚。他们多次听到我在 Zoom 和电话里讨论这个话题，我觉得他们都可以写一本书了。我也将此书献给我的父母埃丝特和巴里，他们现在阅读此书后，可以更好地理解我的工作！

做出贡献的领导者

在此，我们要感谢相关领导者和数字化从业者，他们贡献了专业的知识，投入了时间（无疑还有汗水和泪水）来帮助我们完成本书。

总指导

罗伯·列文、约翰内斯 – 托比亚斯·洛伦茨、亚历克斯·辛格拉、亚历山大·苏哈雷夫斯基

第一部分 绘制转型路线图

唐吉·卡特林、亚历杭德罗·迪亚兹、布莱斯·霍尔、维纳亚克·哈维

第二部分 打造企业人才库

文森特·贝鲁贝、斯文·布伦贝格、玛利亚·奥坎波、苏曼·塔雷贾

第三部分 采用新的运营模式

圣地亚哥·科梅拉 – 多达、朱莉·戈兰、肯特·格里斯基耶维奇、戴维·普拉龙、沙伊尔·塔克、贝尔基斯·瓦斯奎兹 – 麦考尔

第四部分 高速分布式创新技术

阿梅尔·拜格、克莱门斯·希亚塔、纳尤尔·汗、奥斯卡·比利亚雷亚尔

第五部分 让数据融入每个角落

安东尼奥·卡斯特罗、霍尔格·哈雷斯、布莱恩·佩措尔德、凯万·罗尚基什

第六部分 解锁解决方案采用及推广的关键

赖安·戴维斯、利兹·格伦南、戴维·汉密尔顿、马克·汉廷顿

第七部分 转型路上的故事

第三十三章：肖恩·巴克利、哈里·罗宾逊、理查德·塞尔肖普

第三十四章：谢法莉·古普塔、维纳亚克·哈维、乔伊迪普·森古普塔

第三十五章：卡雷尔·多尔纳

此外，我们还要感谢所有为此书做出贡献的人，他们是：

穆罕默德·阿布赛义德、奇哈维·亚塔尼、阿齐兹·阿尔马吉德、胡安·阿里斯蒂·巴克罗、塞巴斯蒂安·巴塔拉、金伯利·比尔斯、乔纳森·柏林、萨莱什·巴特、迪利普、巴塔查尔吉、艾蒂安·比莱特、吉姆·博恩、扬·范登·博尔、维多利亚·鲍恩、萨姆·布尔顿、扬·谢利·布朗、马特·布朗、叶海亚·吉玛、德

文·陈、约瑟芬·陈、梅丽莎·达尔林普尔、周·戴夫、马蒂厄·杜穆林、杰里米·伊顿、本·埃伦茨威格、麦格雷戈、福克纳、斯科特·富尔顿、奥尔·乔治、马丁·哈里森、杰夫·哈特、戴夫·哈维、亚伦·哈维夫、R.J.贾法尔哈尼、史蒂夫·詹森、诺希尔·卡卡、詹姆斯·卡普兰、马拉米·卡尔、普拉提克·凯拉、吉娜·金、明基·金、凯瑟琳·库恩、史蒂夫·范·库伊肯、克拉斯·奥勒、库尔茨、劳拉·拉伯格、克拉丽斯·李、拉里·勒纳、阿马迪奥·迪·洛多维科、豪尔赫·马查多、阿尼·马朱默德、戴维·马尔法拉、布莱恩·麦卡锡、劳伦·麦考伊、汤姆·梅金、西德·穆哈尔、T.J.穆勒、詹姆斯·穆里根、比约恩·明斯特曼、拉朱·纳里塞蒂、凯特林·诺伊、索娜·帕塔迪亚-拉奥、纳韦德·拉希德、兰贾·雷达-库巴、马蒂·里巴、热拉尔·里希特、迈拉·D.里维拉、凯瑟琳娜·隆巴赫、阿尔多·罗萨莱斯、塔米姆·萨利赫、凯蒂·施尼茨莱因、斯图尔特·西姆、帕梅拉·西蒙、里奇·辛格、海宁·索乐、阿伦·桑德拉吉、阿南德·斯瓦米纳坦、苏拉旺·谭皮、格雷戈尔·泰森、凯特琳·维多、安娜·维辛格、琳达·张。

最后，我们要感谢承担中文版编译和审定工作的中国区同事：王玮、卜览、张亚勤、张旭、徐雷、林琳、王磊智（Glenn Leibowitz）、江伟伟和朱晓暄。

在此向你们表示诚挚的感谢！